Kalman 滤波器——应用研究

金学波　苏婷立　苗贝贝　窦　超　著

科学出版社

北　京

内 容 简 介

本书以 Kalman 滤波器为基本方法，介绍了 Kalman 滤波器在时间序列分析、机器人惯导、室内目标跟踪、金融时序建模、信号在线去噪及参数辨识等方面的应用，同时部分章节配套了 MATLAB 源程序。

本书介绍了 Kalman 经典应用领域的典型案例，如机器人惯导及室内跟踪。同时，扩展了 Kalman 滤波器在其他领域的应用，例如，针对大型数据中心的容量检测数据以及金融领域的股票数据，研究了时间序列的预处理、压缩及预测等问题；还给出了利用 Kalman 滤波器的信号在线去噪及参数辨识方法。

本书可作为自动化、电子信息、计算机应用、控制科学与工程、信号处理、导航与制导等相关专业高年级本科生和研究生的参考书，也可供相关领域的工程技术人员和研究人员阅读。

图书在版编目（CIP）数据

Kalman 滤波器：应用研究/金学波等著．—北京：科学出版社，2018.10

ISBN 978-7-03-058478-6

Ⅰ．①K…　Ⅱ．①金…　Ⅲ．①卡尔曼滤波器　Ⅳ．①TN713

中国版本图书馆 CIP 数据核字（2018）第 178813 号

责任编辑：王　哲　王迎春 / 责任校对：郭瑞芝

责任印制：张　伟 / 封面设计：迷底书装

科学出版社出版

北京东黄城根北街 16 号

邮政编码：100717

http://www.sciencep.com

北京九州迅驰传媒文化有限公司 印刷

科学出版社发行　各地新华书店经销

*

2018 年 10 月第　一　版　开本：720×1000　B5

2019 年　1　月第二次印刷　印张：17　插页：2

字数：340 000

定价：116.00 元

（如有印装质量问题，我社负责调换）

前　言

我们一直试图将 Kalman 滤波器应用于各个领域，力争有效地解决实际问题。但和其他研究者接触的过程中，我们发现针对 Kalman 滤波器有两种错误的观点。

一是有人觉得它特别复杂，不会用。他们认为它的推导过程很难理解。Kalman 滤波器的理论基础涉及最优估计理论，这些深奥的估计理论知识令人望而却步；加之有很多改进的形式，如扩展 Kalman 滤波器、不敏 Kalman 滤波器、容积 Kalman 滤波器等，以及这个领域的学者在这些滤波器的基础上的各种改进形式，五花八门，形式多样，让人眼花缭乱。

二是有人觉得它根本达不到所说的最优性能，在实际应用中效果很差。他们不注重 Kalman 滤波器的原理，只是试图从网上下载一些程序，不进行任何修改就开始使用，结果要么效果不好，要么根本无法使用。

我们认为，这两者都是不对的。可以肯定的是，Kalman 滤波器在实际过程中是一种很有效的估计方法，可以有效地从不准确的信号中找到更能反映真实情况的信息。它的理论基础很完善，算法形式也很成熟，但是我们需要注意以下两点。

(1) 应用于 Kalman 滤波器的系统模型需要因不同问题而异，而且模型是否准确直接影响 Kalman 滤波器的使用性能。不使用合适的模型，Kalman 滤波器就无法取得很好的估计结果，这就是前面提到的第二种错误观点的根源：不是 Kalman 滤波器出了问题，而是模型存在问题。

(2) Kalman 滤波器在某些条件下是最优的，对系统的线性与非线性、系统噪声是否是白噪声、是否相关非常敏感。所以，如果应用对象的系统不满足 Kalman 滤波器的这些要求，那么结果自然就很不好。因此，我们在应用时一定要注意系统的特性。

我们撰写本书的目的之一就是介绍如何将 Kalman 滤波器应用于各个领域，我们相信，这些方法与我们所取得的结论一定会对相关领域的研究者和工程人员有益。在本书中，我们除了将 Kalman 滤波器应用于一些经典的领域外，还进行了在其他领域的尝试，这些研究是有趣和创新的，如对时序信号的处理。在这些研究中，对 Kalman 滤波器使用的模型进行了很大调整来适应时序信号的变化特征。我们的方法是通过修改采样区间，改进适用于运动目标的模型，使传统的机动目标模型在时序信号的处理中也获得了令人满意的结果。当然，鉴于这种模型的“出身”，我们的方法非常适合具有“惯性”变化的时序信号。

在内容方面，本书以 Kalman 滤波器为基本方法，介绍 Kalman 滤波器在时间序列分析、机器人惯导、室内目标跟踪等方面的应用。除了第 1 章基础知识之外，全书主要分成 5 部分。第 1 章介绍 Kalman 滤波器的基本知识，包括以后章节中需要用到的 Kalman 滤波器的基本形式、所使用的模型等。这部分与我们的另一部专著《Kalman 滤波器理论与应用——基于 MATLAB 实现》(科学出版社，2016 年)有些重复，但是这些内容在本书中的使用频率很高，为给读者提供一个整体的知识体系，我们将这些内容再次体现在本书中。同时为了节约篇幅，关于非线性 Kalman 滤波器的知识在本书中被略去了，请读者参考我们所著的其他相关书籍。

本书第一部分(第 2～4 章)针对时序数据，研究基于 Kalman 滤波器的动力学分析，并在此基础上研究数据的压缩和预处理等内容。我们的方法已经在实际系统中上线使用，取得了很好的经济效益。第二部分(第 5～7 章)和第三部分(第 8～11 章)介绍基于惯性传感器的惯导技术，不同的是第二部分包含捷联式惯导的基本理论和数字仿真，以及路径重建的内容。第三部分则在惯性传感器的基础之上加入了 RFID 的信息。我们给出融合这两类传感器信息的方法，取得了非常好的室内跟踪效果。第四部分(第 12～14 章)是我们的一个创新应用：将 Kalman 滤波器用在金融数据的时序关系建模上。我们使用隐马尔可夫建模方法对股票价格数据的时间关系进行建模，并进行有效的预测。第五部分(第 15～17 章)将 Kalman 滤波器用在了信号去噪和参数辨识方面，并基于钢筋混凝土结构试验的数据研究了二阶自适应模型在线去噪效果和基于 Bouc-Wen 模型的参数识别结果。

本书同时配有与仿真研究相配套的部分 MATLAB 源程序，读者可以在 https://github.com/Xue-boJin/Applications-of-Kalman-filter下载源程序。为了提高程序的可读性，我们将比较典型的程序附在了部分章节的后面。同时我们利用微信公众号(智能感知研究中心，微信号：datamole)对书中的知识点进行说明。书中提供大多数章节的 MATLAB 源程序，包括基本原理及应用方法等，并对程序的编程方式、变量的取值方法、实现的关键语句等给予充分的解释说明，让读者轻松了解这些源程序所体现的基本理论方法和实现过程。

书中内容包含了实验室几位硕士研究生的研究工作。本书中的内容和他们的毕业论文有一定的重复，因此读者也可以参考他们的毕业论文。但是，作为一部专著，我们在他们论文的基础上进行了大篇幅的修改，并重写了一些关键章节。具体来讲，两者的不同之处在于：①我们整合了这些论文的内容，将重复的基础知识部分进行了适当的删减，并修订了各个变量的表示方法，使书中的内容更一致、更流畅、更易于阅读；②我们公开了部分 MATLAB 源码，这是这些硕士论文没有的部分；③我们在这些论文的基础上又做了一些研究工作，在有效整合之后，本书的内容更具有应用、推广价值。

在书稿的撰写过程中，作者参考了许多国内外同行学者的研究成果，正是基于这些学者严谨的工作、出色的成果， Kalman 滤波器在实际系统中的应用研究日新月异。本书是作者在该领域多年研究成果的结晶，十分愿意将所研究的成果分享，与各位同行一起研究探讨，同时希望为 Kalman 滤波器估计与跟踪领域的研究工作添砖加瓦。最后，希望本书给出的这些方法，尤其是应用到新领域、解决新问题的方法，能够开拓 Kalman 滤波器新的研究方向，并帮助读者有效地解决实际中的问题。

作者非常愿意和读者一起讨论相关研究，欢迎读者通过本书的联系邮箱 datamole@126.com提出宝贵意见和建议。我们也在不断地推进应用基础研究工作。我们计划在未来定期公布最新的研究成果，也请读者与广大同行关注。

最后感谢国家自然科学基金(No.61673002)、北京市教育委员会科技计划重点项目(No.KZ201510011012)和北京工商大学学术专著出版项目的资助。

作 者

2018 年 6 月 15 日

目　录

第一部分　基于 Kalman 滤波器的时间序列分析

第二部分 基于惯性导航原理的机器人移动轨迹重建

第三部分　基于多传感器信息融合的室内目标跟踪技术

第五部分　基于 Kalman 滤波器的信号去噪及参数辨识方法研究

第 1 章　基础知识

本书将 Kalman 滤波器应用于工程领域，如时序信号分析及室内机器人移动轨迹重建、工程信号去噪等。本章是全书的基础知识部分，包括我们将要使用的运动目标的模型、Kalman 滤波器的基本公式，另外，还介绍了一种利用 Kalman 滤波器实现自适应参数估计的动力学模型。这些基础知识读者也可以从其他参考书获得，但为了保证本书内容的完整性，我们将这些基础知识放在本章中。

Kalman 滤波器已经在估计领域及工程界流行了 50 多年，是应用最广泛的状态估计方法之一。它的优点如下。

(1) 方法形式较简单，其基本形式仅 5 个公式，实现比较容易。

(2) 能够实现在线运行，由于其算法运算量不大，不会占用实际应用系统 CPU 太多的运算资源。

由于 Kalman 滤波器具有诸多优势，其在许多领域得到了广泛应用，如机器人导航与控制、雷达跟踪系统、射频识别(radio frequency identification，RFID)目标跟踪系统等。近年来，Kalman 滤波器还被应用于计算机图像处理，如视频图像跟踪、信号的在线估计、去除噪声、压缩等。

Kalman 滤波器基于贝叶斯理论的估计方法，在系统模型已知的情况下，可以得到最优的估计结果。但是在实际应用中，系统模型往往是未知的，因此，应用 Kalman 滤波器进行在线估计时，首先需要解决系统建模的问题。另外，只有将需要解决的问题转化为确切的已知模型问题，才可以使用 Kalman 滤波器得到令人满意的结果。

在使用 Kalman 滤波器的领域，目标跟踪是非常典型的应用。研究者针对不同运动特征的目标给出了很多系统动力学模型，如常速度模型、Singer 模型、当前统计模型以及自适应模型。根据不同的测量传感器，研究者也给出了很多测量模型，如雷达、RFID 等。

不同的应用往往需要不同的研究模型，为使 Kalman 滤波器有实际的研究意义，深入研究不同应用背景的系统模型是 Kalman 滤波器方法必须具备的研究内容。测量模型中测量噪声方差的统计特性对估计结果性能的影响非常大，而且准确地建模较为困难。因此，有效地提高 Kalman 滤波器对模型的鲁棒性在实际应用中具有非常大的研究意义。

Kalman 滤波器能够在线有效去除噪声的特征，使其在传感器数据的预处理中具有很好的应用前景。尤其是在传感器大数据的研究井喷式发展的今天，在线压缩、同时去除噪声的估计方法是非常值得研究的方向。

虽然 Kalman 滤波器能够实现对数据的最优估计，但这要求所建立的数学模型与数据的运动规律相一致，否则实现的估计便不是最优估计。因此，针对某一具体的跟踪或者估计问题，首先需要知道目标序列的测量模型，并确定该目标的运动过程，进而建立过程模型，这样可以使 Kalman 滤波器准确估计运动的特征。例如，当雷达对地面目标或海上目标进行跟踪时，驾驶员可以人为动作或者通过控制指令使飞机出现转弯、闪避等动作，这表明目标并不是一直简单地进行匀速或者匀加速运动。因此，为了保证较好的目标跟踪或者时间序列估计结果，在介绍 Kalman 滤波器之前，首先研究目标的动力学模型描述方法是十分必要的。

1.1　Kalman 滤波器的动力学模型

由于实际工程的需要，应用于估计的 Kalman 滤波器大多是离散的，要求系统的模型也是离散的。但很多物理量，如目标运动的位移、速度及加速度等是连续的，需要进行离散化。本节先从连续系统动力学关系入手，给出系统连续状态方程模型，并运用线性系统求解的方法进行离散化，介绍两种离散化模型。

1.1.1　连续模型离散化

在这里，我们将过程模型状态变量 $X(t)$ 设为目标的位置、速度及加速度，表示为 $X(t)=[x(t),\dot{x}(t),\ddot{x}(t)]^{\mathrm{T}}$，其中 $x(t)$ 为目标 t 时刻的位移，$\dot{x}(t)$ 为目标 t 时刻的速度，$\ddot{x}(t)$ 为目标 t 时刻的加速度。

将系统的状态方程及测量方程描述为

$$\begin{cases}\dot{X}(t)=F(t)X(t)+G(t)w_c(t)\\ z(t)=H(t)X(t)+v(t)\end{cases} \tag{1-1}$$

其中，$X(t)$ 是系统的 n 维状态向量；$z(t)$ 是 m 维测量输出向量；$w_c(t)$ 是 p 维随机过程噪声；$v(t)$ 是 m 维随机测量噪声。如果 $F(t)$、$G(t)$、$H(t)$ 的各元素均与时间无关，且 $w_c(t)$、$v(t)$ 都是平稳随机过程，则系统方程可简化为

$$\dot{X}(t)=FX(t)+Gw_c(t) \tag{1-2}$$

$$z(t)=HX(t)+v(t) \tag{1-3}$$

假设 $w_c(t)$、$v(t)$ 为零均值高斯白噪声过程，其中 $E[w_c(t)]=0, E[w_c(t)w_c^{\mathrm{T}}(s)]=\sigma^2\delta(t-s)$，$E[v(t)]=0$，$E[v(t)v^{\mathrm{T}}(s)]=R\delta(t-s)$，$\delta(t-s)$ 为狄拉克函数，T 表示矩阵转置。

由高等数学中求解微分方程的知识可知，式(1-2)中 $X(t)$ 的解与指数函数 e^{Ft} 相关，假设 $\mathrm{e}^{Ft}=I+Ft+\dfrac{F^2t^2}{2!}+\dfrac{F^3t^3}{3!}+\dfrac{F^4t^4}{4!}+\cdots$，根据 e^{Ft} 的两个重要性质

$$\begin{cases}\dfrac{\mathrm{d}}{\mathrm{d}t}\mathrm{e}^{Ft}=F+F^2t+\dfrac{F^3t^2}{2!}+\dfrac{F^4t^3}{3!}+\dfrac{F^5t^4}{4!}+\cdots=F\cdot\mathrm{e}^{Ft}\\ \dfrac{\mathrm{d}}{\mathrm{d}t}[\mathrm{e}^{-Ft}X(t)]=\mathrm{e}^{-Ft}[\dot{x}(t)-F\cdot X(t)]\end{cases}\tag{1-4}$$

来求解状态方程式(1-2)描述状态 $X(t)$，其过程如下。

(1) 式(1-2)两边左乘 e^{-Ft} 可得

$$\mathrm{e}^{-Ft}[\dot{X}(t)-F\cdot X(t)]=\mathrm{e}^{-Ft}Gw_c(t)\tag{1-5}$$

根据指数函数 e^{Ft} 由式(1-4)所示的性质可知，式(1-5)左边为 $\dfrac{\mathrm{d}}{\mathrm{d}t}[\mathrm{e}^{-Ft}X(t)]$，即

$$\frac{\mathrm{d}}{\mathrm{d}t}[\mathrm{e}^{-Ft}X(t)]=\mathrm{e}^{-Ft}Gw_c(t)\tag{1-6}$$

(2) 对式(1-6)两边求积分，积分区间为 $[t_0,t]$，即可得到

$$\mathrm{e}^{-Ft}X(t)=\mathrm{e}^{-Ft_0}X(t_0)+\int_{t_0}^{t}\mathrm{e}^{-F\lambda}Gw_c(\lambda)\,\mathrm{d}\lambda\tag{1-7}$$

(3) 将式(1-7)两边同时左乘 e^{Ft} 得

$$X(t)=\mathrm{e}^{F(t-t_0)}X(t_0)+\int_{t_0}^{t}\mathrm{e}^{F(t-\lambda)}Gw_c(\lambda)\,\mathrm{d}\lambda\tag{1-8}$$

(4) 设系统的采样间隔为 T_0，将 $t_0=kT_0$ 及 $t=kT_0+T_0$ 代入式(1-8)中得

$$X(kT_0+T_0)=\mathrm{e}^{FT_0}X(kT_0)+\int_{kT_0}^{kT_0+T_0}\mathrm{e}^{F(kT_0+T_0-\lambda)}Gw_c(\lambda)\,\mathrm{d}\lambda$$

省略 T_0，用 k 或 k+1 表示离散时刻取值

$$X(k+1)=\mathrm{e}^{FT_0}X(k)+\int_{0}^{T_0}\mathrm{e}^{F(T_0-\lambda)}Gw_c(\lambda)\,\mathrm{d}\lambda\tag{1-9}$$

其中，积分项 $\int_{0}^{T_0}\mathrm{e}^{F(T_0-\lambda)}Gw_c(\lambda)\,\mathrm{d}\lambda$ 体现了噪声对系统状态的影响，设

$$w(k)=\int_{kT_0}^{kT_0+T_0}\mathrm{e}^{F(T_0-\lambda)}Gw_c(\lambda)\,\mathrm{d}\lambda\tag{1-10}$$

令

$$A=\mathrm{e}^{FT_0}\tag{1-11}$$

由式(1-9)得

$$X(k+1)=AX(k)+w(k)\tag{1-12}$$

式(1-12)就是系统的离散系统方程，并且系统过程噪声的统计描述为

$$E[w(k)]=0, \quad Q(k)=E[w(k)w^{\mathrm{T}}(u)]=\int_0^{T_0} \mathrm{e}^{F(T_0-\lambda)}G\times\sigma^2\times G^{\mathrm{T}}[\mathrm{e}^{F(T_0-\lambda)}]^{\mathrm{T}}\mathrm{d}\lambda\ \delta(k-u) \tag{1-13}$$

其中，k 和 u 是离散取值点。

(5) 化简式(1-10)。

如果认为 $w_c(t)$ 在一个采样周期内为时常噪声，那么式(1-10)中 $w(k)$ 的噪声部分可以从积分项中提出，即 $\int_0^{T_0}\mathrm{e}^{F(T_0-\lambda)}G\mathrm{d}\lambda w_c(kT_0)$，为与式(1-10)中的 $w(k)$ 相区别，记为 $w_s(k)=\int_0^{T_0}\mathrm{e}^{F(T_0-\lambda)}G\mathrm{d}\lambda\ w_c(k)$。又设 $B=\int_0^{T_0}\mathrm{e}^{F(T_0-\lambda)}G\mathrm{d}\lambda$，此时系统的离散状态方程为

$$X(k+1)=AX(k)+w_s(k) \tag{1-14}$$

同时，式(1-13)中，系统的过程噪声统计描述变为

$$E[w_s(k)]=0, \quad Q_s(k)=E[w_s(k)w_s^{\mathrm{T}}(u)]=E\left[Bw_c(k)w_c^{\mathrm{T}}(u)B^{\mathrm{T}}\right]=B\sigma^2B^{\mathrm{T}}\delta(k-u) \tag{1-15}$$

在式(1-13)中，离散化后的协方差是实际连续过程协方差的积分，计算的是过程噪声的累积效果；而式(1-15)中假设连续时间噪声为分段时常噪声，并使用增益矩阵 B 来体现分段噪声的累积效果。为区别这两种不同的过程方程离散化方法，将前者称为基于连续系统的离散化模型(discrete model based on continuous system，DCM)，将后者称为直接离散化模型(direct discrete model，DDM)。

对系统模型(1-1)中的测量方程取 $t=kT_0+T_0$，并省略 T_0 得到

$$z(k+1)=HX(k+1)+v(k+1) \tag{1-16}$$

通过式(1-16)可以发现，该式描述的是 $z(t)$、$X(t)$ 及 $v(t)$ 同一时刻的关系，因此，通常用 k 时刻的测量方程 $z(k)=HX(k)+v(k)$ 进行描述。

综上，可以得到以下两种离散系统状态方程形式。

基于连续系统的离散化模型

$$\begin{cases} X(k+1)=AX(k)+w(k) \\ z(k)=HX(k)+v(k) \end{cases} \tag{1-17}$$

直接离散化模型

$$\begin{cases} X(k+1)=AX(k)+Bw_c(k) \\ z(k)=HX(k)+v(k) \end{cases} \tag{1-18}$$

由式(1-13)和式(1-15)可知，这两种离散化模型的区别在于过程噪声的协方差矩阵不同。通过假设目标或者时间序列数据的速度或者加速度符合某种运动特性，可以利用数学公式对其进行描述，进而采用 DCM 和 DDM 离散化方法得到动力学系统模型。

1.1.2 机动目标的经典动力学模型

本书中很多问题使用的模型都是目标跟踪的机动模型，因此我们主要介绍广泛使用的机动目标的动力学模型。本节介绍一些经典的动力学模型，包括常速度(constant velocity，CV)模型、常加速度(constant acceleration，CA)模型、Singer 模型、当前统计模型以及 Jerk 模型等常用模型。这些模型通过假设目标速度及加速度满足不同的统计特性进行区别，例如，Singer 模型假设加速度在一定区间服从均匀分布。

本节以匀速模型为例，从其数学模型假设到求取动力学模型的状态模型和过程噪声模型进行详细介绍，而其他常用的模型则直接给出模型结果，感兴趣的读者可以查阅相关文献。

1. CV 模型

CV 模型假设目标做匀速直线运动，即目标加速度的理想值为 0，但是，考虑到干扰信号的存在，加速度并不能维持在 0 值，而是零均值高斯白噪声 $w_c(t)$，即 $w_c(t) \sim N(0,\sigma^2)$，用公式表示加速度的变化为

$$\ddot{x}(t) = w_c(t) \tag{1-19}$$

写成连续时间系统状态方程为

$$\begin{bmatrix} \dot{x}(t) \\ \ddot{x}(t) \end{bmatrix} = \begin{bmatrix} 0 & 1 \\ 0 & 0 \end{bmatrix} \begin{bmatrix} x(t) \\ \dot{x}(t) \end{bmatrix} + \begin{bmatrix} 0 \\ 1 \end{bmatrix} w_c(t) \tag{1-20}$$

即状态转移矩阵 F 和噪声转移矩阵 G 分别为

$$F = \begin{bmatrix} 0 & 1 \\ 0 & 0 \end{bmatrix}, \quad G = \begin{bmatrix} 0 \\ 1 \end{bmatrix} \tag{1-21}$$

根据 1.1.1 节介绍的离散化方法，由式(1-11)得到

$$A = \mathrm{e}^{FT_0} = \mathrm{e}^{\begin{bmatrix} 0 & T_0 \\ 0 & 0 \end{bmatrix}} \tag{1-22}$$

由于该指数函数中 F 不是满秩矩阵，不能使用特征值方法求指数函数，但可以通过拉普拉斯变换求得

$$(sI - F)^{-1} = \begin{bmatrix} s & -1 \\ 0 & s \end{bmatrix}^{-1} = \frac{1}{s^2} \begin{bmatrix} s & 1 \\ 0 & s \end{bmatrix} = \begin{bmatrix} \dfrac{1}{s} & \dfrac{1}{s^2} \\ 0 & \dfrac{1}{s} \end{bmatrix} \tag{1-23}$$

对式(1-23)进行拉普拉斯逆变换，并取 $t = T_0$ 得到

$$A=\begin{bmatrix}1 & T_0\\0 & 1\end{bmatrix} \tag{1-24}$$

下面利用 DCM 和 DDM 离散化方法分别求取过程噪声方差，这里省略 $\delta(k-u)$。

对于 DCM 模型，根据式(1-13)得到

$$\begin{aligned}Q=E[w(k)w^{\mathrm{T}}(u)]&=\int_0^{T_0}\mathrm{e}^{F(T_0-\lambda)}G\cdot\sigma^2\cdot G^{\mathrm{T}}[\mathrm{e}^{F(T_0-\lambda)}]^{\mathrm{T}}\mathrm{d}\lambda\\&=\int_0^{T_0}\begin{bmatrix}1 & T_0-\lambda\\0 & 1\end{bmatrix}\begin{bmatrix}0\\1\end{bmatrix}\cdot\sigma^2\cdot[0\quad 1]\begin{bmatrix}1 & 0\\T_0-\lambda & 1\end{bmatrix}\mathrm{d}\lambda\\&=\int_0^{T_0}\begin{bmatrix}(T_0-\lambda)^2 & T_0-\lambda\\T_0-\lambda & 1\end{bmatrix}\sigma^2\mathrm{d}\lambda\\&=\begin{bmatrix}\frac{1}{3}T_0^3 & \frac{1}{2}T_0^2\\\frac{1}{2}T_0^2 & T_0\end{bmatrix}\sigma^2\end{aligned} \tag{1-25}$$

对于 DDM 模型，根据式(1-15)先求 $B=\int_0^{T_0}\mathrm{e}^{F(T_0-\lambda)}G\mathrm{d}\lambda$，得

$$\begin{aligned}B&=\int_0^{T_0}\mathrm{e}^{F(T_0-\lambda)}G\mathrm{d}\lambda\\&=\int_0^{T_0}\begin{bmatrix}1 & T_0-\lambda\\0 & 1\end{bmatrix}\begin{bmatrix}0\\1\end{bmatrix}\mathrm{d}\lambda\\&=\int_0^{T_0}\begin{bmatrix}T_0-\lambda\\1\end{bmatrix}\mathrm{d}\lambda\\&=\begin{bmatrix}\frac{1}{2}T_0^2\\T_0\end{bmatrix}\end{aligned} \tag{1-26}$$

则求得离散时间 DDM 模型的过程噪声方差 Q_s 为

$$Q_s=B\cdot\sigma^2\cdot B^{\mathrm{T}}=\begin{bmatrix}\frac{1}{4}T_0^4 & \frac{1}{2}T_0^3\\\frac{1}{2}T_0^3 & T_0^2\end{bmatrix}\sigma^2 \tag{1-27}$$

由式(1-25)和式(1-27)发现，通过这两种方法得到的离散模型过程噪声方差

并不相同，这是由于这两类模型对噪声的处理方法不同。DCM 模型中对连续过程协方差求积分，计算的是过程噪声的累积效果，而 DDM 模型中假设连续时间噪声为分段时常噪声，使用增益矩阵 B 来体现分段噪声的累积效果，这就导致过程噪声方差计算结果不同。但是从理论上讲，DCM 模型更为科学、合理，因为过程噪声在整个采样区间并不一定满足 DDM 的假设，所以 DCM 模型更符合一般的噪声过程。

2. CA 模型

CA 模型假设目标做匀加速直线运动，即理想的目标加速度是常数，其导数为 0，但由于干扰信号的存在，加速度的导数信号变化不能维持在 0 值，而是满足零均值高斯白噪声 $w_c(t)$（$w_c(t)$ 假设如前，为 $w_c(t)\sim N(0,\sigma^2)$）作用的结果，用公式表示加速度导数的变化为

$$\dddot{x}(t)=w_c(t) \tag{1-28}$$

可以得到连续系统的模型为

$$\begin{bmatrix}\dot{x}(t)\\ \ddot{x}(t)\\ \dddot{x}(t)\end{bmatrix}=\begin{bmatrix}0&1&0\\0&0&1\\0&0&0\end{bmatrix}\begin{bmatrix}x(t)\\ \dot{x}(t)\\ \ddot{x}(t)\end{bmatrix}+\begin{bmatrix}0\\0\\1\end{bmatrix}w_c(t)=FX(t)+Gw_c(t) \tag{1-29}$$

利用与前面所述相似的方法来计算离散模型中的状态转移 A，经过拉普拉斯逆变换并取 $t=T_0$ 得

$$A=\mathrm{e}^{FT_0}=\begin{bmatrix}1&T_0&\dfrac{T_0^2}{2}\\0&1&T_0\\0&0&1\end{bmatrix} \tag{1-30}$$

根据 DCM 离散模型得到过程噪声方差 Q 为

$$Q=\begin{bmatrix}\dfrac{T_0^5}{20}&\dfrac{T_0^4}{8}&\dfrac{T_0^3}{6}\\ \dfrac{T_0^4}{8}&\dfrac{T_0^3}{3}&\dfrac{T_0^2}{2}\\ \dfrac{T_0^3}{6}&\dfrac{T_0^2}{2}&T_0\end{bmatrix}\sigma^2 \tag{1-31}$$

DDM 模型的过程噪声方差为

$$B = \int_0^{T_0} e^{F(T_0-\lambda)} G d\lambda$$

$$= \int_0^{T_0} \begin{bmatrix} 1 & T_0-\lambda & \dfrac{(T_0-\lambda)^2}{2} \\ 0 & 1 & T_0-\lambda \\ 0 & 0 & 1 \end{bmatrix} \begin{bmatrix} 0 \\ 0 \\ 1 \end{bmatrix} d\lambda \tag{1-32}$$

$$= \begin{bmatrix} \dfrac{T_0^3}{6} \\ \dfrac{T_0^2}{2} \\ T_0 \end{bmatrix}$$

则可仿照 CV 模型的方法，求得离散时间 DDM 模型的过程噪声方差 Q_s 为

$$Q_s = B \cdot \sigma^2 \cdot B^{\mathrm{T}}$$

$$= \begin{bmatrix} \dfrac{T_0^6}{36} & \dfrac{T_0^5}{12} & \dfrac{T_0^4}{6} \\ \dfrac{T_0^5}{12} & \dfrac{T_0^4}{4} & \dfrac{T_0^3}{2} \\ \dfrac{T_0^4}{6} & \dfrac{T_0^3}{2} & T_0^2 \end{bmatrix} \sigma^2 \tag{1-33}$$

3. Singer 模型

CV 模型和 CA 模型都假设加速度或者加速度的导数为干扰噪声，且该噪声过程为零均值高斯白噪声。但是，白噪声是一种比较理想化的模型，实际噪声一般更符合有色噪声过程，基于此，Singer 于 1970 年提出了著名的 Singer 模型。

Singer 模型假设目标加速度为指数自相关零均值随机噪声过程，如果使用 $a(t)$ 表示目标的加速度，则有 $a(t) = \ddot{x}(t)$ 。$a(t)$ 的时间相关函数为指数形式，即

$$R_a(\tau) = E[a(t)a(t+\tau)] = \sigma_a^2 e^{-\alpha|\tau|} \tag{1-34}$$

其中，σ_a^2 和 α 是待定参数，在区间 $[t, t+\tau]$ 表达了目标的机动特性，σ_a^2 为目标机动加速度方差，α 是机动时间常数的倒数，即机动频率。α 的确切值只有通过实测才能知道，在实际应用中，可以根据前人的研究结果取经验值，如目标机动形式是飞机慢速转弯，一般 α 取 $1/60\text{s}^{-1}$；逃避机动时 α 取 $1/20\text{s}^{-1}$；大气扰动 α 取 1s^{-1} 。

Singer 模型假设：

(1) 机动加速度为极大值 a_M 的概率为 P_M ，为极小值 $-a_M$ 的概率也为 P_M ；

(2) 机动加速度为 0 的概率为 P_0 (非机动概率)；

(3) 机动加速度在区间 $[-a_M, a_M]$ 为均匀分布。

根据这些假设可以得到如下概率密度函数

$$P(a)=\left[\delta(a-a_M)+\delta(a+a_M)\right]P_M+\delta(a)P_0+\left[1(a-a_M)+1(a+a_M)\right]\frac{1-P_0-2P_M}{2a_M} \tag{1-35}$$

其中，$1(\cdot)$ 为单位阶跃函数；$\delta(\cdot)$ 为狄拉克脉冲函数。由概率论知识得式(1-35)概率密度函数的方差为

$$\begin{aligned}\sigma_a^2&=\int_{-\infty}^{+\infty}a^2p(a)\mathrm{d}a\\&=(-a_M)^2P_M+(a_M)^2P_M+\int_{-\infty}^{+\infty}a^2\frac{1-(P_0+2P_M)}{2a_M}\mathrm{d}a=\frac{a_M^2}{3}(1+4P_M-P_0)\end{aligned} \tag{1-36}$$

将 $a(t)$ 的时间相关函数 $R_a(\tau)$ 进行拉普拉斯变换得到

$$\begin{aligned}R_a(s)&=\frac{-2\alpha\sigma_a^2}{(s-\alpha)(s+\alpha)}\\&=H(s)H(-s)W_c(s)\end{aligned} \tag{1-37}$$

其中，$H(s)$ 为传递函数；$W_c(s)$ 为输入噪声向量的拉普拉斯变换，得到

$$\begin{cases}H(s)=\dfrac{1}{s+a}\\W_c(s)=2\alpha\sigma_a^2\end{cases} \tag{1-38}$$

根据 Wiener-Kolmogoron 有色噪声白化处理方法，经白化处理的有色噪声可用输入为白噪声的一阶时间相关模型表示(该模型为一阶马尔可夫过程)

$$\dot{a}(t)=-\alpha\cdot a(t)+w_c(t) \tag{1-39}$$

其中，$w_c(t)$ 为均值为 0、方差为 σ_w^2 (其中 $\sigma_w^2=2\alpha\sigma_a^2$) 的高斯白噪声，即

$$E\left[w_c(t)w_c^{\mathrm{T}}(\tau)\right]=2\alpha\sigma_a^2\delta(t-\tau) \tag{1-40}$$

设系统状态向量 $X(t)=[x(t),\dot{x}(t),\ddot{x}(t)]^{\mathrm{T}}$，则连续模型状态方程为

$$\begin{bmatrix}\dot{x}(t)\\\ddot{x}(t)\\\dddot{x}(t)\end{bmatrix}=\begin{bmatrix}0&1&0\\0&0&1\\0&0&-\alpha\end{bmatrix}\begin{bmatrix}x(t)\\\dot{x}(t)\\\ddot{x}(t)\end{bmatrix}+\begin{bmatrix}0\\0\\1\end{bmatrix}w_c(t)=FX(t)+Gw_c(t) \tag{1-41}$$

利用与 CV 模型相似的方法来计算离散模型中的状态转移 A，经过拉普拉斯逆变换并取 $t=T_0$ 得

$$A = \mathrm{e}^{FT_0} = \begin{bmatrix} 1 & T_0 & \dfrac{\alpha T_0 - 1 + \mathrm{e}^{-\alpha T_0}}{\alpha^2} \\ 0 & 1 & \dfrac{1 - \mathrm{e}^{-\alpha T_0}}{\alpha} \\ 0 & 0 & \mathrm{e}^{-\alpha T_0} \end{bmatrix} \tag{1-42}$$

DCM 模型的过程噪声方差为

$$Q = \sigma_w^2 \begin{bmatrix} q_{11} & q_{12} & q_{13} \\ q_{12} & q_{22} & q_{23} \\ q_{13} & q_{23} & q_{33} \end{bmatrix} \tag{1-43}$$

其中

$$\begin{cases} q_{11} = \dfrac{1}{2\alpha^5}\left(1 - \mathrm{e}^{-2\alpha T_0} + 2\alpha T_0 + \dfrac{2\alpha^3 T_0^3}{3} - 2\alpha^2 T_0^2 - 4\alpha T_0 \mathrm{e}^{-\alpha T_0}\right) \\ q_{12} = \dfrac{1}{2\alpha^4}\left(\mathrm{e}^{-2\alpha T_0} + 1 - 2\mathrm{e}^{-\alpha T_0} + 2\alpha T_0 \mathrm{e}^{-\alpha T_0} - 2\alpha T_0 + \alpha^2 T_0^2\right) \\ q_{13} = \dfrac{1}{2\alpha^3}\left(1 - \mathrm{e}^{-2\alpha T_0} - 2\alpha T_0 \mathrm{e}^{-\alpha T_0}\right) \\ q_{22} = \dfrac{1}{2\alpha^3}\left(4\mathrm{e}^{-\alpha T_0} - 3 - \mathrm{e}^{-2\alpha T_0} + 2\alpha T_0\right) \\ q_{23} = \dfrac{1}{2\alpha^2}\left(\mathrm{e}^{-2\alpha T_0} + 1 - 2\alpha T_0\right) \\ q_{33} = \dfrac{1}{2\alpha}\left(1 - \mathrm{e}^{-2\alpha T_0}\right) \end{cases} \tag{1-44}$$

4. 当前统计模型

当前统计模型是由周宏仁于 1983 年提出的，其基本思想是，当目标正以某一加速度机动时，下一时刻的加速度取值是有限的，且只能在“当前”加速度的邻域内。

(1) 加速度的均值为当前加速度的预测值，即 $\bar{a} = \hat{\ddot{x}}(k+1|k)$，且机动加速度仍符合一阶时间相关过程。

(2) 假设加速度的统计特性满足修正的瑞利分布，而不是 Singer 模型假设的均匀分布。

加速度的均值非零更符合实际机动目标的运动特性，并且，由于瑞利分布的方差由均值决定，在估计目标状态的同时，可以得到实时变化的机动加速度均值，从而实时修正加速度的分布，并进一步通过方差反馈到下一时刻的滤波增益中，从而实现闭环自适应跟踪。

由第一项假设得加速度的模型为

$$\ddot{x}(t)=\overline{a}(t)+a(t) \tag{1-45}$$

$$\dot{a}(t)=-\alpha\cdot a(t)+w_c(t) \tag{1-46}$$

令 $a_1(t)=\overline{a}(t)+a(t)$，代入式(1-45)、式(1-46)得到

$$\begin{cases}\ddot{x}(t)=a_1(t)\\ \dot{a}_1(t)=-\alpha a_1(t)+\alpha\overline{a}(t)+w_c(t)\end{cases} \tag{1-47}$$

则连续系统模型为

$$\begin{bmatrix}\dot{x}(t)\\ \ddot{x}(t)\\ \dddot{x}(t)\end{bmatrix}=\begin{bmatrix}0&1&0\\0&0&1\\0&0&-\alpha\end{bmatrix}\begin{bmatrix}x(t)\\ \dot{x}(t)\\ \ddot{x}(t)\end{bmatrix}+\begin{bmatrix}0\\0\\ \alpha\end{bmatrix}\overline{a}(t)+\begin{bmatrix}0\\0\\1\end{bmatrix}w_c(t)=FX(t)+E\overline{a}(t)+Gw_c(t) \tag{1-48}$$

由于多了输入项 $\overline{a}(t)$，有必要对式(1-48)中输入矩阵项的离散化方法进行讨论。利用 1.1.1 节解状态方程的方法得到

$$X(t)=\mathrm{e}^{F(t-t_0)}X(t_0)+\int_{t_0}^{t}\mathrm{e}^{F(t-\lambda)}E\overline{a}(\lambda)\mathrm{d}\lambda+\int_{t_0}^{t}\mathrm{e}^{F(t-\lambda)}Gw_c(\lambda)\mathrm{d}\lambda \tag{1-49}$$

又已知 $\overline{a}(t)$ 在每一采样周期内为常数 $\overline{a}(t_0)$（以下将其简写为 $\overline{a}$），则有

$$X(t)=\mathrm{e}^{F(t-t_0)}X(t_0)+\int_{t_0}^{t}\mathrm{e}^{F(t-\lambda)}E\mathrm{d}\lambda\cdot\overline{a}+\int_{t_0}^{t}\mathrm{e}^{F(t-\lambda)}Gw_c(\lambda)\mathrm{d}\lambda \tag{1-50}$$

同样取 $T_0=t-t_0$，在一个采样周期内进行积分，得到如下离散形式的动力学模型

$$X(k+1)=AX(k)+U\overline{a}+w(k) \tag{1-51}$$

其中，A 和过程噪声 $w(k)$ 的方差 Q 与式(1-42)～式(1-44)相同，而输入项转移矩阵为

$$U=\begin{bmatrix}\dfrac{1}{\alpha}\left(-T_0+\dfrac{\alpha T_0^2}{2}+\dfrac{1-\mathrm{e}^{-\alpha T_0}}{\alpha}\right)\\ T_0-\dfrac{1-\mathrm{e}^{-\alpha T_0}}{\alpha}\\ 1-\mathrm{e}^{-\alpha T_0}\end{bmatrix} \tag{1-52}$$

5. Jerk 模型

当算法跟踪复杂机动目标的性能不佳时，其原因之一在于状态向量的阶数不足，Jerk 模型在加速度模型的基础上又增加了一维——加速度导数，从而实现了对加速度更加准确的估计。

设目标加速度导数(用 $j(t)$ 表示)的指数自相关函数为

$$R_j(\tau) = E[j(t)j(t+\tau)] = \sigma_j^2 \mathrm{e}^{-\alpha|\tau|} \tag{1-53}$$

即加速度导数满足

$$\dot{j}(t) = -\alpha \cdot j(t) + w_c(t) \tag{1-54}$$

其中，$w_c(t)$ 为均值为 0、方差为 σ_w^2（其中 $\sigma_w^2 = 2\alpha\sigma_j^2$）的高斯白噪声。

令系统状态向量 $x(t) = [x(t), \dot{x}(t), \ddot{x}(t), \dddot{x}(t)]^{\mathrm{T}}$，得到连续模型状态方程为

$$\begin{bmatrix} \dot{x}(t) \\ \ddot{x}(t) \\ \dddot{x}(t) \\ \ddddot{x}(t) \end{bmatrix} = \begin{bmatrix} 0 & 1 & 0 & 0 \\ 0 & 0 & 1 & 0 \\ 0 & 0 & 0 & 1 \\ 0 & 0 & 0 & -\alpha \end{bmatrix} \begin{bmatrix} x(t) \\ \dot{x}(t) \\ \ddot{x}(t) \\ \dddot{x}(t) \end{bmatrix} + \begin{bmatrix} 0 \\ 0 \\ 0 \\ 1 \end{bmatrix} w_c(t) = FX(t) + Gw_c(t) \tag{1-55}$$

利用与 CV 模型相似的方法计算离散模型中的状态转移 A 和过程噪声矩阵得

$$A = \begin{bmatrix} 1 & T_0 & \dfrac{T_0^2}{2} & p_1 \\ 0 & 1 & T_0 & q_1 \\ 0 & 0 & 1 & r_1 \\ 0 & 0 & 0 & s_1 \end{bmatrix} \tag{1-56}$$

其中

$$\begin{cases} p_1 = \dfrac{2 - 2\alpha T_0 + \alpha^2 T_0^2 - 2\mathrm{e}^{-\alpha T_0}}{2\alpha^3} \\ q_1 = \dfrac{\mathrm{e}^{-\alpha T_0} - 1 + 2\alpha T_0}{\alpha^2} \\ r_1 = \dfrac{1 - \mathrm{e}^{-\alpha T_0}}{\alpha} \\ s_1 = \mathrm{e}^{-\alpha T_0} \end{cases} \tag{1-57}$$

过程噪声方差矩阵为

$$Q = 2\alpha\sigma_j^2 \begin{bmatrix} q_{11} & q_{12} & q_{13} & q_{14} \\ q_{12} & q_{22} & q_{23} & q_{24} \\ q_{13} & q_{23} & q_{33} & q_{34} \\ q_{14} & q_{24} & q_{34} & q_{44} \end{bmatrix} \tag{1-58}$$

其中，关于对称阵 Q 的具体说明如下

$$\begin{cases} q_{11}=\dfrac{1}{2\alpha^7}\left(\dfrac{\alpha^5T_0^5}{10}-\dfrac{\alpha^4T_0^4}{2}+\dfrac{4\alpha^3T_0^3}{3}-2\alpha^2T_0^2+2\alpha T_0-3+4\mathrm{e}^{-\alpha T_0}+2\alpha^2T_0^2\mathrm{e}^{-\alpha T_0}-\mathrm{e}^{-2\alpha T_0}\right) \\ q_{12}=\dfrac{1}{2\alpha^6}\left(1-2\alpha T_0+2\alpha^2T_0^2-\alpha^3T_0^3+\dfrac{\alpha^4T_0^4}{4}+\mathrm{e}^{-2\alpha T_0}+2\alpha T_0\mathrm{e}^{-\alpha T_0}-2\mathrm{e}^{-\alpha T_0}-\alpha^2T_0^2\mathrm{e}^{-\alpha T_0}\right) \\ q_{13}=\dfrac{1}{2\alpha^5}\left(2\alpha T_0-\alpha^2T_0^2-\dfrac{\alpha^3T_0^3}{3}-3-2\mathrm{e}^{-2\alpha T_0}+4\mathrm{e}^{-\alpha T_0}+\alpha^2T_0^2\mathrm{e}^{-\alpha T_0}\right) \\ q_{14}=\dfrac{1}{2\alpha^4}\left(1+\mathrm{e}^{-2\alpha T_0}-2\mathrm{e}^{-\alpha T_0}-2\alpha^2T_0^2\mathrm{e}^{-\alpha T_0}\right) \\ q_{22}=\dfrac{1}{2\alpha^5}\left(1-\mathrm{e}^{-2\alpha T_0}+\dfrac{2\alpha^3T_0^3}{3}+2\alpha T_0-2\alpha^2T_0^2-4\alpha T_0\mathrm{e}^{-\alpha T_0}\right) \\ q_{23}=\dfrac{1}{2\alpha^4}\left(1+\alpha^2T_0^2-2\alpha T_0+2\alpha T_0\mathrm{e}^{-\alpha T_0}+\mathrm{e}^{-2\alpha T_0}-2\mathrm{e}^{-\alpha T_0}\right) \\ q_{24}=\dfrac{1}{2\alpha^3}\left(1-\mathrm{e}^{-2\alpha T_0}-2\alpha T_0\mathrm{e}^{-\alpha T_0}\right) \\ q_{33}=\dfrac{1}{2\alpha^3}\left(4\mathrm{e}^{-\alpha T_0}-\mathrm{e}^{-2\alpha T_0}+2\alpha T_0-3\right) \\ q_{34}=\dfrac{1}{2\alpha^2}\left(\mathrm{e}^{-2\alpha T_0}+1-2\mathrm{e}^{-\alpha T_0}\right) \\ q_{44}=\dfrac{1}{2\alpha}\left(1-\mathrm{e}^{-2\alpha T_0}\right) \end{cases} \tag{1-59}$$

根据目标或者时间序列数据的运动特征，做出合理的数学假设，就可以选择对应的动力学模型来对目标或者时间序列数据进行估计。

1.2 Kalman 滤波器

Kalman 滤波器的核心优势是，能够根据最新的测量值修正前一时刻的估计值。其计算公式也因此主要由两部分组成：预测和更新。由于本节研究的是离散时间序列数据，只对离散 Kalman 滤波器进行介绍。

设离散的系统方程的一种普遍描述为

$$X(k+1)=A(k)X(k)+w(k) \tag{1-60}$$

$$z(k)=H(k)X(k)+v(k) \tag{1-61}$$

其中，$X(k)$ 表示 k 时刻目标或者时间序列数据的状态；$A(k)$ 为状态转移矩阵；$w(k)$ 为状态噪声；$H(k)$ 为观测矩阵；$z(k)$ 为观测向量。

根据 k–1 时刻的状态估计 k 时刻状态的过程如下。

1. 预测

(1) 利用 $x(k-1)$ 的状态预测 $\hat{X}(k|k-1)$

$$\hat{X}(k|k-1)=A(k-1)\hat{X}(k-1|k-1) \tag{1-62}$$

其中，$\hat{X}(k|k-1)$ 表示 $k-1$ 时刻预测目标在 k 时刻的状态；$A(k-1)$ 为状态转移矩阵；$\hat{X}(k-1|k-1)$ 表示 $k-1$ 时刻目标的状态估计值。

(2) 按照下式完成目标状态协方差的一步预测

$$P(k|k-1)=A(k-1)P(k-1|k-1)A^{\mathrm{T}}(k-1)+Q(k-1) \tag{1-63}$$

其中，$P(k|k-1)$ 表示 $k-1$ 时刻预测目标在 k 时刻的状态协方差；$P(k-1|k-1)$ 表示 $k-1$ 时刻目标的状态协方差的估计值；$Q(k-1)$ 为过程噪声协方差。

2. 更新

(1) 计算滤波器增益

$$K(k)=P(k|k-1)H^{\mathrm{T}}(k)[H(k)P(k|k-1)H^{\mathrm{T}}(k)+R]^{\mathrm{T}} \tag{1-64}$$

其中，$K(k)$ 为滤波器增益；$H(k)$ 为 k 时刻的测量矩阵；R 为高斯测量白噪声的方差；$H^{\mathrm{T}}(k)$ 为 k 时刻测量矩阵的转置。

(2) 计算目标当前状态估计值

$$\hat{X}(k|k)=\hat{X}(k|k-1)+K(k)[z(k)-H(k)\hat{X}(k|k-1)] \tag{1-65}$$

其中，$\hat{X}(k|k)$ 表示 k 时刻目标的状态估计值；$z(k)$ 为 k 时刻的目标观测值。

(3) 按照下式计算目标状态协方差的估计值

$$P(k|k)=[I-K(k)H(k)]P(k|k-1) \tag{1-66}$$

其中，I 是 3 维单位矩阵；$P(k|k)$ 表示 k 时刻目标状态协方差的估计值。

1.3　自适应参数机动目标模型估计方法

CV 模型、CA 模型、Singer 模型和 Jerk 模型都需要对目标的机动特性进行先验假设，这其实是离线模型辨识问题。而实际上随着目标跟踪应用背景的不断扩大，多种目标由于先验知识的缺乏，很难得到准确的假设模型，这大大降低了估计效果。因此，本节介绍一种基于 Kalman 滤波器的自适应参数机动目标模型。

建立自适应参数机动目标模型的步骤如下。

(1) 目标运动状态和系统自适应参数初始化。

① 设置状态初值 $\hat{x}(0|0)=x_0$，一般将其设为 3 维全 0 列向量(位移、速度以及加速度，维数为系统模型中状态向量的维数)。

② 系统自适应参数初值 $\alpha=\alpha_0$ 和 $\delta_a^2=\delta_{a0}^2$ 取任意正数，如 $\alpha_0=1/3$，$\delta_{a0}^2=3$。

③ 自相关函数初值 $r_0(0)$ 和 $r_0(1)$ 的初值分别取 $r_0(0)=\ddot{x}_0\cdot\ddot{x}_0=0$，$r_0(1)=\ddot{x}_0=0$。

④ 系统加速度分量初值 $\overline{a}(0)=\overline{a}_0$，一般 $\overline{a}_0$ 取 0。

(2) 建立具有系统自适应参数的运动模型。

①描述目标的运动特征的方程。

设目标加速度为非零均值的时间相关随机过程

$$\ddot{x}(t)=\overline{a}+a(t) \tag{1-67}$$

其中，$\overline{a}$ 为加速度均值，$a(t)$ 为零均值指数相关有色噪声模型，其相关函数为

$$R_a(\tau)=E[a(t)a(t+\tau)]=\delta_a^2\mathrm{e}^{-\alpha|\tau|} \tag{1-68}$$

其中，$R_a(\tau)$ 表示相关函数；δ_a^2 表示加速度方差；α 为机动频率，表示目标的机动随机特性。

对有色噪声 $a(t)$ 作白化处理得到

$$\dot{a}(t)=-\alpha a(t)+w(t) \tag{1-69}$$

其中，$w(t)$ 为零均值白噪声，方差 $\delta_w^2=2\alpha\delta_a^2$。

由 $\ddot{x}(t)=\overline{a}+a(t)$ 和 $\dot{a}(t)=-\alpha a(t)+w(t)$ 得到目标运动的连续状态方程

$$\dot{X}(t)=\begin{bmatrix}0&1&0\\0&0&1\\0&0&-\alpha\end{bmatrix}X(t)+\begin{bmatrix}0\\0\\0\end{bmatrix}\overline{a}(t)+\begin{bmatrix}0\\0\\1\end{bmatrix}w(t) \tag{1-70}$$

以周期 T 采样，离散化后系统目标运动满足

$$X(k+1)=A(k)X(k)+U(k)\overline{a}(k)+w(k) \tag{1-71}$$

其中，$X=[x,\dot{x},\ddot{x}]^{\mathrm{T}}$ 为 3 维状态列向量，x、$\dot{x}$、$\ddot{x}$ 分别是位移、速度和加速度；$X(k+1)$ 为 $k+1$ 时刻目标的状态向量，k 为采样时刻；$A(k)$ 为状态转移矩阵；$X(k)$ 为 k 时刻目标的状态向量；$U(k)$ 为控制矩阵；$\overline{a}(k)$ 为 0～k 时刻目标的加速度均值；$w(k)$ 为过程噪声，其均值为 0，方差为 $Q(k)$。上述 $A(k)$、$U(k)$ 及 $Q(k)$ 中含有目标机动频率 α 和目标机动加速度方差 δ_a^2，且随着系统自适应参数的变化而变化。

状态转移矩阵 $A(k)$ 的表达式为

$$A(k)=\begin{bmatrix}1&T&\dfrac{\alpha T-1+\mathrm{e}^{-\alpha T}}{\alpha^2}\\0&1&\dfrac{1-\mathrm{e}^{-\alpha T}}{\alpha}\\0&0&\mathrm{e}^{-\alpha T}\end{bmatrix} \tag{1-72}$$

控制矩阵 $U(k)$ 的表达式为

$$U(k)=\begin{bmatrix}\dfrac{1}{\alpha}\left(-T+\dfrac{\alpha T^2}{2}+\dfrac{1-\mathrm{e}^{-\alpha T}}{\alpha}\right)\\ T-\dfrac{1-\mathrm{e}^{-\alpha T}}{\alpha}\\ 1-\mathrm{e}^{-\alpha T}\end{bmatrix} \tag{1-73}$$

过程噪声 $w(k)$ 的方差 $Q(k)$ 的表达式为

$$Q(k)=E[w(k)w^{\mathrm{T}}(k)]=2\alpha\delta_a^2\begin{bmatrix}q_{11} & q_{12} & q_{13}\\ q_{12} & q_{22} & q_{23}\\ q_{13} & q_{23} & q_{33}\end{bmatrix} \tag{1-74}$$

其中

$$\begin{cases}q_{11}=\dfrac{1}{2\alpha^5}\left(1-\mathrm{e}^{-2\alpha T}+2\alpha T+\dfrac{2\alpha^3T^3}{3}-2\alpha^2T^2-4\alpha T\mathrm{e}^{-\alpha T}\right)\\ q_{12}=\dfrac{1}{2\alpha^4}\left(\mathrm{e}^{-2\alpha T}+1-2\mathrm{e}^{-\alpha T}+2\alpha T\mathrm{e}^{-\alpha T}-2\alpha T+\alpha^2T^2\right)\\ q_{13}=\dfrac{1}{2\alpha^3}\left(1-\mathrm{e}^{-2\alpha T}-2\alpha T\mathrm{e}^{-\alpha T}\right)\\ q_{22}=\dfrac{1}{2\alpha^3}\left(4\mathrm{e}^{-\alpha T}-3-\mathrm{e}^{-2\alpha T}+2\alpha T\right)\\ q_{23}=\dfrac{1}{2\alpha^2}\left(\mathrm{e}^{-2\alpha T}+1-2\alpha T\right)\\ q_{33}=\dfrac{1}{2\alpha}\left(1-\mathrm{e}^{-2\alpha T}\right)\end{cases} \tag{1-75}$$

②考虑目标运动的测量方程

$$z(k)=H(k)X(k)+v(k) \tag{1-76}$$

其中，k 为采样时刻；$z(k)$ 为目标在 k 时刻的观测值；$H(k)$ 为测量矩阵；$X(k)$ 为 k 时刻目标的状态向量；$v(k)$ 为高斯测量白噪声，其方差为 R，且与过程噪声 $w(k)$ 相互独立。

(3) 根据建立的具有系统自适应参数的运动模型，利用 Kalman 滤波器对目标状态进行预测。

①根据预测方程式进行一步预测

$$\hat{X}(k\mid k-1)=A(k-1)\hat{X}(k-1\mid k-1)+U(k-1)\overline{a}(k-1) \tag{1-77}$$

其中，$\hat{X}(k\mid k-1)$ 表示 $k-1$ 时刻预测目标在 k 时刻的状态；$\hat{X}(k-1\mid k-1)$ 表示目标在 $k-1$ 时刻的状态估计值。

②按照下式完成目标状态协方差的一步预测

$$P(k|k-1)=A(k-1)P(k-1|k-1)A^{\mathrm{T}}(k-1)+Q(k-1) \tag{1-78}$$

其中，$P(k|k-1)$表示$k-1$时刻预测目标在k时刻的状态协方差；$P(k-1|k-1)$表示$k-1$时刻目标的状态协方差的估计值。

(4) 利用 Kalman 滤波器对预测的目标状态进行校正更新。

①计算滤波器增益

$$K(k)=P(k|k-1)H^{\mathrm{T}}(k)[H(k)P(k|k-1)H^{\mathrm{T}}(k)+R]^{\mathrm{T}} \tag{1-79}$$

其中，$K(k)$为滤波器增益；$H(k)$为k时刻的测量矩阵；R为高斯测量白噪声的方差；$H^{\mathrm{T}}(k)$为k时刻测量矩阵的转置。

②计算目标当前状态估计值

$$\hat{X}(k|k)=\hat{X}(k|k-1)+K(k)[z(k)-H(k)\hat{X}(k|k-1)] \tag{1-80}$$

其中，$\hat{X}(k|k)$表示k时刻目标的状态估计值；$\hat{X}(k|k-1)$表示$k-1$时刻预测目标在k时刻的状态；$K(k)$为k时刻滤波器增益。

③按照下式计算目标状态协方差的估计值

$$P(k|k)=[I-K(k)H(k)]P(k|k-1) \tag{1-81}$$

其中，I是3维单位矩阵；$P(k|k)$表示k时刻的目标状态协方差估计值。

(5) 计算目标加速度均值及目标加速度估计值。

①利用下式计算目标加速度均值

$$\overline{a}(k)=\frac{1}{k}\sum_{k=0}^{k-1}\hat{\ddot{x}}(k|k) \tag{1-82}$$

其中，$\overline{a}(k)$为 0～k时刻目标的加速度均值；$\hat{\ddot{x}}(k|k)$为k时刻目标的状态估计值$\hat{X}(k|k)$的第三行值。

②按照下式获取系统$k-1$时刻和k时刻的加速度估计值$\hat{a}(k-1)$、$\hat{a}(k)$

$$\hat{a}(k-1)=\hat{\ddot{x}}(k-1|k-1) \tag{1-83}$$

$$\hat{a}(k)=\hat{\ddot{x}}(k|k) \tag{1-84}$$

其中，$\hat{\ddot{x}}(k-1|k-1)$为$k-1$时刻状态估计$\hat{X}(k-1|k-1)$的第三行值；$\hat{\ddot{x}}(k|k)$为k时刻状态估计$\hat{x}(k|k)$的第三行值。

(6) 根据目标加速度估计值对系统自适应参数进行修正。

根据采样时刻k值的大小选择修正系统自适应参数α和δ_a^2，若$k\leqslant 4$则进入步骤①，若$k>4$则进入步骤②。

①当采样时刻$k\leqslant 4$时，因为采样数据较少，采用当前统计模型的参数取值方法，按以下方式计算系统自适应参数α和δ_a^2，$\alpha=\alpha_0$，其中α_0为系统自适应参数α的初值。

如果 $\hat{a}(k) > 0$，则取

$$\sigma_a^2 = \frac{4-\pi}{\pi}[a_M - \hat{a}(k)]^2$$

如果 $\hat{a}(k) < 0$，则取

$$\sigma_a^2 = \frac{4-\pi}{\pi}[\hat{a}(k) - a_{-M}]^2$$

如果 $\hat{a}(k) = 0$，则 σ_a^2 取 $(0,10]$ 区间的任意数。

其中，$\hat{a}(k)$ 为 k 时刻目标加速度估计值；π 为圆周率，取 3.14；a_M 为正常数，取 3；a_{-M} 为与 a_M 绝对值相等的负常数，取−3。

②当采样时刻 $k > 4$ 时，利用 Yule-Walker 方法，按下式计算系统自适应参数 α 和 δ_a^2

$$\begin{cases} r_k(1) = r_{k-1}(1) + \dfrac{1}{k}\left[b \cdot \hat{a}(k)\hat{a}(k-1) - r_{k-1}(1)\right] \\ r_k(0) = r_{k-1}(0) + \dfrac{1}{k}\left[b \cdot \hat{a}(k)\hat{a}(k) - r_{k-1}(0)\right] \end{cases} \tag{1-85}$$

其中，b 是大于 1 的常数；$r_k(1)$ 为 k 时刻加速度向前一步相关函数；$r_{k-1}(1)$ 为 $k-1$ 时刻加速度向前一步相关函数；$\hat{a}(k-1)$ 和 $\hat{a}(k)$ 分别为 $k-1$ 时刻和 k 时刻目标加速度估计值；$r_k(0)$ 为 k 时刻目标加速度自相关函数；$r_{k-1}(0)$ 为 $k-1$ 时刻目标加速度自相关函数；若取式(1-85)中的 b 为 10，即

$$r_k(1) = r_{k-1}(1) + \frac{1}{k}\left[10 \cdot \hat{a}(k)\hat{a}(k-1) - r_{k-1}(1)\right],\quad r_k(0) = r_{k-1}(0) + \frac{1}{k}\left[10 \cdot \hat{a}(k)\hat{a}(k) - r_{k-1}(0)\right]$$

根据系统方程(1-71)得到目标运动加速度满足如下一阶马尔可夫随机序列

$$\hat{a}(k+1) = \beta\hat{a}(k) + w^a(k) \tag{1-86}$$

其中，$\hat{a}(k+1)$ 为 $k+1$ 时刻的加速度；$\hat{a}(k)$ 为 k 时刻的加速度；β 为离散后加速度随机序列的机动频率；$w^a(k)$ 为零均值白噪声离散序列，方差 $\delta_{aw}^2 = \delta_a^2(1-\beta^2)$，其中 δ_a^2 为零均值白噪声 $w(t)$ 的方差，β 与 α 的关系为 $\beta = \mathrm{e}^{-\alpha T}$。

一阶马尔可夫时间加速度序列满足

$$\beta = \frac{r_k(1)}{r_k(0)},\quad \delta_{aw}^2 = r_k(0) - \alpha r_k(1) \tag{1-87}$$

其中，$r_k(1)$ 为 k 时刻的加速度向前一步相关函数；$r_k(0)$ 为 k 时刻的加速度自相关函数；α 与 β 分别为加速度的机动频率及其离散化后加速度序列的机动频率，自适应参数 α 和 δ_a^2 可按照下式计算得到

$$\alpha = -\frac{\ln r_k(1) - \ln r_k(0)}{T} \tag{1-88}$$

$$\delta_a^2 = \frac{r_k(0) - \alpha r_k(1)}{1 - \left(\frac{r_k(1)}{r_k(0)}\right)^2} \tag{1-89}$$

其中，$r_k(1)$为k时刻的加速度向前一步相关函数；$r_k(0)$为k时刻的加速度自相关函数；ln为以e为底的对数运算；α和δ_a^2为系统自适应参数；T为采样间隔。

(7) 利用(5)中求得的目标加速度均值和(6)中求得的修正后的系统自适应参数更新(2)中的目标运动模型。

(8) 重复(2)～(7)，直至所有测量数据执行完毕，结束。

自适应参数机动模型不需要假设目标或者时间序列符合某种分布，而是在线对参数进行修正，因此能够实现更准确的估计。

1.4 小　　结

为了使Kalman滤波器得到最优估计，需要根据目标或者时间序列的运动特性建立数学模型，但是在实际系统中应用广泛的离散Kalman滤波器要求这种模型是基于连续系统的，因此，本章首先介绍了连续系统离散化的方法，包括DDM和DCM离散模型。进而给出了CV模型、CA模型、Singer模型、Jerk模型的假设条件以及对应的状态转移矩阵和过程噪声矩阵。在此基础上，对Kalman滤波器的计算公式进行了描述。本章最后还介绍了一种利用Kalman滤波器实现自适应参数估计的动力学模型，能够准确估计一些状态未知或者运动特性复杂的目标或者时间序列数据的状态。

第一部分　基于 Kalman 滤波器的时间序列分析

数据生成、收集以及存储技术的进步促使商业和科研领域产生了海量数据集，如企业销售和运作的数据；地球轨道卫星发送回地球的高分辨率图像和遥感数据；对有机体进行基因组实验产生的序列、结构和技能数据；互联网公司存储的广告点击、贴吧、图像数据等。这些数据对于公司，乃至整个人类都是十分宝贵的财富，通过分析这些时间序列数据的特征，能够挖掘有用的信息，从而推进科学技术的发展。

随着信息技术的快速发展，互联网用户的数量不断增加，网民在使用各种服务的过程中会产生大量的数据。这些数据可以反映用户的行为习惯，对于商家、公司乃至整个人类而言，具有潜在的商业价值，因此都被保存了起来。

众所周知，新时代数据分析给研究者带来了巨大的挑战，不仅仅依靠人对数据的理解，以及数据本身所包含的领域信息，使用数据分析技术已经成为人们日益关注的方法。传统的分析技术在应对这些新型数据集的挑战时存在局限性，而多领域结合的方式可以通过互补，增强并扩展现有领域技术的发展，为解决不同领域的技术难题带来新的力量。

本部分的创新之处在于将最优估计方法 Kalman 滤波器应用于工程领域，对互联网、金融、目标跟踪及其他领域的时间序列进行分析，提取时间序列的特征，并对不同模式进行识别，在时间序列预处理、压缩以及动力学分析等方面发现问题并作出科学、客观的决策，取得了一些阶段性的应用研究成果。

第 2 章　Kalman 滤波器在时间序列动力学中的应用

本章研究利用 Kalman 滤波器提取和分析高频波动的时间序列数据的主要趋势。我们给出了针对时序信号的提取模型和变换模型，并讨论了保证系统收敛的关键参数的取值方法。我们利用估计方法提取了时序信号的高阶维数动态特征并进行了分析。结果表明，所提出的方法能有效提取时间序列数据的主要趋势，同时能够准确解释主要趋势的变化特征。

2.1　相关知识介绍

研究表明，时间序列分析和预测在金融数据分析、云计算数据以及远程数据分析等应用领域具有重要的价值。时间序列具有数据随时间的自相关性，因此，可以使用历史数据预测未来。时序数据的历史特征对于预测未来趋势非常重要。那么什么是主趋势呢？我们将其定义为一个具有能反映原来带有噪声的、不准确的数据的主要变化规律的数据。我们给出图 2.1 说明原始序列时间(以虚线表示)及提取的两个主趋势。从图 2.1(a)可以看出，主趋势 I 仍然存在一些小幅波动(其中一个由箭头表示)。而在图 2.1(b)中，主趋势 II 更加平滑，我们将与图 2.1(a)中的相同数据位置再次由箭头示出，能够明显地发现两者的不同。我们可以看到这是一个数据去噪的过程，但是因为我们设定的噪声而不同，可以从时序数据中提取不同的主趋势。

下面给出时序数据主趋势的定义：时序数据主要变化的近似描述。显然，同一个时序数据有很多主趋势，选择哪一个取决于具体的应用案例。我们给出主趋势率来定量描述主趋势和原始数据之间的差异

$$\mathrm{MTrate}=\frac{\sum_{k=1}^{N}\left[Z(k)-x(k)\right]^{2}}{N} \tag{2-1}$$

其中，MTrate 是主趋势率；$Z(k)$ 是原始的时序数据；$x(k)$ 是提取的主趋势；N 是时序数据的个数。我们可以看到，提取的主趋势率 MTrate 越小意味着主趋势 $x(k)$ 与原始数据越接近，当 MTrate 为零时，提取的主趋势与时序数据相同。相反，提取的主趋势率 MTrate 越大意味着放弃了越多的原始数据的高频波动。

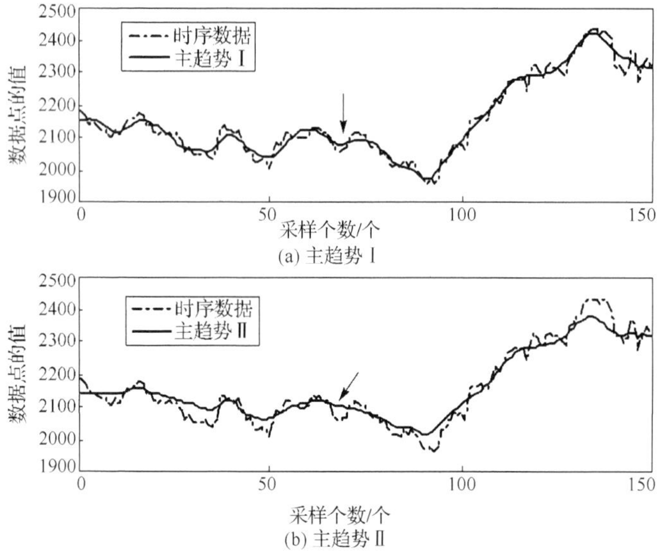

图 2.1　时序数据及其主要趋势

有效地实时获取时间序列的主趋势及其高阶特征尤为重要。主趋势对时间序列的中长期在线预测起着非常重要的作用。关于未来数据的预测，一些原始数据具有线性的主趋势，可以利用数据拟合的方法获取数据的线性表达式，进而进行未来趋势的预测。具体方法和实现请参考“数据拟合”的相关资料。而另一些则是非线性的。对于非线性问题，主趋势的高阶动态特征是非常重要的，可以用来判断主趋势的阶数。

从上面的分析中可以看出，我们需要做两件事：一是从数据中提取主趋势；二是在线获得主趋势的高阶特征。

一些研究人员利用小波方法去除噪声并提取主趋势，然后通过求导数的方法得到主趋势动态变化指标。显然，上述方法的一个缺点是提取过程只能离线执行。另一个缺点是尽管部分高频被消除，但求导处理仍然对噪声非常敏感，剩余的噪声将严重影响提取主趋势的高阶特征。因此，我们提出了有效解决这两个问题的方法——使用 Kalman 滤波器进行滤波并分析状态数据。它的优势在于，可以在线降低高频波动，同时获得准确的主趋势高阶特征。

系统模型，包括变换(状态)模型和测量模型，对于使用 Kalman 滤波器是必需的。变换(状态)模型在跟踪领域也称为过程模型，因为它描述了目标运动的关系。当参数系统精确给定，并且系统的噪声是高斯白噪声时，可以得到最优估计结果，否则估计结果不是最优的。在大多数情况下，我们可以仔细选择一些近似的系统参数，Kalman 滤波器的结果仍然具有实用价值。系统参数对估计结果的性能影响很大，在不同的应用领域，系统参数和系统模型是不同的。所以我们首先要做的就是对系统进行建模并尽可能给出正确的参数。

2.2　时间序列数据的动力学建模

2.2.1　主趋势提取模型

这里我们给出时序数据主趋势的提取模型

$$y(k)=H(k)x(k)+v(k) \tag{2-2}$$

其中，$x(k)$提取的主趋势；$H(k)$是提取矩阵；$v(k)$是提取噪声。

时序数据的主趋势被描述为我们想要得到的状态，它与获得的数据$y(k)$有关系，这个关系主趋势提取模型如式(2-2)所示。提取噪声的方差$v(k)$可以作为式(2-1)中的MTrate值。例如，在图 2.1(a)和图 2.1(b)中，提取噪声$v(k)$的方差分别为411.9886 和 858.5608，提取矩阵$H(k)$则根据状态$x(k)$来决定，我们将在 2.2.2 节讨论如何选择。

2.2.2　主趋势变换模型

主趋势变换模型是主趋势随着时间变化的关系。就像跟踪理论中的运动目标一样，目标随着时间移动，并在每个采样时间给出不同的数据。而在目标跟踪理论中，我们可以使用动态模型来描述目标的运动特征。牛顿第二定律通常用于描述目标，包括位移、速度和加速度等。如 1.1.2 节所述，运动目标的经典动力学模型包括 CV 模型、CA 模型、Singer 模型等。

时序数据也一样，每个采样点有不同的数据。这些相似点激发我们考虑提取并研究时序数据的“动态”特征。但是，跟踪系统中的这些模型无法直接用于时序数据，因为它们都需要给出先验参数。对于跟踪问题，模型的大部分参数可以通过以下方式获得：①目标跟踪问题多年来一直是热门领域，为了获得一些必要的参数已经做了许多实验和测试；②目标类型相对较少，复杂度较低，参数取值较容易。而对于时序数据，动态特性非常复杂，难以获得动态模型的先验参数。一种可行的方法是使用 1.3 节的基于统计特性的自适应目标模型来估计在线噪声方差。

我们给出以下定义来描述时序信号的高阶动态特性。

定义 2-1　时序数据的速度描述单位时间主趋势值的变化。

定义 2-2　时序数据的加速度描述单位时间主趋势速度的变化。

假设x、$\dot{x}$和$\ddot{x}$分别是时序数据的主趋势、速度和加速度，则状态向量取$X=[x,\dot{x},\ddot{x}]'$。我们可以看到，提取矩阵$H(k)$可以根据状态向量X来设置为$[1\quad 0\quad 0]$。

2.3　实验研究

在本节中，我们将分析时序数据的主趋势，具体方法为使用消除高频波动并获得时序数据的高阶动态特性。图 2.2 给出了一个非常常见的时间序列数据，可能是工业工程中的采样压力信号数据，或每天、每小时的库存数据。“×”表示每个采样点的值。如果我们认为原始数据是具有惯性的，这些离散的点可以还原为“连续曲线”，那么我们可以获得图 2.2 中用黑色点划线表示的还原连续曲线。

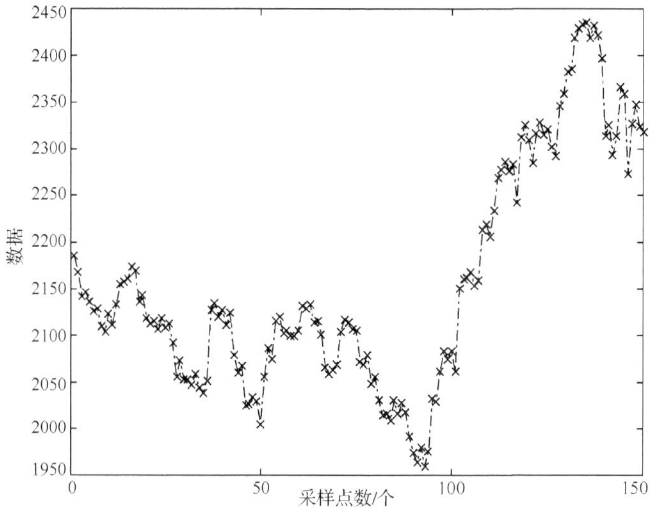

图 2.2　时序信号举例

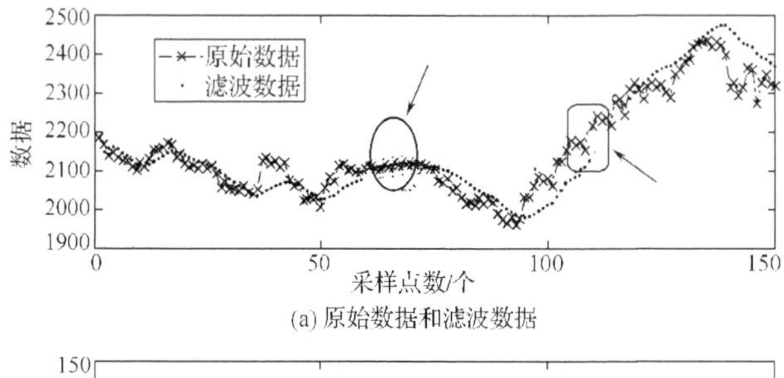

(a) 原始数据和滤波数据

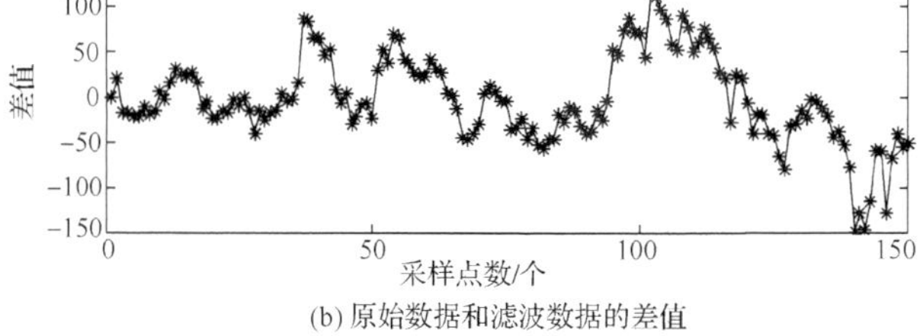

(b) 原始数据和滤波数据的差值

图 2.3　Kalman 滤波结果估计

设置提取噪声的协方差为 400，采样周期 T 为 0.1。我们可以得到图 2.3(a)所示的在线去噪曲线，以及图 2.3(b)给出的原始数据和滤波数据的差值。我们可以看到，过滤后的数据就是提取的原始数据的一个主趋势。值得一提的是，我们可以在线完成这个过程，而且可以得到时序数据的高阶动态特性，即所谓的时序数据的速度及加速度，如图 2.4 所示。这与图 2.1 中的小波变换的结果完全不同。

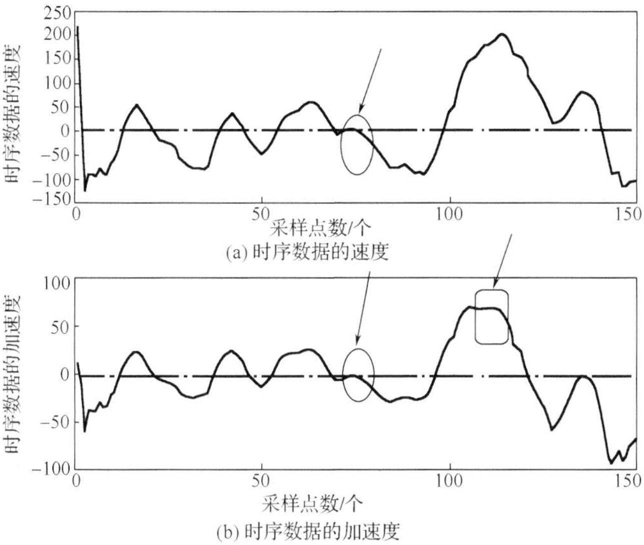

图 2.4　时序数据的高阶动态特性

现在我们将通过 Kalman 估计来分析时序数据的高阶动态特性。在图 2.4(a)和图 2.4(b)中，我们发现 70～80 的采样间隔内，滤波得到的时序数据速度和加速度都是 0，我们将该位置用圈来表示。这意味着在这个区间内，原始数据的主趋势保持为一个常数。我们也可以在图 2.3 的相同采样区间内找到常数(在图 2.3 中也用圈表示)。

我们还可以看到速度和加速度的另一种关系，见图 2.4(b)和图 2.3(a)中用方框表示的部分，这部分速度不是 0，而加速度约为恒值，图 2.3(a)显示获得的主趋势为二次曲线。

接下来讨论我们提出的动态分析方法的两个关键参数的取值方法。第一个是提取噪声的方差。提取噪声的方差描述了原始数据与提取的主趋势的差异，可以通过小波先离线初步确定，然后用它作为 Kalman 滤波器的参考值。图 2.5 给出了原始数据的提取噪声的不同协方差提取的三个主趋势(选择的方差分别为 40、400 和 4000)。我们可以看到，较小的方差(如 40)获得的曲线与原始曲线更接近，但具有更多的波动。另外，随着方差的增大，提取的主趋势具有更大的惯性和延迟。因此，仔细选择方差值是非常必要的。一般情况下，我们可以使用小波变换来获得预期的主趋势，并使用部分测试数据离线处理后观察结果是否符合要求，再利用式(2-1)最终确定滤波使用的方差数值。然后利用此方差进行实验数据的在线滤波处理。

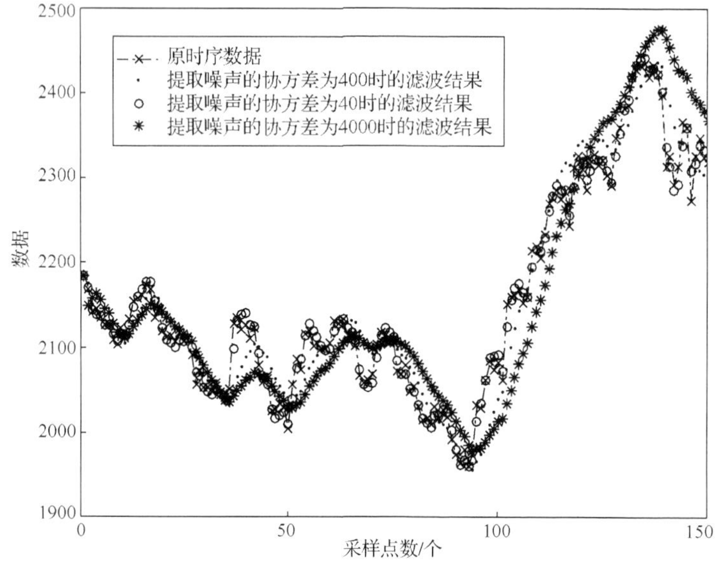

图 2.5　提取噪声协方差不同的主趋势

第二个关键参数是滤波器使用模型中的采样周期 T。当我们对连续曲线进行离散化时，我们需要考虑采样周期 T，它必须满足香农采样定理，否则离散化后的时间序列不能对原始信号进行全面描述。现在我们讨论相反的过程，即如果我们假设给定的离散时间序列数据完全能够表示一个连续的原始数据，那么应该采取什么合理的采样周期 T? 显然，它也应该满足香农采样定理，这通常意味着 T 需要足够小。

图 2.6 给出了不同采样周期 T 与主趋势率的关系。从图中可以看到，当 $T>0.25$ 时，主趋势率变大，特别是当 $T>0.35$ 时，由式(2-1)计算得到的主趋势率大大增加。其原因在于，当采样周期 $T>0.4$ 时，滤波后的数据会发散，此时滤波数据无法描述原始数据的主趋势，这意味着我们无法提取数据的主趋势。另外，我们还可以看到，当 T 小于 0.19 时，主趋势率也增加。我们注意到，当 $T\to 0$ 时，式(1-72)中的状态转移矩阵将变为 $\begin{bmatrix} 1 & 0 & 0 \\ 0 & 1 & 0 \\ 0 & 0 & 1 \end{bmatrix}$，此时变换模型变成对角矩阵，它切断了主趋势、速度和加速度之间的关系。因此，当主趋势需要更新时，不能使用关于速度和加速度的必要信息，这导致更新处理变慢并且导致更大的主趋势率。因此，对于我们给出的时序数据，设置采样周期的范围在 0.2～0.25 是合理的。

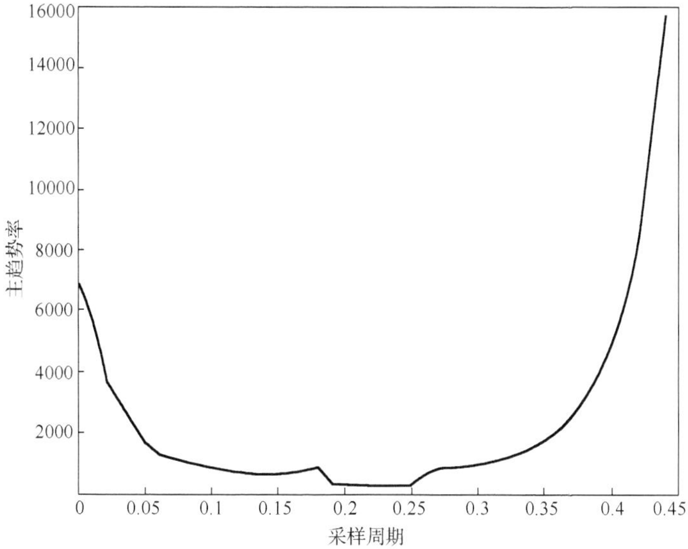

图 2.6　不同采样周期与主趋势率的关系

2.4　小　　结

本章利用 Kalman 滤波器分析了时序数据的动态特性，这种方法适用于需要提取时序数据主趋势和高阶动态特性的情况。作为目标跟踪的经典算法，Kalman 滤波器已被应用于许多领域。对于本章讨论的时序数据问题来说，还是一个崭新的应用，仍有许多基本理论和方法需要考虑。例如，如何科学地建立时序数据的动态模型？如何区分和定义时序数据的“噪声”？如何确定合理的主趋势率？今后我们还会着重深入研究这些问题，并希望在不久的将来能够给出时序数据的动态分析理论。

第 3 章　Kalman 滤波器在时间序列压缩中的应用

时间序列数据压缩是一种在不丢失信息的前提下，通过缩减数据量的方法来减小存储空间并提高数据传输、存储和处理效率的技术方法。另外，按照一定的算法对数据进行重构，减少数据的冗余度和存储空间也属于数据压缩的范畴。研究数据压缩技术对于降低存储容量、提高传输效率、减小计算代价具有重要作用。

3.1　时间序列压缩的应用背景

随着信息技术的发展，以及存储设备和能力的提高，存储海量时间序列数据成为可能。但是不同数据点对于时间序列信息的贡献能力是不相同的，例如，数据不仅存在噪声，还会由于数据采集、存储等环节受到信号干扰而导致数据缺失或错误，同时，一些处于时间序列状态发生改变位置的数据，其贡献能力较一些处于稳定状态的数据更加重要。去除噪声和缺失值，提取贡献能力大的数据，对时间序列进行压缩，对降低存储压力和提高时间序列计算速度具有重要作用。但是，如何识别这些重要的信息，并保证压缩后的数据能够重构时间序列的基本信息是对时间序列进行压缩必须关注的问题。

目前，数据压缩技术广泛应用于工业、农业、交通、影视新闻等各个领域，如多媒体网络存储、传输系统、多媒体通信、移动通信等。

我们首先介绍一个典型的应用。随着计算机技术的普及，心电图在临床诊断中得到了广泛应用，但是，采集心电图数据的 Holter 系统要求至少连续记录患者 24 小时的心电数据(electrocardiograph，ECG)，因此，对于 2 通道的 Holter 系统而言，如果各通道以 11bit 的分辨率、360Hz 的抽样速度对心电信号进行采样，那么需要 82MB 的空间来存储一个患者一天的 ECG 数据，在这种情况下，要对 Holter 系统采集的数据实现长时间存档，就需要海量的存储设备，因此，对心电数据进行高效压缩是十分必要的[1]。

另外一个我们会接触到的应用是 GPS(global positioning system)信号的压缩技术。随着卫星、交通技术的发展，GPS 技术也得到了广泛应用，与其对应的 GPS 运营服务行业也不断增加，大量的 GPS 数据在 GPS 终端与其运营商之间实时传送，为了降低传输流量以及减小内存空间，需要对 GPS 数据进行处理，从而降低存储或者传输压力[2]。由此可知，数据压缩技术在降低数据存储容量以及传输流量等方面具有很大作用，研究数据压缩方法具有很重要的应用价值。

图 3.1 给出了室内 RFID 目标跟踪中，目标轨迹在不同时刻横轴、纵轴变化的轨

迹图。该图包括 3221 个点，相邻两个点的时间间隔为 0.5s，如果对目标进行实时跟踪，需要不断计算其位置，并且随着时间的推移，计算代价会非常大。因此，本章以图 3.1 所示时间序列为例，利用 Kalman 滤波器采用不同方法对其进行压缩。

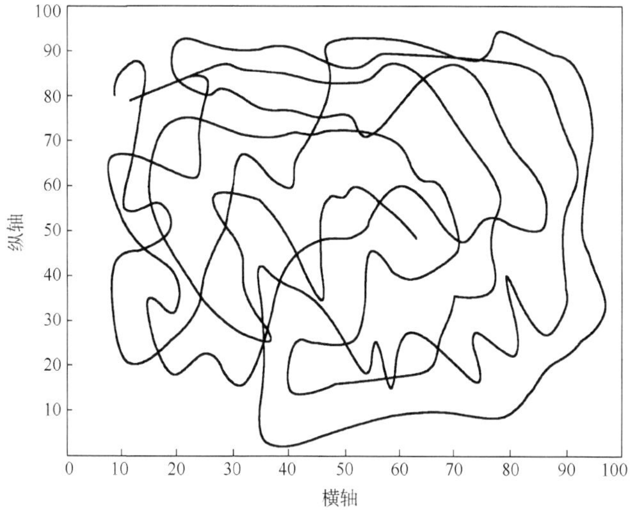

图 3.1　室内 RFID 目标运动轨迹

3.2　时间序列压缩的研究现状

为了实现对视频、文本、图像、数据等信息的压缩，研究者开发了多种算法，高压缩比、低失真率以及实时是衡量大多数数据压缩技术的关键指标。

心电数据压缩的有效算法大致可以分为两类：针对 ECG 信号时域波形特点的压缩算法和变换域压缩算法[3]。其中，时域算法包括多项式拟合、预测编码等，而变换域压缩算法主要包括傅里叶变换、KLT(Karhunen-Loeve transform)、小波变换、小波包变换等。尽管这些方法可以实现压缩，但是在不丢失诊断信息的前提下，这些方法难以满足高压缩比的要求。

在已有 GPS 数据压缩算法中，Huffman 编码应用最广泛，有较高压缩率，但需要构建 Huffman 树，需要对照传输编码表，导致不能实时传输数据。而算术编码的复杂度太高，而且耗时问题严重。

尽管当前存在很多数据压缩技术，但高压缩比、低失真率、实时的压缩要求对相关技术提出了巨大挑战，因此，这些技术并不能用于对目标跟踪时间序列进行压缩。在这样的背景下，本章基于 Kalman 滤波器，通过不同的采样方式对时间序列数据进行实时压缩，利用少量数据实现了对时间序列关键信息的保存，降低了目标跟踪的计算成本。

3.3　时间序列压缩的解决方案

当对时间序列建立合理的动力学模型后，Kalman 滤波器能够实现最优估计。因此，本章希望通过采集少量重要的时间序列数据，并利用 Kalman 滤波器来估计贡献度大的数据来保证基本趋势的完整性。另外，本章还通过 Kalman 滤波器提取的速度或者加速度等高维特征来计算数据的贡献度，进而选择需要保存的数据来实现对时间序列的压缩。

首先给出压缩采样率(compression sampling rate，CSR)的概念，即

$$\text{CSR} = \text{时间序列采样数据量/时间序列真实数据量} \tag{3-1}$$

其中，$\text{CSR} \in [0,1]$，并且 CSR 越小，压缩量越大。

3.3.1　规则采样压缩法

通常为了压缩时间序列，可以等间距地采集时间序列，即利用窗口内 ω 个点的数据的均值作为一个采集点，最后得到压缩比为 $1/\omega$ 的时间序列。

采用这种规则采样的方法进行压缩虽然计算简单，可以在线工作，能够实现很高的压缩比(例如，$\omega = 10$ 时，压缩比为 10%)，但其默认所有时间序列数据的贡献能力都相同，这就导致低估了贡献大的数据，高估了噪声或者缺失值、错误值等贡献小的数据，降低了数据的真实性，只能用于对精度要求不高的场合，而不利于推广。

本章除了介绍这种基于规则采样的压缩方法外，还提出了不规则采样压缩的方法，包括随机不规则采样压缩以及一种基于当前点加速度的大小来决定采样步长的压缩方法，其基本思路如下。

(1) 利用不同的采样方式选择时间序列的采样点，由原来的逐点跟踪到隔 δ 个点跟踪，对应时间间隔变为 $T_k = t_{k+\delta} - t_k$，相应的动力学模型中与 T 相关的 A、Q 值也需要用 T_k 取代。例如，CA 模型中，状态转移矩阵 A 和过程噪声方差 Q 都是常数矩阵，变为

$$A = \begin{bmatrix} 1 & T_k & \dfrac{T_k^2}{2} \\ 0 & 1 & T_k \\ 0 & 0 & 1 \end{bmatrix}, \quad Q = \begin{bmatrix} \dfrac{T_k^5}{20} & \dfrac{T_k^4}{8} & \dfrac{T_k^3}{6} \\ \dfrac{T_k^4}{8} & \dfrac{T_k^3}{3} & \dfrac{T_k^2}{2} \\ \dfrac{T_k^3}{6} & \dfrac{T_k^2}{2} & T_k \end{bmatrix} \sigma^2 \tag{3-2}$$

(2) 利用 Kalman 滤波器进行在线估计，如果有必要，利用估计得到的速度或加速度等信息来更新参数，重新选择 δ 步长的大小。

3.3.2 随机不规则采样压缩法

为了提高压缩结果的真实度，需要区分时间序列数据的贡献能力。因此，本节引入随机不规则采样方法[4-6]。利用 MATLAB 程序产生随机伪代码序列$\mathrm{Sa}\in(0,1)$，用来表征应该采集的、贡献能力大的数据所在时间序列的位置，根据采样压缩率CSR 得到参数 A=1–CSR。δ 步长选择方式为

若$\mathrm{Sa}(k)<A$，则$\delta\leftarrow\delta+1$；

若$\mathrm{Sa}(k)\geqslant A$，则$\delta\leftarrow\delta+k$。

因此，该伪代码序列的长度为压缩前时间序列长度与压缩采样率的乘积。

3.3.3 弹簧驱动的采样压缩法

尽管随机不规则采样压缩的方法可以将时间序列不同数据的贡献能力进行区分，但是并没有建立贡献能力与采样间隔之间的关系，借鉴在相同条件下，弹簧加速度越大，能量越大，运动位移越远的机制，利用 Kalman 滤波器提取时间序列数据的加速度信号来确定采样间隔，进而实现数据压缩。

弹簧是一种通过材料的弹性来缓冲、存储能量的设备，其切应力τ_k和距离δ的计算公式如下

$$\tau_k=\frac{8\times k\times D\times P}{E\times d^3} \tag{3-3}$$

$$\delta=\frac{8\times P\times D^3\times n_{\mathrm{act}}}{G\times d^4} \tag{3-4}$$

其中，d表示直径；D表示弹簧直径的均值；P表示弹簧的负荷；δ表示负荷 P 的挠度；n_{act}表示有效线圈的个数；G表示剪切模数；τ_k表示切应力，k表示电线曲率的校正系数(依赖于 D/d)。

考虑牛顿第二定律，对于切应力τ_k，有

$$\tau_k=\alpha m \tag{3-5}$$

其中，α是数据点的加速度；m表示数据点的质量。

考虑式(3-3)、式(3-4)，可以得到加速度α和步长δ的关系

$$\delta=\lambda/\alpha \tag{3-6}$$

其中，λ是与m和其他弹簧参数相关的系数。另外，对于弹簧模型而言，步长δ参数设置服从下列规则。

(1) 由于λ和δ成正比，若λ太大可能导致步长太大而使估计发散，设置λ最大值为 10。

(2) α与δ成反比，而α也可能为负值，α在 0 附近时，δ会很大，容易导致估计发散，因此，引入窗口的概念，令

$$\delta=[\lambda/\tilde{a}] \tag{3-7}$$

其中，$[\cdot]$表示舍入操作；$\tilde{a}$表示最近I个估计加速度的均值，即

$$\tilde{a} = \sum_{k=0}^{I} \hat{a}(k - \delta_k) / I \tag{3-8}$$

其中，$\hat{a}(k) = \ddot{x}(k \mid k)$，$\lambda$是设置的弹簧参数。

图 3.2 给出了时间序列压缩的算法方案设计流程图。

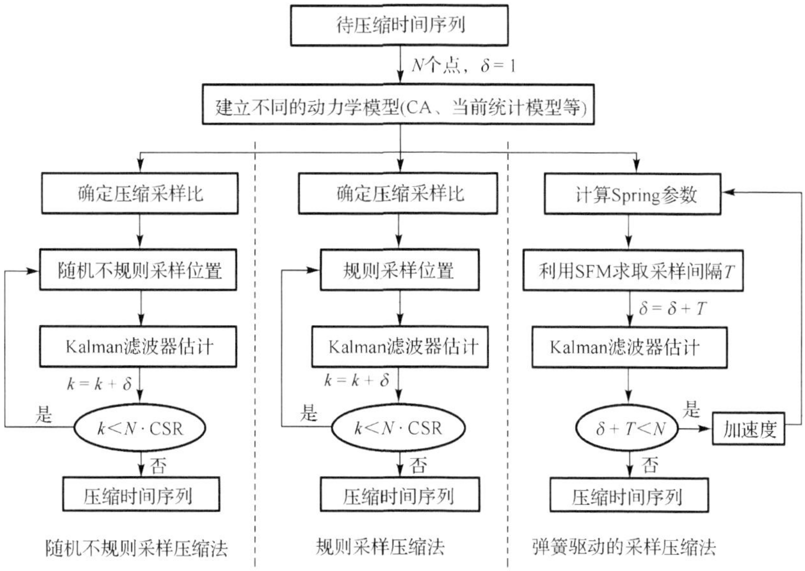

图 3.2　时间序列压缩的算法方案设计流程图

由图 3.2 可以看出，随机不规则采样压缩法不需要进行参数更新，而弹簧驱动的采样压缩法(spring force model，SFM)需要参数更新，两者由于都需要利用 Kalman 滤波器来对时间序列进行估计，这保证了数据在高压缩比的情况下不失真。尽管采样过程需要时间序列有一定的时间长度来保证步长δ后数据可读，但本节提出的方法依然可以实现在线估计，只是有一定的时延，且最长时延为 10 个采样周期。

3.4　时间序列压缩的实验结果

本节以目标运动时间序列的横轴维度的数据为研究对象，建立机动目标自适应参数模型，进而利用 Kalman 滤波器进行估计，实现对数据的在线压缩。

3.4.1　数据

利用的数据是图 3.1 所示的目标运动时间序列的横轴数据，该时间序列的长度为 3221。

3.4.2　评价指标

为了评价压缩结果，本节提出误差、估计协方差两个指标

$$e(k)=\hat{x}(k)-x(k),\quad \mathrm{COV}=\sum_{i=1}^{N}e^{2}(k)/N \tag{3-9}$$

$$\mathrm{Error}(k)=(\hat{x}(k)-x(k))/x(k) \tag{3-10}$$

其中，$x(k)$表示原始时间序列第 k 个数据的横轴数据；$\hat{x}(k)$表示对原始时间序列进行压缩后第 k 个数据对应的横轴估计值；Error 为压缩估计相对误差；N 为压缩后时间序列的总长度。并且 COV 值越小，表示压缩估计结果与原始时间序列越接近。

3.4.3　实验结果

本节对 3.4.1 节提到的时间序列采用不同方法压缩的实验结果进行展示和分析。

1. 规则采样压缩法分析

图 3.3 给出了压缩率为 6%时，对长度为 3221 的 RFID 目标运动时间序列的横轴进行规则采样压缩估计的结果。

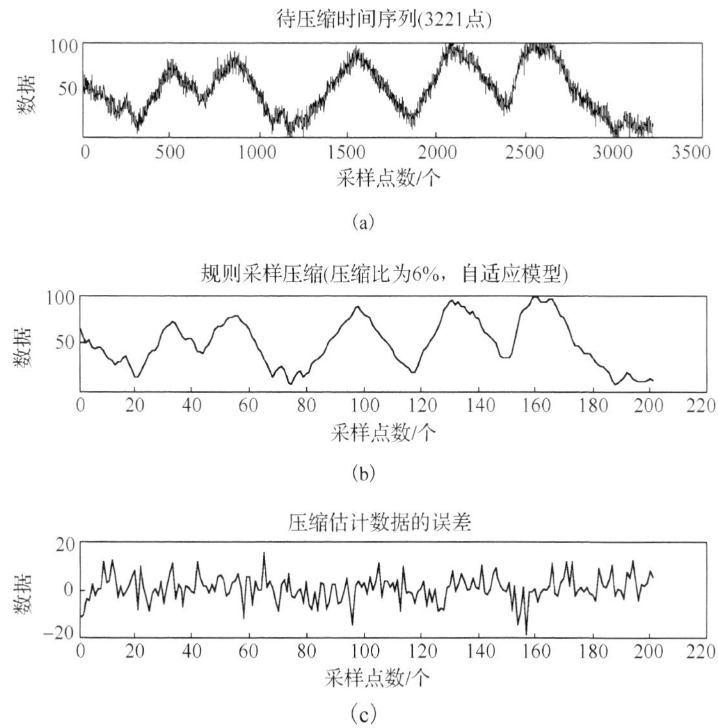

图 3.3　规则采样压缩结果

由图 3.3(a)和图 3.3(b)可以看出，采用规则采样压缩方法进行估计，在 6%的压缩率下可以得到时间序列的基本趋势，即可以利用 201 点来表征原始时间序列 3221 点的基本信息。其相对误差 Error 为 0.88%，协方差 COV 为 30.1。

2. 随机不规则采样压缩法分析

图 3.4 给出了压缩率为 6%时，对长度为 3221 的 RFID 目标运动时间序列的横轴进行随机不规则采样压缩估计的结果。

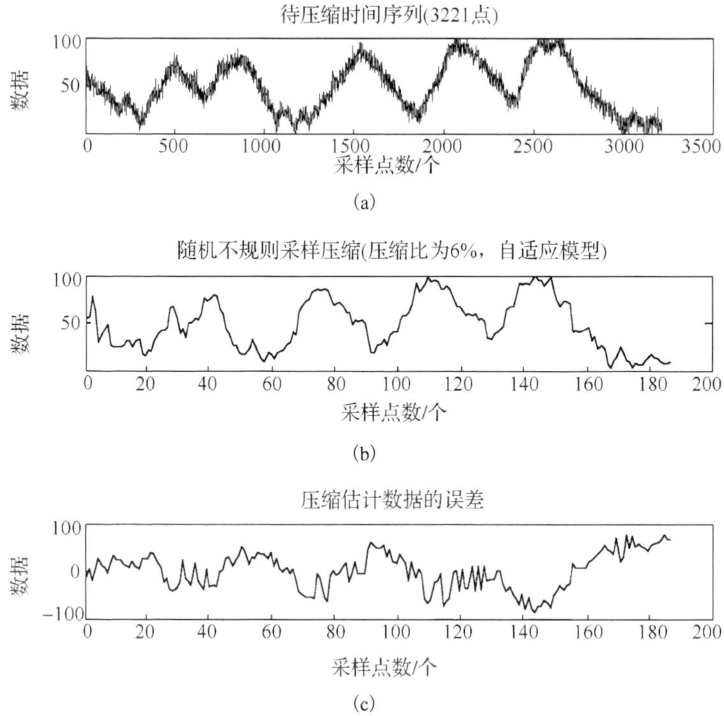

图 3.4　随机不规则采样压缩结果

由图 3.4(a)和图 3.4(b)可以看出，采用随机不规则采样压缩法进行估计，在 6%的压缩率下也可以得到时间序列的基本趋势，即可以利用 201 点来表征原始时间序列 3221 点的基本信息。其相对误差 Error 为 0.91%，协方差 COV 为 1469。

3. SFM 压缩法

图 3.5 给出了压缩率为 6%时，对长度为 3221 的 RFID 目标运动时间序列的横轴进行弹簧驱动压缩估计的结果。

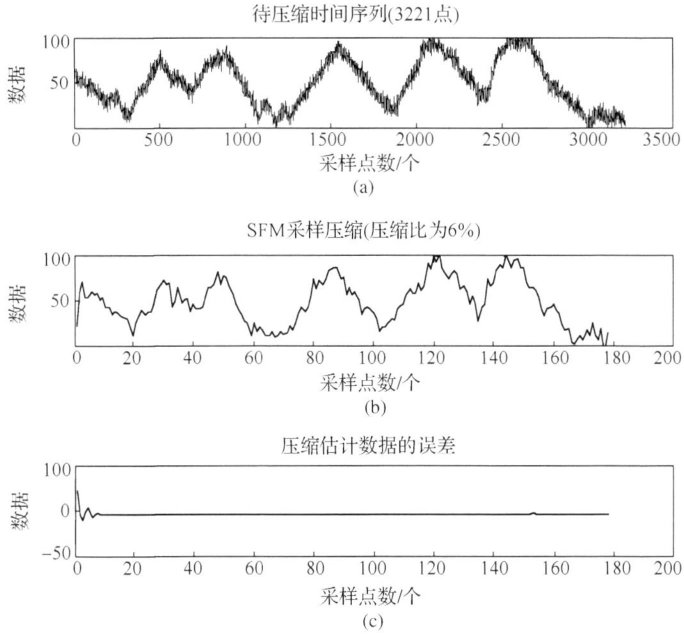

图 3.5　SFM 压缩结果

由图 3.5(a)和图 3.5(b)可以看出，采用 SFM 压缩法进行估计，在 6%的压缩率下也可以得到时间序列的基本趋势，即可以利用 201 点来表征原始时间序列 3221 点的基本信息。其相对误差 Error 为 0.25%，协方差 COV 为 4.3。

表 3.1 给出了规则采样压缩、随机不规则采样压缩以及 SFM 压缩法的估计结果。

表 3.1　不同压缩估计方法在采样率为 6%时的实验结果

方法	相对误差/%	协方差
规则采样压缩	0.88	30.1
随机不规则采样压缩	0.91	1469
SFM 压缩	0.25	4.3

由表 3.1 可以看出，图 3.1 时间序列的横轴数据采用 SFM 压缩法进行压缩时得到的估计结果相对误差和协方差最小，因此，应该优先采用 SFM 压缩法，此时能够同时满足实时、高压缩比、保真性三个数据压缩的要求。

3.5　小　　结

本章为解决实时跟踪目标时间序列中计算代价大的问题，提出了利用不同采样方式与 Kalman 滤波器相结合的方法进行在线估计，实验表明，本章提出的方法可以同时实现高压缩比、在线、保真的数据压缩要求，能够利用较少的数据实现跟踪，具有实际应用价值。

本章程序

1. 规则采样压缩法

主程序：

```
tic;                    %计算程序运行时间
Len=1;
summ=0;
R=25;
for nn=1:Len
   load D:\mytarget13
   xxx=[];
   C=[];
   NN=20;
   xamax=5;              %最大加速度
   qq=(xamax)^2*(4-pi)/pi;
   alpha=1/20;     %机动频率
   degree=16;      %与 CSR 对应
   [xx1,TT,c,y0]=mean_adaptive(data,R,degree); %规则采样自适应模型压缩
end

figure                     %图 3.3
subplot(311)
plot(data,'k');
xlabel('点数')
ylabel('数据')
ylim([0 100])
title('待预测时间序列(3221 点数)')
subplot(312)
plot(xx1(1,:),'k');hold on
xlabel('点数')
ylabel('数据')
ylim([0 100])
xlim([0 220])
title('规则采样压缩(压缩比 6%, Adaptive 模型)')
subplot(313)
plot(data(c)-xx1(1,:),'k');
xlabel('点数')
```

```
ylabel('数据')
title('压缩估计数据的误差')
xlim([0 220])
error=mean(data(c)-xx1(1,:))/mean(data(c));
Cov=cov(data(c)-xx1(1,:));
```

子函数:

```
function [xx1,TT,c,y0]=mean_adaptive(data,R,degree)
len=length(data);
N=len/degree;
c(1)=1;

for i=1:N
  y0(i)=mean(data((i-1)*degree+1:i*degree));  %规则采样
end

for i=2:N
  c(i)=c(i-1)+degree;     %采样点位置
end

TT=degree;
a=1/20;
xamax=5;
qq=(xamax)^2*(4-pi)/pi;
C=[1 0 0];
xe=[data(1,1);0;0];
p=10*eye(3);
xx1=[];aa1=[];
qq1=[];
Ea1=[];
RR0=[];
RR1=[];
xxe1=[];

for i=1:1  %实现第一步预测，同时得到加速度值，用于更新 a,qq 参数
  Ea=xe(3);
  [A,Q,U]=myStarmodel(TT,a,qq);                  %自适应动力学模型
  [xe,xee,p]=myKalmanadfun(A,U,C,Q,R,xe,y0(i),p,Ea);
                                                %Kalman 滤波器预测-校正
```

```
    xx1=[xx1 xe];
    xxe1=[xxe1 xee];
    qsum=0;
    Ea=xee(3);
    R0=xee(3)*xee(3);
    R1=xee(3);
end

for i=2:length(y0)
    if I>4
       b=R1/R0;

       if b>0
          qb=(R0-b*R1);
          a=-log(b)/TT;
          qq=2*a*qb/(1-b*b);

          if qq>10000^2
             qq=10000^2;
          end                    %保证 Kalman 估计结果收敛
       end
    end
    [A,Q,U]=myStarmodel(TT,a,qq);          %自适应动力学模型
    [xe,xee,p]=myKalmanadfun(A,U,C,Q,R,xe,y0(i),p,Ea);
                                                    %Kalman 滤波器预测-校正
    Ea=((i-1)/i)*Ea+xee(3)/i;
    R0=R0+(10*xee(3)*xee(3)-R0)/i;
    R1=R1+(10*xee(3)*xxe1(3,i-1)-R1)/i;        %更新 Ea,R0,R1 参数
    RR0=[RR0 R0];
    RR1=[RR1 R1];
    xx1=[xx1 xe];
    xxe1=[xxe1 xee];
    aa1=[aa1 a];
    qq1=[qq1 qq];
    Ea1=[Ea1 Ea];
end
```

2. 随机不规则采样压缩法

主程序：

```
summm=0;
N=1;
covvv=[];
TT=[];
TTT=[];
load D:\mytarget13
R=25;
A=0.94;                          %随机采样点，与 CSR 有关
y0=xys+sqrt(R)*randn(size(xys));
SA=rand(1,length(xys))*1;          %采样位置
[r,c,v]=find(SA>A);
for j=1:length(c)
   tb89(j)=ts(c(j));   %ts，xys 与 mytarget13 文件有关
   xyb89(1,j)=xys(1,c(j));
   xyb89(2,j)=xys(2,c(j));
end
y=xyb89+sqrt(R)*randn(size(xyb89));
for k=1:length(y(1,:))
    if k==1
        T=tb89(1);tt=0;
        TT=[TT T];TTT=[TTT tt];
    elseif k==2;
        T=tb89(k)-tb89(k-1);tt=0;
        TT=[TT T];TTT=[TTT tt];
    else
        T=tb89(k)-tb89(k-1);
        TT=[TT T];
        tt=TT(k)-TT(k-1);TTT=[TTT tt];
    end
end

a=1/20;
xamax=5;
qq=(xamax)^2*(4-pi)/pi;
C=[1 0 0];
xe=zeros(3,1);p=10*eye(3);
```

```
xx1=[];aa1=[];qq1=[];Ea1=[];RR0=[];RR1=[];
xxe1=[];

for i=1:1  %预测第一步
  Ea=xe(3);
  [A,Q,U]=myStarmodel(TT(i),a,qq);   %自适应动力学模型
  [xe,xee,p]=myKalmanadfun(A,U,C,Q,R,xe,y(1,i),p,Ea);
                                              %Kalman 滤波器预测-校正
  xx1=[xx1 xe];
  xxe1=[xxe1 xee];
  qsum=0;
  Ea=xee(3);
  R0=xee(3)*xee(3);
  R1=xee(3);
end

for i=2:length(y(1,:))
  if i>4
     b=R1/R0;
     if b>0
        qb=(R0-b*R1);
        a=-log(b)/TT(i);
        qq=2*a*qb/(1-b*b);

        if qq>10000
           qq=10000;
        end
     end
   end

  [A,Q,U]=myStarmodel(TT(i),a,qq);    %自适应动力学模型
  [xe,xee,p]=myKalmanadfun(A,U,C,Q,R,xe,y(1,i),p,Ea);
                                              %Kalman 滤波器预测-校正
  Ea=((i-1)/i)*Ea+xee(3)/i;
  R0=R0+(10*xee(3)*xee(3)-R0)/i;
  R1=R1+(10*xee(3)*xxe1(3,i-1)-R1)/i;
```

第一部分　基于 Kalman 滤波器的时间序列分析

数据生成、收集以及存储技术的进步促使商业和科研领域产生了海量数据集，如企业销售和运作的数据；地球轨道卫星发送回地球的高分辨率图像和遥感数据；对有机体进行基因组实验产生的序列、结构和技能数据；互联网公司存储的广告点击、贴吧、图像数据等。这些数据对于公司，乃至整个人类都是十分宝贵的财富，通过分析这些时间序列数据的特征，能够挖掘有用的信息，从而推进科学技术的发展。

随着信息技术的快速发展，互联网用户的数量不断增加，网民在使用各种服务的过程中会产生大量的数据。这些数据可以反映用户的行为习惯，对于商家、公司乃至整个人类而言，具有潜在的商业价值，因此都被保存了起来。

众所周知，新时代数据分析给研究者带来了巨大的挑战，不仅仅依靠人对数据的理解，以及数据本身所包含的领域信息，使用数据分析技术已经成为人们日益关注的方法。传统的分析技术在应对这些新型数据集的挑战时存在局限性，而多领域结合的方式可以通过互补，增强并扩展现有领域技术的发展，为解决不同领域的技术难题带来新的力量。

本部分的创新之处在于将最优估计方法 Kalman 滤波器应用于工程领域，对互联网、金融、目标跟踪及其他领域的时间序列进行分析，提取时间序列的特征，并对不同模式进行识别，在时间序列预处理、压缩以及动力学分析等方面发现问题并作出科学、客观的决策，取得了一些阶段性的应用研究成果。

```
    RR0=[RR0 R0];
    RR1=[RR1 R1];
    xx1=[xx1 xe];
    xxe1=[xxe1 xee];
    aa1=[aa1 a];
    qq1=[qq1 qq];
    Ea1=[Ea1 Ea];
end
cc819=C*xx1;

figure                                  %图 3.4
subplot(311)
plot(y0(1,:),'k');
xlabel('点数')
ylabel('数据')
ylim([0 100])
title('待压缩时间序列(3221 点数)')
subplot(312)
plot(xx1(1,:),'k-');
xlabel('点数')
ylabel('数据')
ylim([0 100])
title('随机不规则采样压缩(压缩比 6%，adaptive 模型)')
subplot(313)
plot(y0(c)-xx1(1,:),'k');
xlabel('点数')
ylabel('数据')
title('压缩估计数据的误差')
error=mean(y0(c)-xx1(1,:)) / mean(y0(c));          %相对误差
Cov=cov(y0(c)-xx1(1,:));                            %协方差
```

子函数：

```
function [A,Q,U]=myStarmodel(T,a,qq)           %自适应动力学模型
A=[1 T (a*T-1+exp(-a*T))/a/a;0 1 (1-exp(-a*T))/a;0 0 exp(-a*T)];
q11=(1-exp(-2*a*T)+2*a*T+2*(a^3)*(T^3)/3-2*a^2*T^2-4*a*T*exp
     (-a*T))/2/(a^5);
q12=(exp(-2*a*T)+1-2*exp(-a*T)+2*a*T*exp(-a*T)-2*a*T+a^2*T^2)/2/
```

```
    (a^4);
q13=(1-exp(-2*a*T)-2*a*T*exp(-a*T))/2/(a^3);
q22=(4*exp(-a*T)-3-exp(-2*a*T)+2*a*T)/2/(a^3);
q23=(exp(-2*a*T)+1-2*exp(-a*T))/2/(a^2);
q33=(1-exp(-2*a*T))/2/a;
Q=qq*[q11 q12 q13;q12 q22 q23;q13 q23 q33];
U=[(-T+T^2/2+(1-exp(-a*T))/a)/a;T-(1-exp(-a*T))/a;1-exp(-a*T)];
function [xe,xee,pk]=myKalmanadfun(A,U,C,Q,R,xe,y,p,Ea)
                                                    %Kalman 滤波器估计
xee=A*xe+U*Ea;
p=A*p*A'+Q;
l=p*C'*inv(C*p*C'+R);
xe=xee+l*(y-C*xee);
pk=(eye(size(p))-l*C)*p;
```

3. SFM 压缩法

主程序：

```
R=25;
load D:\mytarget13
y0=xys+sqrt(R)*randn(size(xys));
data=y0(1,:);
M=length(data);
B=data(1);
D=data(M);
data=data(1,2:M-1);
spring=0.8;
WIN=5;
[xx1,I,y0]=SFM_model(data,R,spring,WIN);   %SFM_model

Figure                      %图 3.5
subplot(311)
plot(data,'k');
xlabel('点数')
ylabel('数据)
ylim([0 100])
title('待压缩时间序列(3221 点数)')
subplot(312)
```

```
plot(xx1(1,:),'k-');
xlabel('点数')
ylabel('数据)
ylim([0 100])
xlim([0 200])
title('SFM 采样压缩(压缩比 6%)')
subplot(313)
plot(data(I)-xx1(1,:),'k');
xlabel('点数')
ylabel('数据)
xlim([0 200])
title('压缩估计数据的误差')
error=mean(data(I)-xx1(1,:))/mean(data(I));
Cov=cov(data(I)-xx1(1,:));
```

子函数:

```
function [xx1,I,y0]=SFM_model(data,R,spring,WIN)      %SFM_model 子函数
T=1;
y=data;
kk=0;
a=1/20;
xamax=5;
qq=(xamax)^2*(4-pi)/pi;
C=[1 0 0];

xe=zeros(3,1);
p=10*eye(3);
xx1=[];
RR0=[];
RR1=[];
x1=[];
xxe1=[];

i=1;
I=[i];
Ea=xe(3);
[A,Q,U]=myStarmodel(T,a,qq);                          %自适应动力学模型
```

```
[xe,xee,p]=myKalmanadfun(A,U,C,Q,R,xe,y(i),p,Ea);
                                            %Kalman 滤波器估计
xeq=xe;
xeeq=xee;
xx1=[xx1 xe];
xxe1=[xxe1 xee];
y0(i)=y(i);

Ea=xee(3);
R0=xee(3)*xee(3);
%R1=xee(3)*0;
R1=xee(3);

while i<length(y)
    if i>40           %更新自适应模型的参数 a,qq
       b=R1/R0;
       if b>0
          qb=(R0-b*R1);
          a=-log(b)/T;
          qq=2*a*qb/(1-b*b);
          if qq>10000^2
            qq=10000^2;
          end
       end
    end

    if(i>WIN)
      kk=round(abs(spring*100/(mean([x1(i-WIN:i-1) xe(3)])+1.2*
      rand(1,1))));  %计算采样间隔
      if(kk>35)      %若采样间隔大于 35，则取整，保证收敛性
         kk=rem(kk,35);
      end
      kk
    end

    if(kk==0)
       kk=1;
    end
```

```
    i=i+kk;
    if i+kk>length(y)
      break
    end

     I=[I i];
     T=i;
     [A,Q,U]=myStarmodel(T,a,qq);     %自适应动力学模型
     [xe,xee,p]=myKalmanadfun(A,U,C,Q,R,xe,y(i),p,Ea); %Kalman 滤波器估计
     y0(i)=y(i);
     Ea=((length(I)-1)/length(I))*Ea+xee(3)/length(I);
                                                    %Ea 是原始数据导数的均值
     R0=R0+(10*xee(3)*xee(3)-R0)/length(I);
     R1=R1+(10*xee(3)*xeeq(3)-R1)/length(I);
     xeeq=xee;
     RR0=[RR0 R0];
     RR1=[RR1 R1];
     x1(i)=xe(3);
     xx1=[xx1 xe];
     end
end
```

参 考 文 献

[1] Padhye J, Firoiu V, Towsley D. A stochastic model of TCP reno congestion avoidance and control[R]. Technical Report, Massachusetts: University of Massachusetts, 1999.

[2] 何昭青. 运用 Huffman 编码进行数据压缩的新算法[J].科学技术与工程, 2008, 8(16): 4531-4535.

[3] Miao B B, Jin X B. Relation between irregular sampling and estimated covariance for closed-loop tracking method[C]//The 14th International Conference on Algorithms and Architectures for Parallel Processing, 2014, 8630: 836-843.

[4] Miao B B, Jin X B. Compression processing estimation method for time series big data[C]// Proceedings of the IEEE Control and Decision Conference, 2015: 1807-1811.

[5] Miao B B, Jin X B. Dynamic guaranteed cost compression for time series big data[J]. International Journal of Database Theory and Application, 2015, 8(4): 117-122.

[6] Miao B B, Jin X B. Compressing sampling for time series big data[C]// Proceedings of the IEEE Control Conference, 2015: 4957-4961.

第 4 章　Kalman 滤波器在时间序列预处理中的应用

通常，时间序列除含有基本趋势外还有噪声，有时候也会含有错误值甚至缺失值，但是只有基本趋势才能反映时间序列的真实走势，准确提取时间序列的特征，对于时间序列的预测或异常检测至关重要，因此，需要去除噪声、去除错误点、填补缺失值，估计时间序列的基本趋势。本章基于 Kalman 滤波器，对互联网存储容量时间序列进行分析，开发了一种数据预处理方法来准确估计序列的基本趋势。

4.1　时间序列提取基本趋势的应用背景

外界干扰或数据采集平台故障等，常常导致采集的时间序列除具有基本趋势外，还存在噪声、错误值、缺失值。如图 4.1 所示，这种时间序列包含“脏”数据，这些“脏”数据会扭曲时间序列的真实特征，影响对时间序列状态或未来趋势的准确估计，因此需要去除，得到如图 4.2 所示的基本趋势。例如，在图 2.1 中提到的，如果需要对数据进行预测，则需要去除噪声和错误值，进而提取时间序列的基本趋势，根据基本趋势的特征建立模型来预测时间序列未来的走势。另外，如果能够确定时间序列的基本趋势，那么当时间序列发生缺失、错误等异常时，就可以快速检测到，从而向工作人员报警来及时检测所发生的异常。由此可知，提取时间序列的基本趋势，对于了解时间序列的状态特征以及实时监控都有非常重要的作用。

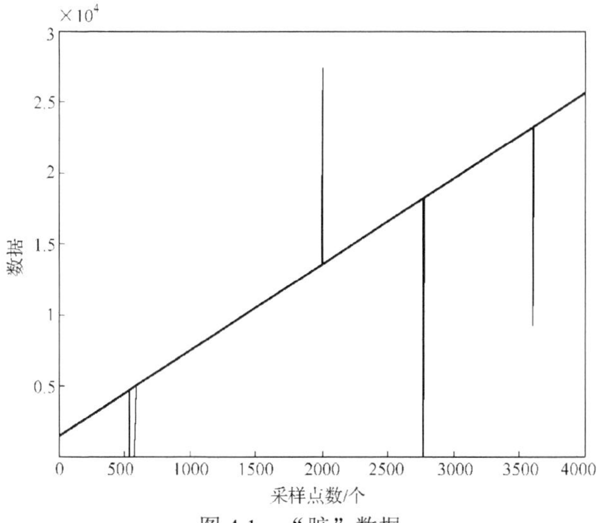

图 4.1　“脏”数据

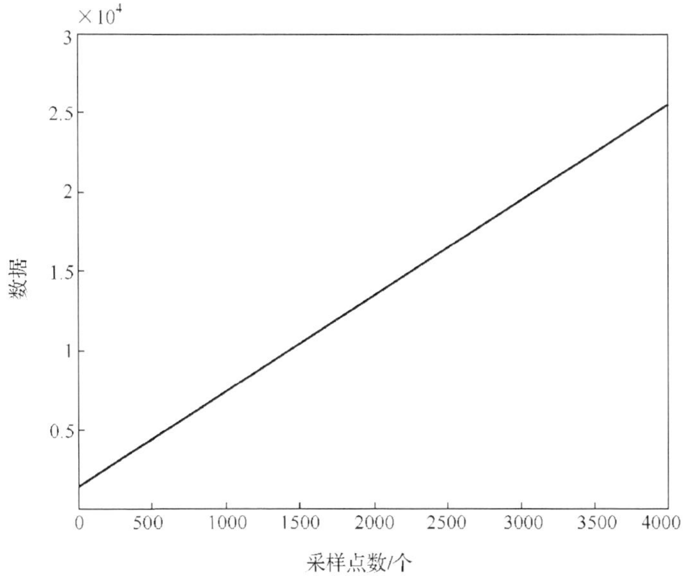

图 4.2 “脏”数据的基本趋势

4.2 时间序列提取基本趋势的研究现状

目前有许多提取时间序列基本趋势的方法，这些方法虽然能够提取时间序列的基本趋势，但仍然由于具有一些缺点不能得到广泛应用。

Cleveland 等基于局部回归的方法开发了基于规律和趋势松解耦(a seasonal-trend decomposition procedure based on loess，STL)的基本趋势提取方法，即将时间序列分解为基本趋势、周期性和残差[1]。该方法能够得到很好的分解效果，但是需要设置许多参数，并且需要内环和外环迭代作用来实现对多种成分的区分，导致其难以选择合适的初始化参数，并且计算代价很大。

Twitter 公司提出了一种针对长期云数据时间序列异常检测的方法[2]。该方法通过分段逼近的方法首先提取长期项的基本趋势，但是由于采用分段逼近，不能得到窗口内数据的真实值，而只能用窗口内数据的中值来代替。因此，该方法不适用于提取短期时间序列的基本趋势。

Stuart 等介绍了一种拟合方法来提取基本趋势，该方法采用线性或者 B-spline 插值方法，导致当时间序列数据量比较少时容易过拟合，并且当连续出现异常点时，异常点的扭曲容易使插值结果不理想[3]。

Kalman 滤波器能够实现在线估计，可以提取时间序列数据的状态信息，如位置、速度、加速度等。但是，由于 Kalman 滤波器需要根据观测信息来实时校正预测值，从而保证得到非常准确的估计结果，这导致 Kalman 滤波器虽然能够滤除白噪声，但会受到缺失值和异常点的影响，导致不能去除缺失值和异常点，无法提取到理想的基本趋势。

根据第 3 章的结果可知，利用不规则采样和 Kalman 滤波器可以在对时间序列进行压缩的同时保留时间序列的基本信息，因此，可以采用这种压缩思想，通过设定一定的“准入”准则，将“脏”时间序列中“干净”的数据挑选出来，以去除异常点和错误点。另外，Kalman 滤波器能够比较准确地估计时间序列，因此，结合数学中的三次样条插值，可以填补缺失值和那些被抛弃的“异常点”。下面将详细介绍该方法。

4.3　时间序列提取基本趋势的解决方案

图 4.3 给出了基本趋势提取方法的方案设计流程图，包括基于 Kalman 滤波器的估计压缩、插值重构以及均值取代方法。

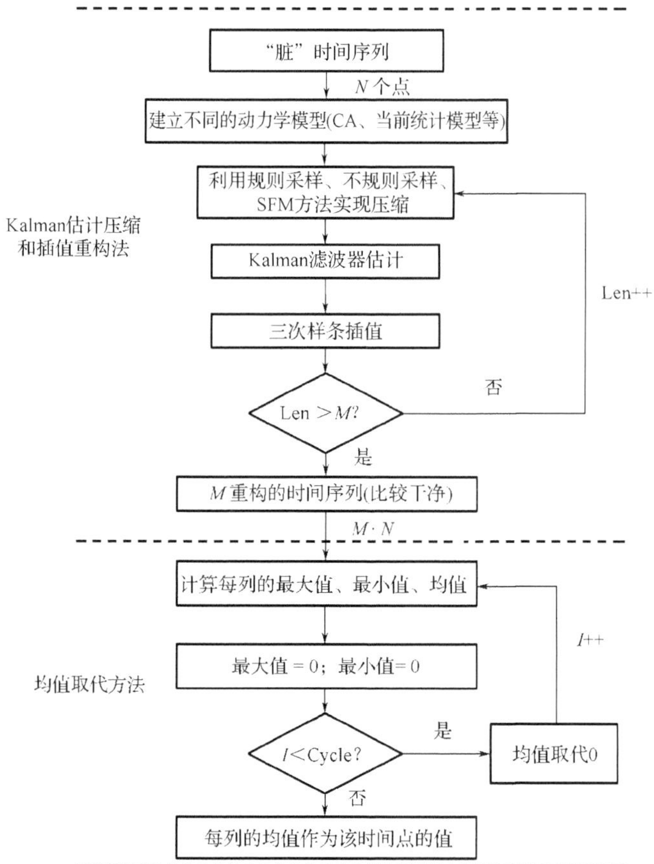

图 4.3　“脏”时间序列预处理方案

其中，基于 Kalman 滤波器的采样压缩主要通过采样的方法去除噪声和错误点，并用 Kalman 滤波器保留时间序列的真实信息；而三次样条插值方法重构了未采样时间点的信息，同时补充了缺失值；为了重构时间序列的基本趋势，算法中还引入了 Max/Min/Mean 均值替代方法，即同时对时间序列实现多次压缩、估计、重构，以得到多个时间序列，并将重构后时间序列同时刻的最大值、最小值用 0 取代，进而计算相同时刻非 0 值时间序列的均值，再取代 0 值，多次取代后，所有时间序列同时刻的最大值、最小值与均值相差不大，认为已经能够得到时间序列的基本趋势；最后，利用所有重构后时间序列同时刻的均值来表征该时刻的值，从而得到时间序列的基本趋势。

4.3.1　不规则采样和 Kalman 估计

算法中，利用 3.3 节提到的规则采样压缩、随机不规则采样压缩以及 SFM 压缩的方法，在对“脏”时间序列去噪、去除异常点的同时，通过 Kalman 滤波器保留时间序列的重要信息。

4.3.2　三次样条插值重构

尽管利用 4.3.1 节的方法可以保留时间序列的基本信息，但是压缩数据导致数据缺失，不能直接用于预测或异常检测。在对数据进行压缩时，能够保存采样步长 δ 的信息，因此，可以利用步长，通过三次样条插值的方法对压缩后的时间序列实现重构。

设三次样条插值 $S(x)$ 是关于 $x_0,x_1,\cdots,x_{n-1},x_n$ 的多项式函数，每一个三次多项式值都由小区间 $[x_{i-1},x_i]$ 的参数决定，其中 x_i 满足 $a=x_0<x_1<\cdots<x_{n-1}<x_n=b$。我们有

$$S(x)=\frac{1}{6h_i}[(x_i-x)^3\lambda_{i-1}+(x-x_{i-1})^3\lambda_i]+\left(y_{i-1}-\frac{h_i^2}{6}\lambda_{i-1}\right)\frac{x_i-x}{h_i}+\left(y_i-\frac{h_i^2}{6}\lambda_i\right)\frac{x-x_{i-1}}{h_i}\quad(4\text{-}1)$$

其中，$x\in[x_{i-1},x_i],\ i=1,2,\cdots,N\cdot\text{CSR}$，CSR 可见式(3-1)。

定义

$$\begin{cases}\mu_i=\dfrac{h_i}{h_i+h_{i+1}},\quad \lambda_i=\dfrac{h_{i+1}}{h_i+h_{i+1}}=1-\mu_i\\ d_i=\dfrac{6}{h_i+h_{i+1}}\left(\dfrac{y_{i+1}-y_i}{h_{i+1}}-\dfrac{y_i-y_{i+1}}{h_i}\right)=6f(x_{i-1},x_i,x_{i+1})\end{cases}\quad(4\text{-}2)$$

其中，λ_i 满足以下 $n-1$ 个等式

$$\mu_i\lambda_{i-1}+2\lambda_i+\lambda_i\lambda_{i+1}=d_i,\quad i=1,2,\cdots,n-1\quad(4\text{-}3)$$

式(4-3)包含 $n+1$ 个未知变量，设 $\lambda_0=\lambda_n=0$，则可以得到 $\lambda_i(1\leqslant i\leqslant n-1)$ 和

$S(x)$ 的值。在重构算法中，可以通过 δ_i 在每个子区间 $[x_{i-1}, x_i]$ 得到三次样条插值的值，x_{i-1} 和 x_i 是采集到的两个相邻点。经过 $N \cdot \text{CSR}$ 次插值可以得到重构后的时间序列 $S(x)$。

4.3.3 Max/Min/Mean 均值替代

正如前面提到的，选择一部分采样点进行估计，实现压缩。假设采样点中的异常点或者错误点非常少，则可以保证所采集的时间序列数据能够代表基本趋势的全部重要信息。但是，“脏”时间序列中连续出现的异常点或错误值有时仍然会被“幸运”地采样为重要信息。这些被“幸运”采集的信息可能会在时间序列重构时改变基本趋势，从而降低数据预处理的准确性。一般地，降低 CSR 可以减少异常点和错误值被“幸运”采样的概率，但是过低的 CSR 会导致重要信息丢失，并且选择合适的 CSR 值也是一件具有挑战性的事情。

为了实现更好的预处理结果，本章进一步对重构后的时间序列采用 Max/Min/Mean 均值替代方法进行筛选。在同一 CSR 值下进行 M 次压缩估计，得到 M 条重构的时间序列，每条重构的时间序列中被“幸运”采样的异常点或缺失值都是 M 条时间序列在该时刻的最大值或者最小值，因此，为了去除这些“幸运”采集的点，Max/Min/Mean 均值替代方法按如下步骤执行。

(1) 计算 M 条重构时间序列在同一时刻的最大值和最小值，并用 0 值取代。

(2) 计算 M 条重构时间序列在同一时刻的均值，并取代 0 值。

(3) 重复执行步骤(1)和步骤(2) Cycle 次。

(4) 计算经过 Cycle 次替代后的 M 条重构时间序列同一时刻的均值，该均值就是基本趋势在该时刻的值。

4.4 实验结果

本章利用自适应动力学模型，通过不同的采样方式在不同 CSR 值下提取了图 4.1 所示时间序列的基本趋势。

4.4.1 评价指标

本节采用两个指标来评价所提取基本趋势的效果：协方差(covariance，COV)和程序运行时间(time of programming，TP)。

1) 协方差

协方差用来评价所估计基本趋势的准确度，协方差越小，说明估计越准确。

$$\begin{cases} \hat{y}(i) - y(i) = e(i) \\ \mathrm{COV} = \sum_{i=1}^{N} e(i) / N \end{cases} \tag{4-4}$$

其中，y 表示期望提取的基本趋势；$\hat{y}$ 表示通过本节介绍的算法估计得到的预处理值；N 是“脏”时间序列的总长度。

2) 程序运行时间

程序运行时间用来评价提取基本趋势的计算代价，TP 值越大，说明计算代价越大。实验中，通过 MATLAB 提供的 tic 和 toc 函数可以得到程序运行时间

$$\mathrm{TP} = \mathrm{toc} - \mathrm{tic} \tag{4-5}$$

4.4.2　实验结果

本节主要对规则采样压缩预处理法、随机不规则采样压缩预处理法以及 SFM 压缩预处理法提取的时间序列基本趋势结果进行对比展示。

1. 规则采样压缩预处理法

图 4.4 给出了压缩比为 1%时，利用本书 1.3 节提到的自适应参数机动目标模型，采用规则采样压缩预处理方法提取图 4.1 所示“脏”时间序列基本趋势的结果。

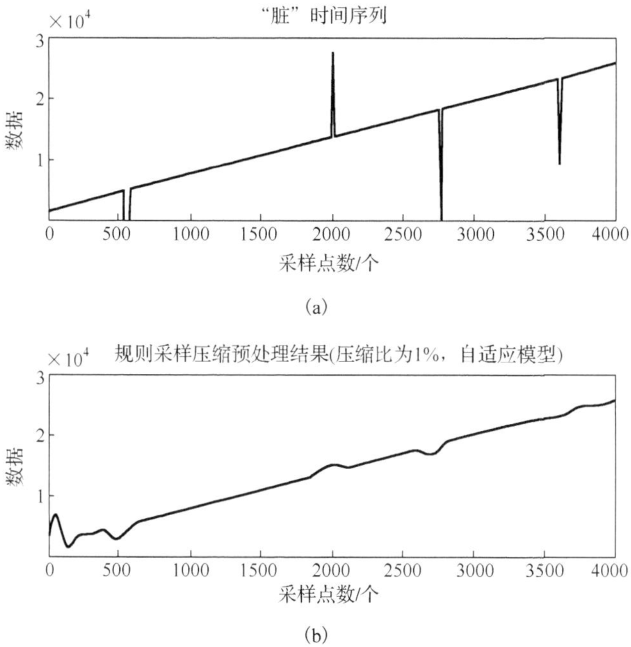

图 4.4　规则采样压缩预处理法

由图 4.4 可以看出，采用规则采样压缩预处理法，在 1%的压缩比下可以得到时间序列的基本趋势，其协方差 COV 为 4.3662×10^5，程序运行时间 TP 为 314s。

2. 随机不规则采样压缩预处理法

图 4.5 给出了压缩比为 1%时，利用本书 1.3 节提到的自适应参数机动目标模型，采用随机不规则采样压缩预处理法提取图 4.1 所示“脏”时间序列基本趋势的结果。

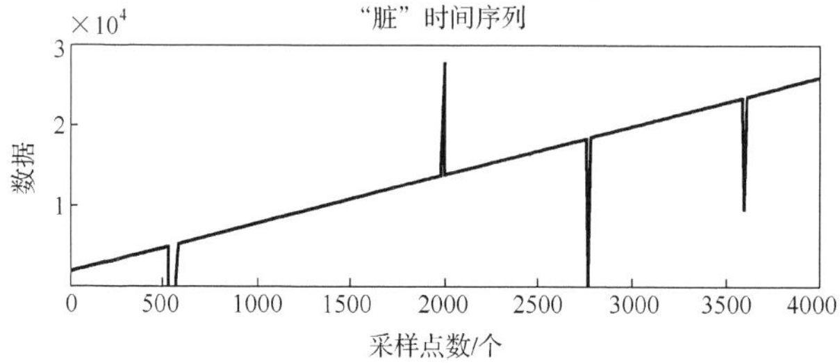

(a)

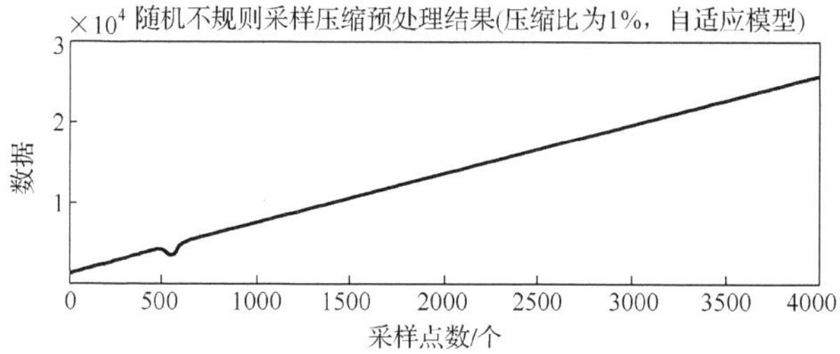

(b)

图 4.5　随机不规则采样压缩预处理法

由图 4.5 可以看出，采用随机不规则采样压缩预处理法，在 1%的压缩比下可以得到时间序列的基本趋势，其协方差 COV 为 2.7465×10^4，程序运行时间 TP 为 543s。

3. SFM 压缩预处理法

图 4.6 给出了压缩比为 1%时，利用本书 3.3.3 节提出的 SFM 压缩预处理法提取图 4.1 所示“脏”时间序列基本趋势的结果。

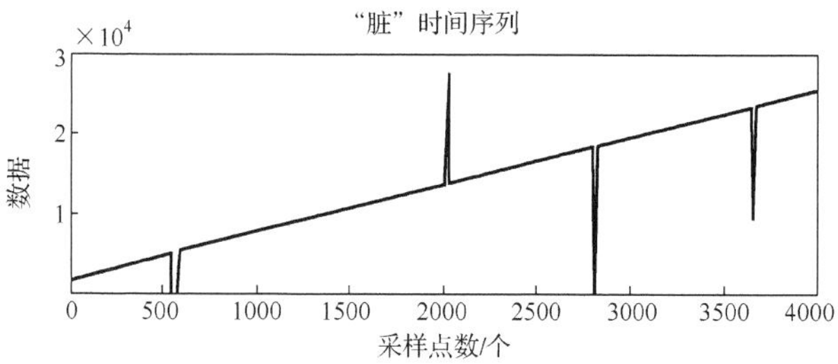

(a)

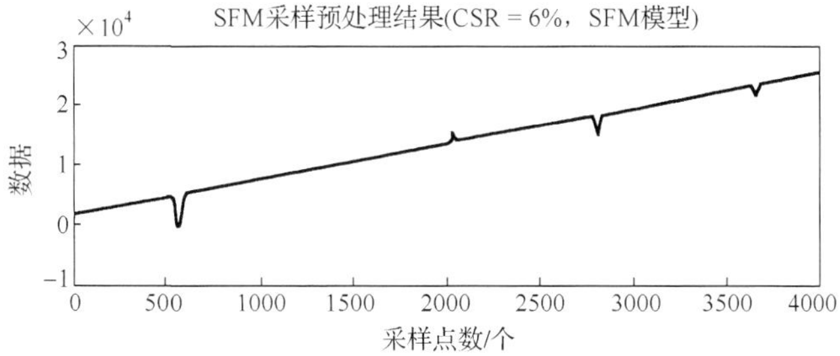

(b)

图 4.6　SFM 压缩预处理法

由图 4.6 可以看出，采用 SFM 压缩预处理法，在 1%的压缩比下可以得到时间序列的基本趋势，其协方差 COV 为 4.9028×10^7，程序运行时间 TP 为 389s。

4.5　小　结

本章介绍了一种用于提取含有噪声、缺失值、错误值的“脏”时间序列基本趋势的方法，该方法可以在不同采样方式下对时间序列进行不同程度的压缩，并用三次样条插值的方法对压缩后的时间序列实现了重构，同时，为了得到时间序列的基本趋势，对多条重构后的时间序列引入 Max/Min/Mean 均值替代方法，通过多次均值替代，最后保证所提取的时间序列为原始“脏”时间序列的基本趋势。

本章程序

1. 规则采样压缩预处理法

主程序：

```
tic;
Len=5;
summ=0;
R=25;
for nn=1:Len
   x=1:4000;
   sig=6*x+1500;
   signal=load('D:\introduction.txt');
   data=signal';
   M=length(data);
   B=data(1);
   D=data(M);
   data=data(2:M-1);
    %参数初始化
```

```
xxx=[];
C=[];
NN=20;
xamax=5;
qq=(xamax)^2*(4-pi)/pi;
alpha=1/20;
degree=100;      %degree=100,33,0,14,11 对应 CSR=1%,3%,5%,7%,9%
for i=1:NN       %进行 NN 次循环，得到 NN 个规则采样压缩估计结果
   [xx1,TT,c,y0]=mean_adaptive(data,R,degree);
                              %规则采样压缩子函数，详细程序见第 3 章
   xxxx{i,1}=xx1(1,:);        %每次进行规则采样压缩估计得到的结果
   len=length(y0)/length(data);
   LEN(i)=len;
   CC{i,1}=c;
   for j=1:length(xx1(1,:));
      xxx(i,j)=xx1(1,j);
      C(i,j)=c(1,j);
   end
end

for i=1:NN
   xxxx{i,1}=[B xxxx{i,1} D];
end

yyy=[ ];
for i=1:NN


   x=CC{i,1}+1;
   x=[1 x M];
   y=xxxx{i,1};
   yy=[ ];

    for j=2:length(x)
       xi=x(j-1):1:x(j);
       yi=interp1(x,y,xi,'spline');          %三次样条插值
       yi=yi(1:length(yi)-1);
       yy=[yy yi];
    end
```

```
      yy=[yy D];
      yyy=[yyy;yy];
      end

      cycle = 40;
      for i=1:cycle
         [yyy,yy_mean]=average_max(yyy,NN,M);
                         %Max/Min/mean 均值替代方法，详见 average_max 子函数
      end

      data=[B data D];
      covv(nn)=cov(sig-yy_mean);
      csr(nn)=mean(LEN);
   end
   Cov=mean(covv);
   CSR=mean(csr);
   toc
   yy_mean=yy_mean';

   figure                                    %图 4.3
   subplot(211)
   plot(signal,'k')
   xlabel('点数 ');
   ylabel('数据');
   title('"脏"时间序列');
   subplot(212)
   plot(yy_mean,'k')
   xlabel('点数 ');
   ylabel('数据');
   title('规则采样预处理结果(压缩比 1%)Adaptive 模型');
```

子函数：

```
   function[yyy,yy_mean]=average_max(yyy,NN,M)
   cov1=[];
   yy_mean=zeros(1,M);
   for i=2:M
      [x,y]=find(yyy==min(yyy(:,i)));      %每列数据的最小值为"幸运"采集
                                            %的异常点
      yyy(x(1,1),i)=0;                      %将最小值用 0 取代
```

```
    [x,y]=find(yyy==max(yyy(:,i)));
                                  %每列数据的最大值为“幸运”采集的异常点
    yyy(x(1,1),i)=0;              %将最大值用 0 取代
end
yy_mean=sum(yyy(:,2:M))/(NN-2);    %求取每列非零均值
yy_mean=[yyy(1,1) yy_mean];
for i=1:M
    yyy(find(yyy(:,i)==0),i)=yy_mean(1,i);
                         %用均值代替 0 值，进一步去除被“幸运”选择的点
end
```

2. 随机不规则采样压缩预处理法

主程序：

```
tic;
Len=5;
summ=0;
R=25;
for nn=1:Len
    signal=load('D:\introduction.txt');
    data=signal';
    M=length(data);
    B=data(1);
    D=data(M);
    data=data(1,2:M-1);
    A=0.01;                    %对应 CSR
    xxx=[];
    C=[];
    NN=40;
    xamax=5;
    qq=(xamax)^2*(4-pi)/pi;
    alpha=1/20;
    spring=200;
    WIN=5;
    for i=1:NN
       [xx1,TT,c,y0]=irregular(data,R,A);    %随机不规则采样压缩
       xxxx{i,1}=xx1(1,:);
```

```
    len=length(c)/length(data);
    LEN(i)=len;
    CC{i,1}=c;
    for j=1:length(xx1(1,:));
        xxx(i,j)=xx1(1,j);
        C(i,j)=c(1,j);
    end
end

for i=1:NN
    xxxx{i,1}=[B xxxx{i,1} D];
end
yyy=[ ];
for i=1:NN

    x=CC{i,1}+1;
    x=[1 x M];
    y=xxxx{i,1};
    yy=[ ];

    for j=2:length(x)
        xi=x(j-1):1:x(j);
        yi=interp1(x,y,xi,'spline');                %三次样条插值
        yi=yi(1:length(yi)-1);
        yy=[yy yi];
    end

    yy=[yy D];
    yyy=[yyy;yy];

end
for i=1:40
    [yyy,yy_mean]=average_max(yyy,NN,M);
                                                % average_max 子函数
end
data=[B data D];
covv(nn)=cov(sig-yy_mean);
csr(nn)=mean(LEN);
```

```
end
Cov=mean(covv);
CSR=mean(csr);
Toc
figure
subplot(211)
plot(signal,'k')
xlabel('点数');
ylabel('数据');
title('“脏”时间序列');
subplot(212)
plot(yy_mean,'k')
xlabel('点数');
ylabel('数据');
title('随机不规则采样预处理结果(压缩比 1%)Adaptive 模型');
```

3. SFM 压缩预处理法

主程序:

```
tic;
Len=5;
summ=0;
R=25;
for nn=1:Len
  x=1:4000;
  sig=6*x+1500;
  signal=load('D:\introduction.txt');
  data=signal';
  M=length(data);
  B=data(1);
  D=data(M);
  data=data(1,2:M-1);
  A=0.01;
  xxx=[];
  C=[];
  NN=40;
  xamax=5;
  qq=(xamax)^2*(4-pi)/pi;
  alpha=1/20;
```

```
spring=200;
WIN=5;

for i=1:NN
    [xx1,c,y0]= SFM(data,R,spring,WIN);
                                        %SFM 模型，详见第 3 章 SFM_model 子函数
    xxxx{i,1}=xx1(1,:);
    len=length(c)/length(data);
    LEN(i)=len;
    CC{i,1}=c;
    for j=1:length(xx1(1,:));
        xxx(i,j)=xx1(1,j);
        C(i,j)=c(1,j);
    end
end

for i=1:NN
    xxxx{i,1}=[B xxxx{i,1} D];
end

yyy=[ ];
for i=1:NN
   x=CC{i,1}+1;
   x=[1 x M];
   y=xxxx{i,1};
   yy=[ ];

   for j=2:length(x)
      xi=x(j-1):1:x(j);
      yi=interp1(x,y,xi,'spline');            %三次样条插值
      yi=yi(1:length(yi)-1);
      yy=[yy yi];
   end

   yy=[yy D];
   yyy=[yyy;yy];
end

for i=1:40
```

```
        [yyy,yy_mean]=average_max(yyy,NN,M);  %见average_max子函数
      end

      data=[B data D];
      covv(nn)=cov(sig-yy_mean);     %协方差
      csr(nn)=mean(LEN);
    end
    Cov=mean(covv);
    CSR=mean(csr);

    figure                           %图 4.5
    subplot(211)
    plot(signal,'k')
    xlabel('点数');
    ylabel('数据');
    title('“脏”时间序列');
    subplot(212)
    plot(yy_mean,'k')
    xlabel('点数');
    ylabel('数据');
    title('SFM 采样预处理结果(压缩比 6%)SFM 模型');
```

参 考 文 献

[1] Cleveland R B, Cleveland W S, McRae J E, et al. STL: A seasonal-trend decomposition procedure based on loess[J]. Journal of Official Statistics, 1990, 6(1): 3-33.

[2] Vallis O, Hochenbaum J, Kejariwal A. A novel technique for long-term anomaly detection in the cloud[C]// The 6th USENIX Workshop on Hot Topics in Cloud Computing, 2014.

[3] Kendall M G, Stuart A, Ord J K. The Advanced Theory of Statistics: Design and Analysis and Time[M]. Royal Oak: Hafner Press, 1983.

第二部分　基于惯性导航原理的机器人移动轨迹重建

导航，顾名思义，即对航行体的引导，换句话说，就是通过一定的方式正确地引导航行体沿着预定的航线在一定时间内成功抵达目的地。随着现代导航技术的发展，导航系统的类别越来越多，如无线电导航系统、卫星定位导航系统、惯性导航系统、声呐导航系统和组合导航系统等。

惯性导航系统(inertial navigation system，INS)，简称惯导系统，是一种既不依赖于任何外部信息，也不向外部辐射能量的自主式导航系统，这就决定了惯导系统具有其他导航系统无法比拟的优异特性，其原理示意图如下图所示。首先，常见的外界电磁干扰手段对惯导系统无效，也无需电磁波传导所要求的工作环境，这就意味着惯导系统可在任意地理位置工作，包括天空、水下，这就确保了其非常好的隐蔽性，因为它不需要外界信息，也不向外传播信号，所以不会被侦测到，这对军事场景的应用具有十分重要的意义；其次，惯导系统除了可以给出航行体的导航位置参数外，还可以给出航向、姿态角等导航参数，且具有参数更新快、精度稳定、稳定性好的优点，因此，不论在军用还是民用领域，惯导系统都扮演着越来越重要的角色。

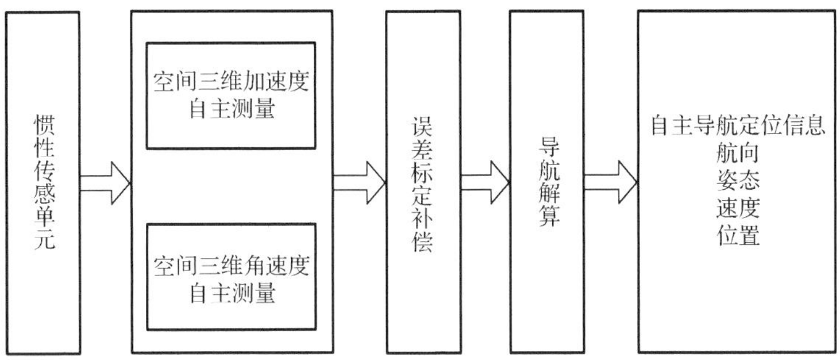

惯性导航系统原理示意图

移动型机器人是机器人学中的一个重要分支，它能够代替人类完成一些重复性的、机械性的工作，或是帮助人类在一些危险场景下作业，如火灾救援，或是去一些不适宜人类的环境下作业，如海底探测等。常见的移动型机器人按照其移动方式可分为轮式机器人、履带式机器人、双足式机器人等，它们广泛应用于工农业生产、柔性制造、无人探险(如深海、太空)以及国防军工等领域。另外，移动型机器人在一些服务型行业，如老人病患监理看护、智能家居服务、迎宾引导等领域也有广阔的应用前景。

目前，随着惯性传感单元(inertial measurement unit，IMU)的广泛使用，重建机器人的移动轨迹有了新的技术，即使用 IMU 能够测量的角速度及加速度数据。其基本原理还是使用惯性导航原理，但是因为 IMU 有其特殊性，如陀螺仪所包含的测量漂移、加速度值不同会导致不同偏差，给轨迹重现的相关研究带来了极大的困难，是目前相关研究的热点问题。

本部分包括第 5～7 章，第 5 章简单介绍捷联式惯导系统的基本理论，第 6 章给出一个仿真系统，并在附录中给出详细的 MATLAB 程序。基于这些方法，在第 7 章给出利用 IMU 获得机器人移动轨迹的方法，并在 Nao 机器人系统中进行验证。

第 5 章　捷联式惯性导航系统的基本理论

在惯性导航领域，平台式惯性导航系统体积与重量过大，且结构复杂、成本偏高，出于以上考虑，在 20 世纪 50 年代发展平台式惯性导航系统的同时，人们就开始了另一种惯导系统的研究，这便是捷联式惯性导航系统(strap-down inertial navigation system，SINS)。

捷联式惯性导航系统不需要外界信息，也不向外传播信号，具有很好的隐蔽性，对军事等场景的应用具有十分重要的意义。同时，捷联式惯性导航系统还可以给出航向、姿态角等参数，在机器人领域正扮演着越来越重要的角色。

5.1　捷联式惯性导航系统概述

5.1.1　捷联式惯性导航系统原理

“捷联”(strap-down)的英文原意是“捆绑”，即将陀螺仪与加速度计直接固联在载体上，因为没有电气机械平台，所以也称作无平台式惯性导航系统。捷联式惯性导航系统的原理如图 5.1 所示，b 代表载体坐标系，n 代表导航坐标系，f 为加速度计比力信息，W 为陀螺仪角速度信息，C 为坐标系间变换矩阵。陀螺仪与加速度计分别用来测量载体的角运动、线运动信息，导航计算机根据这些测量初始信息和姿态矩阵初值解算出载体的航向、姿态、速度及位置等信息，再通过姿态矩阵的更新来计算出新的航向、姿态、速度及位置信息，从而完成对整个运动轨迹的描绘。因此，如何实现姿态矩阵的实时更新和导航参数的解算是捷联式惯性导航系统的关键技术[1]。

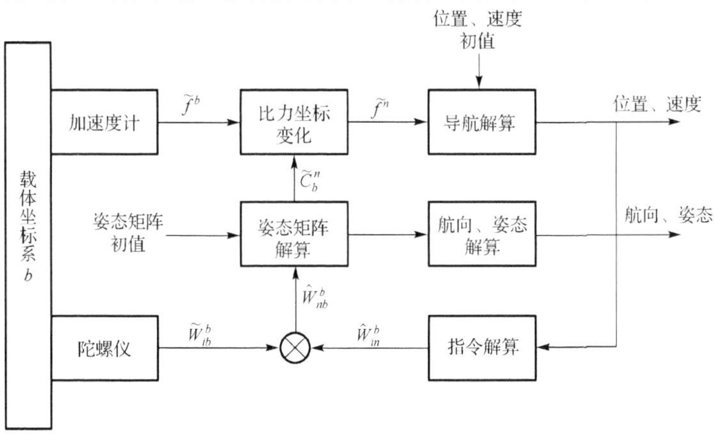

图 5.1　捷联式惯性导航系统原理图

5.1.2　捷联算法

捷联式惯性导航的计算过程可以看作一个信息处理分析与计算的过程，捷联算法为该过程中处理分析与计算的相关方法，是指将惯性元器件的观测输出经过相应解算推理最终获得导航或制导所需参数的计算方法。一般捷联算法的流程图如图 5.2 所示，主要包括以下内容。

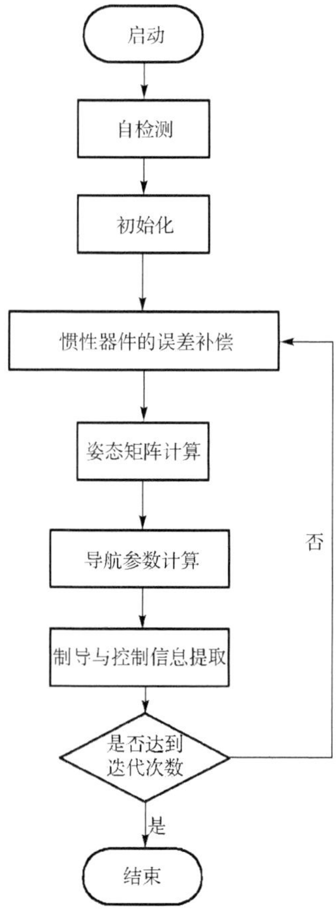

图 5.2　捷联式惯导系统算法流程图

1) 系统的启动和自检测

这一步骤主要是指检查系统启动后各部分是否正常工作，如电源、惯性器件、计算机等。

2) 系统的初始化

初始化包括如下三项工作[2]。

(1) 初始位置与初始速度的给定。

(2)进行初始对准，即给定初始姿态角，从而确定初始姿态矩阵。

(3)惯性器件的校准，以提高系统精度。

3)惯性器件的误差补偿

捷联式惯导系统惯性元器件的观测输出通常带有一定的测量噪声或漂移误差等，因此必须首先经过误差补偿后，才能将其输出值作为姿态解算和导航解算的信息源。常用的误差补偿方法包括滑动均值滤波器、特性互补滤波器等。

4)姿态矩阵的计算

姿态矩阵的实时更新与计算是捷联算法最重要的部分，是捷联式惯导系统的姿态角信息解算与导航参数计算的前提。

5)导航参数的计算

通过姿态矩阵将加速度计的输出值转换至导航坐标系，再按照相应的解算理论解算出载体的姿态角、速度和位置等导航参数。

6)制导与控制信息的提取

利用解算所得姿态角信息、姿态角速率、速度、位置等信息来对航行体进行导航和控制。

5.2　惯性导航坐标系及其转换关系

5.2.1　常见惯性导航坐标系

惯性定律成立的空间为惯性空间，根据运动情况和导航需求的不同，惯性导航中常用到的坐标系包括：地心惯性坐标系(i 系)、地球坐标系(e 系)、地理坐标系(g 系)、载体坐标系(b 系)和导航坐标系(n 系)[3]。

1)地心惯性坐标系(geocentric inertial coordinate system，i 系)$o_{x_i y_i z_i}$

在我们的实际生活中，绝大多数载体都是在地球附近运动，因此人们建立了地心惯性坐标系，当载体在宇宙空间运动时，则有相对应的日心坐标系。地心惯性坐标系常记作 $o_{x_i y_i z_i}$，简称 i 系，该坐标系被作为惯性仪表测量时的参考基准，且其并不参与地球自转。该坐标系以地心作为坐标系原点，x_i 轴与 y_i 轴在赤道平面内正交且指向空间的两颗恒星，z_i 轴沿地球自转轴。

2)地球坐标系(earth coordinate system，e 系)$o_{x_e y_e z_e}$

地球坐标系常记作 $o_{x_e y_e z_e}$，简称 e 系。该坐标系以地心作为坐标系原点，以地球自转角速度相对于地心惯性坐标系进行自转，x_e 轴为赤道平面和本初子午线的相交线，y_e 轴在赤道平面内指向东经 90° 方向，而 z_e 轴则平行于地球自转轴指向北极，三轴组成右手直角坐标系。

3) 地理坐标系(geographic coordinate system，g 系) $o_{x_g y_g z_g}$

地理坐标系也叫作当地水平坐标系，常记作 $o_{x_g y_g z_g}$，简称 g 系，其原点通常为载体的重心，在地球上的位置常用经纬度来标定。该坐标系各轴的取向在导航系统中有多种定义，如定义其 x_g 轴、y_g 轴在当地水平面上，x_g 轴、y_g 轴分别指向方向东和方向北，而 z_g 轴沿当地地垂线方向指向天空，三轴构成一个右手直角坐标系，则该坐标系可被称为东北天地理坐标系。除此之外，根据不同定义方法还有北东地、西北地等地理坐标系，对于导航中的计算而言，不同定义方法的坐标系只会影响到坐标转换矩阵各个元素的正负。

4) 载体坐标系(body coordinate system，b 系) $o_{x_b y_b z_b}$

载体坐标系常记作 $o_{x_b y_b z_b}$，简称 b 系，其原点取载体重心，且与载体固联，其 x_b 轴沿载体纵轴向前，即指向载体运动前进方向，y_b 轴沿载体横轴向右，即指向载体前进方向的右侧。需要说明的是，在某些导航系统中，也会以 y_b 轴作为前进方向，此时只需理解为将以 x_b 轴为前进方向的载体坐标系逆时针旋转了 90° 即可。载体坐标系的 z_b 轴与地理坐标系不同，它垂直于 x_b 轴、y_b 轴构成的水平面，即沿载体的竖轴向上，三轴构成右手直角坐标系。

5) 导航坐标系(navigation coordinate system，n 系) $o_{x_n y_n z_n}$

导航坐标系常记作 $o_{x_n y_n z_n}$，简称 n 系。由于捷联式惯导系统的惯性元器件是固联在载体上的，传感器的输出值均为载体坐标系下的，所以必须将这些测量值转换至一个便于计算所需导航参数的坐标系下，即导航坐标系。本章采用东北天地理坐标系作为导航坐标系。

5.2.2　坐标系间的相互转换

1) 载体坐标系与导航坐标系之间的相互转换

载体上所固联的惯性传感元器件所测量的数据均是以载体坐标系作为参考的，因此在进行捷联解算前，必须将该数据由载体坐标系转换至导航坐标系中。前面已提到，我们使用东北天地理坐标系作为导航坐标系，如图 5.3 所示，将导航坐标系三个轴按照式(5-1)进行三次欧拉转动即可转至载体坐标系中，即将导航坐标系 $o_{x_n y_n z_n}$ 绕 z_n 轴逆时针旋转角 φ，再绕 x_n' 轴逆时针旋转角 θ，之后绕 y_n'' 轴逆时针旋转角 γ，就可以旋转至载体坐标系 $o_{x_b y_b z_b}$。

$$x_n y_n z_n \xrightarrow{\text{绕}z_n\text{轴转}\varphi} x'_n y'_n z'_n \xrightarrow{\text{绕}x'_n\text{轴转}\theta} x''_n y''_n z''_n \xrightarrow{\text{绕}y''_n\text{轴转}\gamma} x_b y_b z_b \tag{5-1}$$

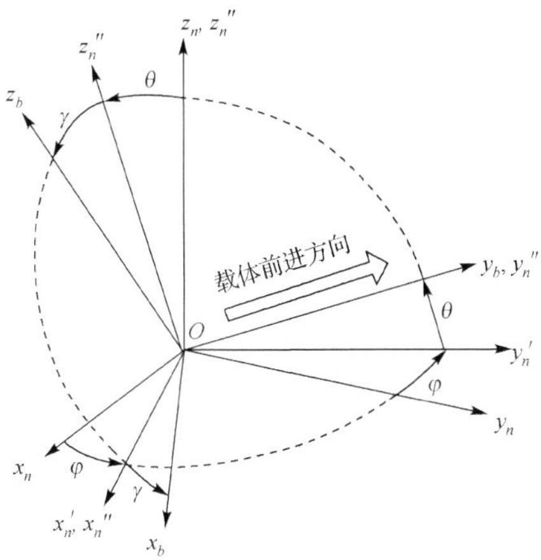

图 5.3　导航坐标系与载体坐标系间的转换

其中，φ、θ、γ 分别为载体的航向角、俯仰角与横滚角。b 系与 n 系之间的转换关系用上述三角余弦表示为如下矩阵，即三次欧拉转动产生三个余弦矩阵，将这三个矩阵相乘之后即可得到

$$\begin{bmatrix} x_b \\ y_b \\ z_b \end{bmatrix} = C_n^b \begin{bmatrix} x_n \\ y_n \\ z_n \end{bmatrix} \tag{5-2}$$

$$\begin{aligned}\begin{bmatrix} x_b \\ y_b \\ z_b \end{bmatrix} &= \begin{bmatrix} \cos\gamma & 0 & -\sin\gamma \\ 0 & 1 & 0 \\ \sin\gamma & 0 & \cos\gamma \end{bmatrix} \begin{bmatrix} 1 & 0 & 0 \\ 0 & \cos\theta & \sin\theta \\ 0 & -\sin\theta & \cos\theta \end{bmatrix} \begin{bmatrix} \cos\varphi & \sin\varphi & 0 \\ -\sin\varphi & \cos\varphi & 0 \\ 0 & 0 & 1 \end{bmatrix} \begin{bmatrix} x_n \\ y_n \\ z_n \end{bmatrix} \\ &= \begin{bmatrix} \cos\gamma\cos\varphi - \sin\gamma\sin\theta\sin\varphi & \cos\gamma\sin\varphi + \sin\gamma\sin\theta\cos\varphi & -\sin\gamma\cos\theta \\ -\cos\theta\sin\varphi & \cos\theta\cos\varphi & \sin\theta \\ \sin\gamma\cos\varphi + \cos\gamma\sin\theta\sin\varphi & \sin\gamma\sin\varphi - \cos\gamma\sin\theta\cos\varphi & \cos\gamma\cos\theta \end{bmatrix} \begin{bmatrix} x_n \\ y_n \\ z_n \end{bmatrix}\end{aligned} \tag{5-3}$$

方向余弦矩阵 C_b^n 为正交矩阵，因而 $C_b^n = [C_n^b]^{-1} = [C_n^b]^{\mathrm{T}}$，令

$$\begin{aligned} C_b^n &= \begin{bmatrix} T_{11} & T_{12} & T_{13} \\ T_{21} & T_{22} & T_{23} \\ T_{31} & T_{32} & T_{33} \end{bmatrix} \\ &= \begin{bmatrix} \cos\gamma\cos\varphi - \sin\gamma\sin\theta\sin\varphi & -\cos\theta\sin\varphi & \sin\gamma\cos\varphi + \cos\gamma\sin\theta\sin\varphi \\ \cos\theta\sin\varphi + \sin\gamma\sin\theta\cos\varphi & \cos\theta\cos\varphi & \sin\gamma\sin\varphi - \cos\gamma\sin\theta\cos\varphi \\ -\sin\gamma\cos\varphi & \sin\theta & \cos\gamma\cos\theta \end{bmatrix} \end{aligned} \tag{5-4}$$

该矩阵也被称为姿态矩阵，表示惯导系统在载体坐标系上测得的各项数据由载体坐标系转至导航坐标系的转换关系。

2) 地球坐标系与导航坐标系之间的相互转换

地球坐标系 x_e 轴和 y_e 轴固定在赤道平面内，且 x_e 轴正方向与零经线一致，因此只需经过两次旋转即可将地球坐标系转至导航坐标系，即东北天地理坐标系。如图 5.4 所示，第一次绕 z_e 轴逆时针旋转 $90^\circ+\lambda$，第二次绕 x_e 轴逆时针旋转 $90^\circ-\varphi$。其中，λ 与 φ 分别为当前载体所处地理位置的经度和纬度。

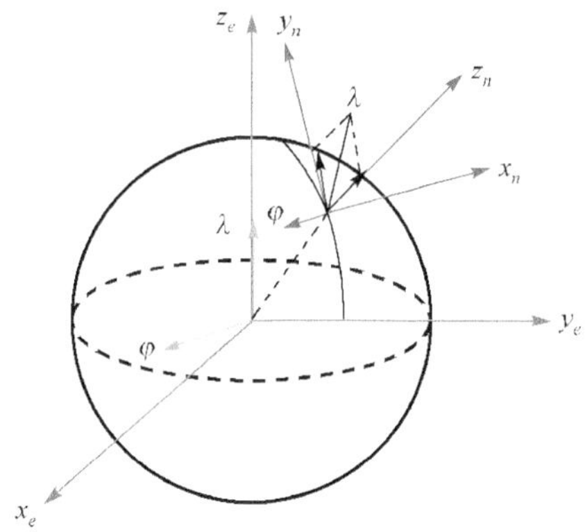

图 5.4　导航坐标系与地球坐标系间的转换

经旋转可得 e 系至 n 系的方向余弦矩阵，即转换矩阵 C_e^n 为

$$\begin{bmatrix} -\sin\lambda & \cos\lambda & 0 \\ -\sin\varphi\cos\lambda & -\sin\varphi\sin\lambda & \cos\varphi \\ \cos\varphi\cos\lambda & \cos\varphi\sin\lambda & \sin\varphi \end{bmatrix} \tag{5-5}$$

$$C_n^e=(C_e^n)^{-1}=(C_e^n)^{\mathrm{T}} \tag{5-6}$$

5.3　捷联式惯性导航系统姿态解算算法

前面提到，在捷联式惯性导航系统的解算过程中，要求解实时的姿态角，则必须确定当前的姿态矩阵，从式(5-4)也可以看到，姿态矩阵 C_b^n 实际上就是三个姿态角的函数，因此可以说，对于一个捷联式惯性导航系统来说，确定载体的姿态矩阵就是确定载体的姿态角。两个不同坐标系之间的方位转换关系可以用刚体定点转动理论来解释，在该理论中，描述载体坐标系相对参考坐标系方位关系的方法主要有欧拉角法、方向余弦法和四元数法。下面分别介绍用这些方法所描述的姿态矩阵微分方程，然后给出对姿态矩阵微分方程实时求解的相应算法。

5.3.1 姿态矩阵的微分方程描述

1. 欧拉角法

欧拉角法(三参数法)是由数学家欧拉于 1776 年提出的,其基本原理是用一组欧拉角来描述坐标系相对于参考坐标系的位置关系。欧拉角法通过解算微分方程直接计算姿态角，且无须作正交化处理，但是在使用计算机进行数值积分时，要进行大量的三角函数运算，从而计算量会大大增加。欧拉角法的优点在于求解所得姿态矩阵永远是正交矩阵，不存在正交误差，即解算所得的姿态矩阵不需要再进行正交化。不过，当横滚角 θ 接近 90° 时方程会出现“奇点”导致无解[4]。

$$
\begin{aligned}
\begin{bmatrix} \dot{\theta} \\ \dot{\gamma} \\ \dot{\varphi} \end{bmatrix} &= \begin{bmatrix} \cos\gamma & 0 & \sin\gamma\cos\theta \\ 0 & 1 & -\sin\theta \\ \sin\gamma & 0 & -\cos\gamma\cos\theta \end{bmatrix}^{-1} \begin{bmatrix} \omega_{nbx}^b \\ \omega_{nby}^b \\ \omega_{nbz}^b \end{bmatrix} \\
&= \frac{1}{\cos\theta} \begin{bmatrix} \cos\gamma\cos\theta & 0 & \sin\gamma\cos\theta \\ \sin\gamma\sin\theta & \cos\theta & -\cos\gamma\cos\theta \\ \sin\gamma & 0 & -\cos\gamma \end{bmatrix}^{-1} \begin{bmatrix} \omega_{nbx}^b \\ \omega_{nby}^b \\ \omega_{nbz}^b \end{bmatrix}
\end{aligned} \tag{5-7}
$$

式(5-7)为欧拉角法所描述的欧拉角微分方程，其中

$$
\omega_{nb}^b = \begin{bmatrix} \omega_{nbx}^b & \omega_{nby}^b & \omega_{nbz}^b \end{bmatrix} \tag{5-8}
$$

表示载体坐标系下 b 系相对 n 系的三轴角速度，关于欧拉角微分方程的具体推导不再详述。

2. 方向余弦法

方向余弦法(九参数法)是指用矢量的方向余弦来表示姿态矩阵，原理为通过方向余弦来描述绕定点转动的两个坐标系间的相互关系。方向余弦法对姿态矩阵微分方程的求解，可以实现全姿态工作，避免了欧拉角法中方程的“奇点”问题，但其微分方程实质上是一个包含九个未知量的线性方程组，其计算量非常大，在工程应用上实时性较差。

式(5-9)为方向余弦法所描述的微分方程，其中 Ω_{nb}^b 为 b 系相对于 n 系的角速度矢量 ω_{nb}^b 的姿态角速度矩阵，为反对称矩阵。关于方向余弦矩阵微分方程的具体推导不再详述。

$$
\dot{C}_n^b = C_n^b \Omega_{nb}^b = C_n^b \begin{bmatrix} 0 & -\omega_{nbz}^b & \omega_{nby}^b \\ \omega_{nbz}^b & 0 & -\omega_{nbx}^b \\ -\omega_{nby}^b & \omega_{nbx}^b & 0 \end{bmatrix} \tag{5-9}
$$

由于陀螺仪固联在载体上，其输出的是载体相对于 i 系的角速度 ω_{ib}^b，所以

$$\omega_{nb}^b = \omega_{ib}^b - \omega_{in}^b \tag{5-10}$$

$$\dot{C}_n^b = C_n^b \Omega_{ib}^b - C_n^b \Omega_{in}^b \tag{5-11}$$

其中，ω_{ib}^b 和 ω_{in}^b 是同一个角速度在两个不同坐标系下的表示。

3. 四元数法

1843 年英国数学家 Hamilton 在数学中引入了四元数的概念，其初衷是研究空间几何，但是这个理论在建立之后的很长一段时间内并没有在任何领域得到实际应用，直到 20 世纪 60 年代中期，随着空间技术与捷联式惯性导航技术的快速发展，四元数又一次引起了科研工作者的重视，得以在工程中大量应用[5]。

四元数是由一个实数单位 1 和三个虚数单位 i、j、k 组成的含有四个元的数，一个坐标系相对于另一个坐标系的转动可以用四元数唯一表示，关于四元数的概念将在后面进一步详细论述。四元数法可以解决 SINS 中不同的空间坐标系间的变换问题，该方法在更新由四元数描述的姿态矩阵时，需要求解四元数微分方程，而求解四元数微分方程时只需解四个微分方程，因此该方法尽管比欧拉角法多了一个方程，但计算量较小，具有较高的精度，且可以避免陷入“奇点”问题，因此基于四元数的捷联式惯性导航姿态解算已成为目前捷联式惯导系统解算研究的重点。

式(5-12)为四元数法所描述的四元数微分方程

$$\dot{q}(t) = \frac{1}{2} q(t) \circ \omega_{nb}^b \tag{5-12}$$

其中，$q(t)$ 表示四元数，符号“∘”表示四元数乘法。

将式(5-12)表示为矩阵形式

$$\dot{q}(t) = \frac{1}{2} M'(\omega_{nb}^b) q(t) \tag{5-13}$$

$$\begin{bmatrix} \dot{q}_0 \\ \dot{q}_1 \\ \dot{q}_2 \\ \dot{q}_3 \end{bmatrix} = \frac{1}{2} \begin{bmatrix} 0 & -\omega_{nbx}^b & -\omega_{nby}^b & -\omega_{nbz}^b \\ \omega_{nbx}^b & 0 & -\omega_{nbz}^b & \omega_{nby}^b \\ \omega_{nby}^b & \omega_{nbz}^b & 0 & -\omega_{nbx}^b \\ \omega_{nbz}^b & -\omega_{nby}^b & \omega_{nbx}^b & 0 \end{bmatrix} \begin{bmatrix} q_0 \\ q_1 \\ q_2 \\ q_3 \end{bmatrix} \tag{5-14}$$

其中，$M'(\omega_{nb}^b)$ 为三轴角速度的矩阵表达式。

5.3.2　姿态矩阵的实时计算与更新

姿态矩阵的实时计算和更新是捷联式惯性导航系统的关键所在，关于在计算机

上实现对姿态矩阵的实时计算，目前主要有两种方法，一种是增量算法，另一种是数值积分法。

1) 增量算法

在捷联式惯性导航系统中，陀螺仪的输出是数字量形式，是由一系列脉冲表示的，每一个脉冲代表一个角增量，在一个采样周期内，用脉冲数乘以相应的标度因数，即得到一个角增量，为

$$\Delta\theta = \int_t^{t+\Delta t} \Omega_{nb}^b(t)\mathrm{d}t$$

其中，θ 为转角；Δt 为周期。增量算法的核心思想就是用这个角增量来计算姿态矩阵或者姿态四元数[6]。矩阵微分方程和四元数微分方程的增量算法相关理论与实现可以参考有关文献，此处不再赘述。

2) 数值积分法

在捷联式惯性导航系统中，姿态矩阵的更新计算大多采用四元数法来描述微分方程，而解四元数微分方程一般使用四阶龙格-库塔(Runge-Kutta)法。该方法按照精度区分还可以分为一阶、二阶与四阶，其实质就是在一定的更新步长之内求出四个斜率值并用不同权重予以加权平均，从而得到更高的平均斜率。四阶龙格-库塔法的表达式为

$$\begin{cases} K_1 = \Gamma_b(t)q(t) \\ K_2 = \Gamma_b\left(t+\dfrac{h}{2}\right)\left(q(t)+\dfrac{h}{2}K_1\right) \\ K_3 = \Gamma_b\left(t+\dfrac{h}{2}\right)\left(q(t)+\dfrac{h}{2}K_2\right) \\ K_4 = \Gamma_b(t+h)(q(t)+hK_3) \\ q(t+h) = q(t)+\dfrac{h}{6}(K_1+2K_2+2K_3+K_4) \end{cases} \tag{5-15}$$

其中，K 为斜率；t 为当前时刻；h 为更新的步长且其通常与传感器采样周期相同；$\Gamma_b = \dfrac{1}{2}M'(\omega_{nb}^b)$，$M'(\omega_{nb}^b)$ 为三轴角速度的矩阵表达式。

该迭代更新算法第一步所需的斜率初始值可由四元数的初始值确定，而四元数初始值由姿态角初值确定，在计算出下一步的四元数各个元素后，即可代入由四元数描述的姿态矩阵 C_b^n，进而即可求解当前时刻的姿态角信息，关于该部分的具体应用方法将在后文论述。

5.4 基于四元数的捷联式惯性导航姿态解算

5.4.1 四元数与捷联式惯导姿态矩阵

四元数含有四个元，由一个实数单位 1 与三个虚数单位 i、j、k 组成，其表达式为

$$q = q_0 + q_1\mathrm{i} + q_2\mathrm{j} + q_3\mathrm{k} \tag{5-16}$$

与刚体定点转动理论中的欧拉角转动一样，一个坐标系相对于另一个坐标系的方位关系可以用四元数唯一地表示。在用四元数来描述 b 系相对于 n 系的转动时，对一个右手直角坐标系而言，i 表示 xy 平面中 x 轴逆时针向 y 轴的旋转，j 表示 xz 平面中 z 轴逆时针向 x 轴的旋转，k 表示 yz 平面中 y 轴逆时针向 z 轴的旋转，由此可得

$$\begin{bmatrix} x_n \\ y_n \\ z_n \end{bmatrix} = \begin{bmatrix} q_0^2+q_1^2-q_2^2-q_3^2 & 2(q_1q_2-q_0q_3) & 2(q_1q_3+q_0q_2) \\ 2(q_1q_2+q_0q_3) & q_0^2-q_1^2+q_2^2-q_3^2 & 2(q_2q_3-q_0q_1) \\ 2(q_1q_3-q_0q_2) & 2(q_2q_3+q_0q_1) & q_0^2-q_1^2-q_2^2+q_3^2 \end{bmatrix} \begin{bmatrix} x_b \\ y_b \\ z_b \end{bmatrix} \tag{5-17}$$

即得到以四元数形式表达的姿态矩阵 C_b^n 为

$$C_b^n = \begin{bmatrix} q_0^2+q_1^2-q_2^2-q_3^2 & 2(q_1q_2-q_0q_3) & 2(q_1q_3+q_0q_2) \\ 2(q_1q_2+q_0q_3) & q_0^2-q_1^2+q_2^2-q_3^2 & 2(q_2q_3-q_0q_1) \\ 2(q_1q_3-q_0q_2) & 2(q_2q_3+q_0q_1) & q_0^2-q_1^2-q_2^2+q_3^2 \end{bmatrix} \tag{5-18}$$

该四元数姿态矩阵 C_b^n 与式(5-4)中的方向余弦矩阵 C_b^n 是完全等效的，即相对同一位置的元素相等，只是表达形式不同。因此，我们可以认为，只要知道了四元数 q，即得到了姿态矩阵，不论是以何种形式表达的。

因为由四元数表达的姿态矩阵 C_b^n 与方向余弦矩阵对应元相等，可得

$$\begin{cases} q_0^2+q_1^2-q_2^2-q_3^2 = T_{11} \\ q_0^2-q_1^2+q_2^2-q_3^2 = T_{22} \\ q_0^2-q_1^2-q_2^2+q_3^2 = T_{33} \end{cases} \tag{5-19}$$

其中，T 为式(5-4)中的方向余弦矩阵中的元素。对于规范化的四元数，有

$$q_0^2+q_1^2+q_2^2+q_3^2 = 1 \tag{5-20}$$

由此又可得

$$\begin{cases} q_0 = \pm\dfrac{1}{2}\sqrt{1+T_{11}+T_{22}+T_{33}} \\ q_1 = \pm\dfrac{1}{2}\sqrt{1+T_{11}-T_{22}-T_{33}} \\ q_2 = \pm\dfrac{1}{2}\sqrt{1-T_{11}+T_{22}-T_{33}} \\ q_3 = \pm\dfrac{1}{2}\sqrt{1-T_{11}-T_{22}+T_{33}} \end{cases} \tag{5-21}$$

该式的符号可通过如下方法确定。由式(5-21)非对角元素之差得

$$\begin{cases} 4q_0q_1 = T_{23}-T_{32} \\ 4q_0q_2 = T_{31}-T_{13} \\ 4q_0q_3 = T_{12}-T_{21} \end{cases} \tag{5-22}$$

只要先确定 q_0 的符号，q_1、q_2、q_3 的符号就可以由式(5-22)确定，而 q_0 的符号实际上是任意的，因为四元数的 4 个参数同时变符号，四元数不变，由此取

$$\begin{cases} \mathrm{sign}q_0 = + \\ \mathrm{sign}q_1 = \mathrm{sign}(T_{23}-T_{32}) \\ \mathrm{sign}q_2 = \mathrm{sign}(T_{31}-T_{13}) \\ \mathrm{sign}q_3 = \mathrm{sign}(T_{12}-T_{21}) \end{cases} \tag{5-23}$$

在捷联式惯导系统解算迭代的第一步需要用到四元数的初值，而在系统初始对准结束后，三个姿态角的初始值 φ_0、θ_0、γ_0 是已知的，因而可以得到初始的方向余弦矩阵。因此，要确定四元数 q_0、q_1、q_2、q_3 的值，可以将已知的方向余弦矩阵代入式(5-21)和式(5-22)求出。

由四元数的元可以直接计算出方向余弦矩阵的各个元素，因而可以经四元数的元反向求反三角函数来计算姿态和航向角，并可以不断更新姿态矩阵，四阶龙格-库塔法只是用来解用四元数法描述的四元数微分方程的，从而实现姿态矩阵的不断计算更新，这种不断更新反映的正是载体姿态在运动过程中的不断变化。

5.4.2　导航参数的计算

常用导航参数包括载体运动的姿态角速度、实时姿态角、速度与所在位置，下面详细论述如何根据姿态矩阵与惯性传感单元数据来计算上述导航参数[7]。

1. 姿态角速度计算

捷联式惯导系统的姿态角速度 ω_{nb}^b 是三个姿态角在一定的采样周期内变化的速度，其求解公式为

$$\omega_{nb,k}^b = \omega_{ib,k}^b - (C_{b,k}^n)^{\mathrm{T}}(\omega_{en,k}^n + \omega_{ie,k}^n) \tag{5-24}$$

其中，ω_{ib}^{b} 为陀螺仪所测得原始角速度数据；ω_{ie}^{n} 为地球自转角速度；在 n 系中的投影；ω_{en}^{n} 为位置角速度，是 n 系相对于 e 系的转动角速度在 n 系中的投影；k 表示当前处于第 k 次迭代计算。

ω_{ie}^{n} 和 ω_{en}^{n} 的表达式分别为

$$\omega_{ie}^{n}=\begin{bmatrix}0\\ \omega_{ie}\cos L\\ \omega_{ie}\sin L\end{bmatrix} \tag{5-25}$$

$$\omega_{en}^{n}=\begin{bmatrix}-V_y^n/(R_M+h)\\ V_x^n/(R_N+h)\\ V_x^n\tan[L/(R_M+h)]\end{bmatrix} \tag{5-26}$$

其中，ω_{ie} 为地球自转角速度；V_x^n、V_y^n 为载体在 n 系的两个轴方向，即东北两个方向上的瞬时速度，其具体计算方法将在后文说明；L、h 分别为载体所在位置的即时纬度、即时高程；R_M、R_N 为子午圈半径、卯酉圈半径，其具体表达式分别为

$$R_M=R_e(1-2e+3e\sin^2 L) \tag{5-27}$$

$$R_N=R_e(1+e\sin^2 L) \tag{5-28}$$

其中，R_e 为地球长半轴；e 为地球椭圆度。

2. 姿态角提取

载体在运动过程中的姿态角包括俯仰角、横滚角和航向角，姿态角信息是载体在运动过程中表现载体实时姿态与维持系统稳定工作的重要参数。假设载体以 y 轴为前进方向，那么在导航坐标系中将这三种姿态角分别定义如下。

1) 俯仰角 θ

定义域为[−90°,+90°]区间，为载体 y 轴与其水平面投影的夹角，绕载体 x 轴旋转，逆时针旋转时俯仰角增大，当水平向前即 y 轴与水平面重合时俯仰角为0°。

2) 横滚角 γ

定义域为[−180°,+180°]区间，为载体 x 轴与其水平面投影的夹角，绕载体 y 轴旋转，顺时针旋转时横滚角增大，当水平向前即 x 轴与水平面重合时横滚角为0°。

3) 航向角 φ

定义域为[0°,360°]区间，为载体 y 轴在水平面的投影与正北方向的夹角，绕载体 z 轴旋转，顺时针旋转时航向角增大，当载体前进方向为正北，即载体 y 轴在水平面的投影与正北方向重合时航向角为0°。

以上三种姿态角的定义，在载体以 x 轴为前进方向时表述会略有不同，但原理相同。

假设现在已得到由四元数计算得到的 b 系与 n 系间的转换矩阵，即姿态矩阵 C_b^n 为

$$C_b^n = \begin{bmatrix} T_{11} & T_{12} & T_{13} \\ T_{21} & T_{22} & T_{23} \\ T_{31} & T_{32} & T_{33} \end{bmatrix} \tag{5-29}$$

因为姿态矩阵的两种表达形式，即方向余弦矩阵与四元数姿态矩阵是完全相等的，所以当我们用四阶龙格-库塔法计算更新了四元数姿态矩阵之后，可以通过与方向余弦矩阵相对应，反向求反三角函数的方法来求解姿态角，可得

$$\begin{cases} \theta = \arcsin T_{32} \\ \gamma = \arctan \dfrac{-T_{31}}{T_{32}} \\ \varphi = \arctan \dfrac{-T_{12}}{T_{22}} \end{cases} \tag{5-30}$$

由式(5-30)可以看出，俯仰角 θ 的定义域与 arcsin 函数的主值域一致，因而 θ 的值即为其真值，而横滚角 γ 与航向角 φ 的定义域与 arctan 函数的主值域不一致。因此，在求得 γ 及 φ 的值后还要根据 T_{31}、T_{32}、T_{12}、T_{22} 的符号来确定其真值。经计算可得 γ、φ 的真值表如表 5.1 和表 5.2 所示。

表 5.1　$\gamma_{真}$ 的判断

T_{32}	T_{31}	$\gamma_{真}$	象限
→0	+	90°	
→0	−	−90°	
+	+	γ	[0°,90°]
+	−	γ	[−90°,0°]
−	+	$\gamma+180°$	[90°,180°]
−	−	$\gamma-180°$	[−180°,−90°]

表 5.2　$\varphi_{真}$ 的判断

T_{22}	T_{12}	$\varphi_{真}$	象限
→0	+	90°	
→0	−	270°	
+	+	φ	[0°,90°]
+	−	$360°+\varphi$	[270°,360°]
−	+	$180°+\varphi$	[90°,180°]
−	−	$180°+\varphi$	[180°,270°]

至此，可以得出结论，捷联姿态矩阵 C_b^n 有两个作用：其一是用它来将沿 b 系安装的惯性传感单元数据转换到 n 系中；其二是根据姿态矩阵 C_b^n 的元素反向求解三角函数，从而确定载体的瞬时姿态。

3. 速度计算[8]

速度计算一般分为两步。

(1) 导航坐标系中的比力计算。

比力，其定义为单位质量上作用的非引力外力。通常我们习惯于说加速度计测量的是载体的绝对加速度，实际上这个说法并不完全正确，因为实际上加速度计测量并输出的值中是包含了引力加速度的分量的，即其输出值为引力加速度分量与绝对加速度二者之和。

由于加速度计所测量的量是比力，且是在 b 系下测得的，所以需要将该比力数据转换至 n 系中。我们可以用加速度计输出的 k 时刻的比力 f^b 和迭代更新求得的姿态矩阵 C_b^n 来计算 k 时刻比力在 n 系中的投影，即可得到在 n 系下的比力 f^n，计算公式为

$$f^n = C_b^n f^b \tag{5-31}$$

(2) 速度微分方程的求解。

利用 k 时刻地球角速度 ω_{ie}^n、位置角速度 ω_{en}^n 以及 n 系中的比力 f^n 可以求出速度的微分方程，如式(5-32)所示，求解该微分方程组，即可得到 n 系下三个方向的速度 V_x^n、V_y^n、V_z^n

$$\begin{bmatrix} \dot{V}_x^n \\ \dot{V}_y^n \\ \dot{V}_z^n \end{bmatrix} = \begin{bmatrix} f_x^n \\ f_y^n \\ f_z^n \end{bmatrix} - (\omega_{en}^n + 2\omega_{in}^n) \times \begin{bmatrix} V_x^n \\ V_y^n \\ V_z^n \end{bmatrix} + \begin{bmatrix} 0 \\ 0 \\ -g_k \end{bmatrix} \tag{5-32}$$

即

$$\begin{bmatrix} \dot{V}_x^n \\ \dot{V}_y^n \\ \dot{V}_z^n \end{bmatrix} = \begin{bmatrix} f_x^n \\ f_y^n \\ f_z^n \end{bmatrix} - \begin{bmatrix} 0 & -(2\omega_{iez}^n + \omega_{enz}^n) & 2\omega_{iey}^n + \omega_{eny}^n \\ 2\omega_{iez}^n + \omega_{enz}^n & 0 & -(2\omega_{iex}^n + \omega_{enx}^n) \\ -(2\omega_{iey}^n + \omega_{eny}^n) & 2\omega_{iex}^n + \omega_{enx}^n & 0 \end{bmatrix} \begin{bmatrix} V_x^n \\ V_y^n \\ V_z^n \end{bmatrix} + \begin{bmatrix} 0 \\ 0 \\ -g_k \end{bmatrix} \tag{5-33}$$

其中，g_k 为地球重力加速度，由于地球重力加速度是随高程和纬度的变化而不断变化的，其表达式可近似写为

$$g_k = g_0\left(1 - \frac{2h}{R_e}\right) \tag{5-34}$$

其中，由于捷联式算法是迭代算法，所以取 $g_0 = 9.78049\text{m}/\text{s}^2$ 作为初始值。

4. 位置计算

载体所在位置的经度、纬度和高程可以根据下列方程求得

$$\begin{cases} L = L_0 + \int_0^T \dfrac{V_y^n}{R_M + h}\mathrm{d}t \\ \lambda = \lambda_0 + \int_0^T \dfrac{V_x^n}{(R_N + h)\cos L}\mathrm{d}t \\ h = h_0 + \int_0^T V_z^n \mathrm{d}t \end{cases} \tag{5-35}$$

其中，T 为载体飞行的时间；L_0、λ_0、h_0 为初始经度、初始纬度、初始高程，在迭代算法中也可以理解为上一时刻载体所在的经度、纬度和高程。

需要说明的是，在实际军航、民航等航空技术中使用捷联式惯导系统进行高程的解算时，通常不单纯对垂直方向加速度进行积分来获取实时高程，而是借助高度计对高程进行阻尼。

5.4.3　初始条件的给定与初始数据的计算

捷联式惯导系统的解算是一个迭代算法，在进行导航解算之前，需要进行初始条件的给定与初始数据的计算。

1. 初始条件的给定

在进行迭代解算前需要给定的初始条件包括：初始位置 L_0、λ_0、h_0；初始速度 V_{x0}^n、V_{y0}^n、V_{z0}^n；初始姿态角 θ_0、γ_0、φ_0；初始重力加速度 g_0。

2. 初始数据的计算

1) 初始四元数的计算

在前面我们提到过，捷联算法在开始解算前要进行对准，即通过对准可得到飞行器的初始姿态角 θ_0、γ_0、φ_0，进而可以求出初始方向余弦矩阵 C_{b0}^n，然后根据式(5-21)、式(5-22)即可求出初始四元数 q_0、q_1、q_2、q_3，其符号确定方法也已在式(5-23)给出，这里不再详述。

2) 初始地球角速度和初始位置角速度计算

根据式(5-25)、式(5-26)，利用给定初始经纬度、高程和初始速度，可以求得初始时刻的地球角速度 ω_{ie0}^n、位置角速度 ω_{en0}^n。

3) 重力加速度初始值的计算

重力加速度的初始值 g_0 可以直接使用 $g_0 = 9.78049\text{m}/\text{s}^2$。

4）子午圈、卯酉圈半径初始值的计算

子午圈半径和卯酉圈半径的初始值 R_{M0}、R_{N0} 可以利用给定的初始经度 L_0 以及常量地球长半轴 R_e 、地球椭圆度 e 通过式(5-27)、式(5-28)求得。

5.5 小　　结

本章首先就捷联式惯导系统的原理及其解算算法展开了叙述，介绍了常用惯性导航坐标系的定义及其相互间的转换关系，为引出捷联式惯导的姿态矩阵描述与解算作了理论上的铺垫。

其次介绍了捷联式惯导系统姿态矩阵微分方程常用的三种描述方法，重点论述了基于四元数姿态矩阵微分方程的实时计算更新方法——四阶龙格-库塔法。然后介绍了四元数与捷联式惯导姿态矩阵，推导了基于四元数理论的捷联惯导姿态解算算法。最后分析了解算过程中各个导航参数的提取与计算方法，并给出了该迭代算法的初始条件与初始值的给定与计算方法，由此我们也得到了完整的基于四元数理论的捷联式惯导系统解算算法的流程，如图 5.5 所示。本章的研究为后续捷联式惯导系统数字仿真实验和基于多传感器的移动轨迹重建方法的研究与实现奠定了理论基础。

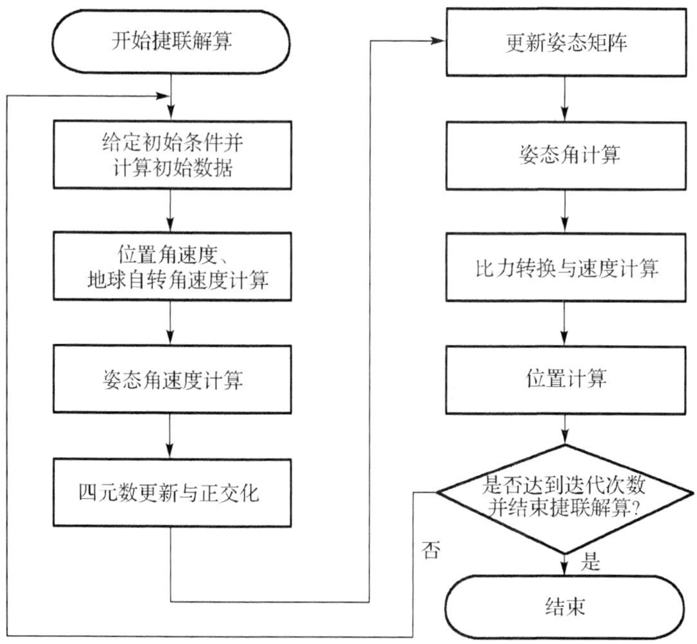

图 5.5　基于四元数理论的捷联式惯性导航姿态解算算法流程

参考文献

[1] 侯振环. 基于 MEMS 惯性器件的 SINS/GPS 组合导航系统研究[D]. 哈尔滨: 哈尔滨工业大学, 2015.

[2] 岳凤英, 李大威, 李永红, 等. 惯性航向姿态系统初始对准仿真[J]. 火力与指挥控制, 2009, 34(17712): 157-159.

[3] 李辰祥. 基于 MEMS 行人惯性导航的零速度修正技术研究[D]. 厦门: 厦门大学, 2014.

[4] Lallana E, Ferreri T, Carroccio S C, et al. End-group rearrangements in poly (propylene sulfide) matrix assisted laser desorption/ionization time-of-flight analysis, experimental evidence and possible mechanisms[J]. Rapid Communications in Mass Spectrometry, 2012, 26(18): 2158-2164.

[5] Kim K, Hasneen A, Paik H J, et al. MALDI-TOF MS characterization of polystyrene synthesized by ATRP[J]. Polymer, 2013, 54(22): 6133-6139.

[6] Sharma M, Yameen H S, Tumanskii B, et al. Bis (1, 3-di-tert-butylimidazolin-2-iminato) titanium complexes as effective catalysts for the monodisperse polymerization of propylene[J]. Journal of the American Chemical Society, 2012, 134(41): 17234-17244.

[7] 胡恩伟. 基于 MEMS 多传感器数据融合的惯性组合导航系统算法设计与实现[D]. 重庆: 重庆大学, 2013.

[8] 谢西昊. 基于 MEMS 的载体运动解算及其实时仿真[D]. 哈尔滨: 哈尔滨工程大学, 2013.

第 6 章　捷联式惯性导航系统的数字仿真

为了对算法进行有效的研究，必须针对研究对象与研究方法建立相应的数学模型，然后在此基础之上，对算法的效率、可靠性进行仿真验证。因此，我们需要进行关于捷联式惯导数字仿真系统的 MATLAB 建模与实现方法研究。

本章首先介绍该数字仿真系统的设计原理，然后针对飞行轨迹发生器部分、惯导系统仿真器部分进行论述，最后利用 Kalman 滤波器实现含有噪声的捷联式惯性导航系统的解算。

6.1　捷联式惯性导航数字仿真设计原理

捷联式惯导系统相比于平台式惯导系统的进步之处是其省去了电气机械平台，将姿态角、速度及位置等导航和制导所需的导航参数的计算过程转为在计算机中进行，但与此同时，这也导致解算过程中的很多误差不能用解析的方法给出，而只能用数字仿真的方法来进行验证，在验证完成后，再根据具体情况对相应的系统硬件或解算参数进行调整选择[1]。

本章数字仿真的基本思路是先模拟产生一条飞行航迹，然后根据其原理仿真计算出陀螺仪和加速度计的输出。之后将该输出作为仿真的输入，按照捷联式惯导的解算算法产生仿真结果，即求得导航参数，最后将仿真结果与之前模拟航迹相比较，计算误差并验证仿真方法的准确性。

图 6.1 为捷联式惯导系统数字仿真原理框图，其主要由飞行轨迹发生器和惯导系统仿真器两大模块组成，而惯导系统仿真器包括惯性元件仿真器、SINS 导航解算仿真器以及误差处理器三部分。

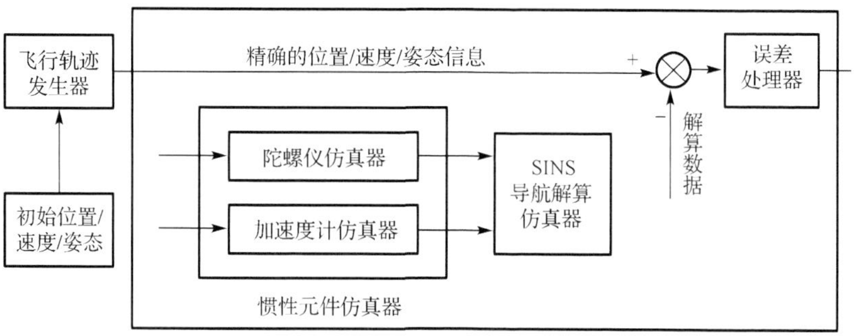

图 6.1　捷联式惯导系统数字仿真原理框图

6.2　飞行轨迹发生器的设计

设计飞行轨迹发生器的目的在于按照预设的飞行路线产生一条可以呈现飞机行进距离与方向的参考轨迹，并产生相关的解算所需参数，然后通过相关参数进行解算，求得导航参数并得到仿真轨迹后与参考轨迹进行对比，给出误差信息，检验解算性能。为了使飞行轨迹发生器生成的参考轨迹尽可能地接近飞机真实的飞行过程，需要对各种典型的真实机动动作进行仿真并做成相应的模块，再将多个机动动作组合产生一条飞行轨迹。

6.2.1　仿真用坐标系

除了之前介绍过的导航坐标系 $o_{x_n y_n z_n}$ 和载体坐标系 $o_{x_b y_b z_b}$ 之外，还需介绍两个会用到的坐标系。

(1) 轨迹坐标系（$o_{x_t y_t z_t}$）： x_t 水平向右， y_t 则与运动轨迹相切，即 y_t 指向前进的方向， z_t 与 x_t、y_t 构成右手定则沿机体垂直向上。

(2) 轨迹水平坐标系（$o_{x_h y_h z_h}$）：该坐标系实际上是 t 系在水平面的投影，x_h 与 x_t 重合， y_h 是 y_t 在水平面的投影， z_h 与 x_h、y_h 构成右手直角坐标系垂直向上。

已知 φ、θ、γ 分别为飞机飞行时的航向角、俯仰角与横滚角，那么以上坐标系间的转换关系可以总结为：n 系绕 z_n 轴转动角度 φ 得 h 系，绕 x_h 轴转动角度 θ 得 t 系；t 系绕 y_t 轴转动角度 γ 得 b 系。实际上，这四个坐标系间的转换关系与 5.2.2 节中所提到的 b 系到 n 系的三次欧拉转动是一一对应的关系，因此可以得到如式(6-1)所示的关系

$$C_t^b C_h^t C_n^h = C_n^b = (C_b^n)^{\mathrm{T}}, \quad C_h^n C_t^h = (C_n^h)^{\mathrm{T}} (C_h^t)^{\mathrm{T}} = C_t^n \tag{6-1}$$

其中， C_t^b、C_h^t、C_n^h 分别对应 5.2.2 节式(5-3)中的三个旋转余弦矩阵。

6.2.2　飞机的机动飞行过程

飞机的主要机动飞行过程可以分为四种，分别为爬升、直飞、转弯和俯冲，在这里，我们主要分析爬升与俯冲。

1. 飞机的爬升

1) 拉起阶段

在拉起阶段，飞机的俯仰角以等角速度 $\dot{\theta}_0$ 逐渐增大至某一角度 θ_c。设该阶段的初始时刻为 t_{01}，则有

$$\dot{\theta}=\dot{\theta}_0, \quad \theta=\dot{\theta}(t-t_{01}) \tag{6-2}$$

2) 等角爬升阶段

在等角爬升阶段，飞机以恒定的俯仰角 θ_c 持续爬升到预设的高度，则有

$$\dot{\theta}=0, \quad \theta=\theta_c \tag{6-3}$$

3) 结束爬升阶段

在结束爬升阶段，飞机的俯仰角以等角速度 $-\dot{\theta}_0$ 逐渐减小至零，即恢复水平姿态。设该阶段的初始时刻为 t_{02}，则有

$$\dot{\theta}=-\dot{\theta}_0, \quad \theta=\theta_c+\dot{\theta}(t-t_{02}) \tag{6-4}$$

2. 飞机的俯冲

俯冲过程实际上是爬升过程的逆过程，可以分为 3 个阶段：改变俯仰角进入俯冲姿态、维持俯仰角持续俯冲和俯冲后改为水平姿态。

1) 进入俯冲阶段

在进入俯冲阶段，飞机的俯仰角以等角速度 $-\dot{\theta}_1$ 逐渐减小到所需的俯冲角 θ_{c1}。设该阶段的初始时刻为 t_{05}，则有

$$\dot{\theta}=-\dot{\theta}_1, \quad \theta=\dot{\theta}(t-t_{05}) \tag{6-5}$$

2) 持续俯冲阶段

在持续俯冲阶段，飞机以恒定的俯仰角 θ_{c1} 俯冲至所要下降到的目标高度，则有

$$\dot{\theta}=0, \quad \theta=\theta_{c1} \tag{6-6}$$

3) 俯冲后的改平阶段

在俯冲后的改平阶段，飞机的俯仰角以等角速度 $\dot{\theta}_1$ 逐渐增加至零，即恢复水平姿态。设该阶段的初始时刻为 t_{06}，则有

$$\dot{\theta}=\dot{\theta}_1, \quad \theta=\theta_{c1}+\dot{\theta}(t-t_{06}) \tag{6-7}$$

6.2.3 飞行轨迹参数的求取

1) 加速度

t 系中的加速度(设做直线加速运动，加速度为 a)

$$a_x^t=a_z^t=0, \quad a_y^t=a \tag{6-8}$$

以横滚角 γ 水平转弯时

$$a_x^t = a_z^t = 0, \quad a_y^t = g\tan\gamma \tag{6-9}$$

飞机爬升或俯冲时

$$a_x^t = a_z^t = 0, \quad a_y^t = \dot{\theta} V_y^t \tag{6-10}$$

飞机匀速等角速度爬升或俯冲时

$$a_x^t = a_y^t = a_z^t = 0 \tag{6-11}$$

飞机在 n 系的加速度为

$$\begin{bmatrix} a_x^n \\ a_y^n \\ a_z^n \end{bmatrix} = C_t^n \begin{bmatrix} a_x^t \\ a_y^t \\ a_z^t \end{bmatrix} \tag{6-12}$$

飞机在 b 系的加速度为

$$\begin{bmatrix} a_x^b \\ a_y^b \\ a_z^b \end{bmatrix} = C_t^b \begin{bmatrix} a_x^t \\ a_y^t \\ a_z^t \end{bmatrix} \tag{6-13}$$

2) 速度

在 n 系中的速度为

$$\begin{bmatrix} V_x^n \\ V_y^n \\ V_z^n \end{bmatrix} = \begin{bmatrix} V_{x0}^n \\ V_{y0}^n \\ V_{z0}^n \end{bmatrix} + \begin{bmatrix} \int_{t_0}^t a_x^n \mathrm{d}t \\ \int_{t_0}^t a_y^n \mathrm{d}t \\ \int_{t_0}^t a_z^n \mathrm{d}t \end{bmatrix} \tag{6-14}$$

在 t 系中的速度为

$$\begin{bmatrix} V_x^t \\ V_y^t \\ V_z^t \end{bmatrix} = C_n^t \begin{bmatrix} V_x^n \\ V_y^n \\ V_z^n \end{bmatrix} \tag{6-15}$$

在 b 系中的速度为

$$\begin{bmatrix} V_x^b \\ V_y^b \\ V_z^b \end{bmatrix} = C_n^b \begin{bmatrix} V_x^n \\ V_y^n \\ V_z^n \end{bmatrix} \tag{6-16}$$

3) 位置

$$\begin{bmatrix} L \\ \lambda \\ h \end{bmatrix} = \begin{bmatrix} L_0 \\ \lambda_0 \\ h_0 \end{bmatrix} + \begin{bmatrix} \int_{t_0}^{t} \dfrac{V_y^n}{R_M + h} \mathrm{d}t \\ \int_{t_0}^{t} \dfrac{V_x^n}{(R_N + h)\cos L} \mathrm{d}t \\ \int_{t_0}^{t} V_z^n \mathrm{d}t \end{bmatrix} \tag{6-17}$$

6.3　惯导系统仿真器的设计

陀螺仪、加速度计仿真模型的输入是由仿真飞行轨迹发生器所产生的。在经过运算处理之后，惯导系统仿真器可输出解算所需的角速度和比力信息。真实的传感器输出的观测值都是含有一定的误差信息的，因此，在进行陀螺仪与加速度计仿真器的设计时，也需要考虑误差信息的输出。

6.3.1　陀螺仪仿真器

1) 陀螺仪理想的输出量

理想角速度陀螺仪所输出的测量值是 b 系相对于 i 系的转动角速度在 b 系中的投影 ω_{ib}^b [2]。从飞行轨迹发生器给出的轨迹参考数据中，我们可以得到 b 系相对于 n 系的转动角速度在 b 系中的投影 ω_{nb}^b；通过飞行数据中的速度、高度和纬度可以计算出 n 系相对于 i 系的转动角速度在 i 系中的投影 ω_{in}^n，与转换矩阵 C_n^b 相乘即可得到 ω_{in}^b；然后将 ω_{nb}^b 和 ω_{in}^b 相加，就可以得到陀螺仪模型的理想输出 ω_{ib}^b。具体求解过程如下。

先求 b 系相对于 n 系的转动角速度在 b 系中的投影 ω_{nb}^b，根据圆周动力学原理，可以从飞行轨迹数据中进行求导计算获得。

再求 n 系相对于 i 系的转动角速度在 b 系中的投影 ω_{in}^b，首先我们可以求出 n 系相对于 i 系的转动角速度在 n 系中的投影 ω_{in}^n，可以表示为

$$\omega_{in}^n = \omega_{ie}^n + \omega_{en}^n \tag{6-18}$$

该式中的量均可通过给定初始数据求出，具体方法在 5.4.2 节中已给出。由 ω_{in}^n 以及姿态转换矩阵 C_n^b 可以得到

$$\omega_{in}^b = C_n^b \omega_{in}^n = C_n^b(\omega_{ie}^n + \omega_{en}^n) \tag{6-19}$$

由此我们也就得到了陀螺仪仿真器的理想输出 ω_{ib}^b 为

$$\omega_{ib}^b = \omega_{in}^b + \omega_{nb}^b \tag{6-20}$$

2) 陀螺仪仿真器的数学模型

陀螺仪输出的测量值含有误差，因此输出方程如下

$$\bar{\omega}_{ib}^b = \omega_{ib}^b + \varepsilon^b \tag{6-21}$$

其中，$\bar{\omega}_{ib}^b$ 为陀螺仪实际测得的角速度；ε^b 为陀螺仪元件的误差。

陀螺仪的理想输出可以根据前面所提到的方法求得，在仿真过程中，仅考虑陀螺仪的常值漂移和随机误差的影响，则 ε^b 的计算公式可以表示为

$$\varepsilon^b = \varepsilon_b + \varepsilon_r + \omega_g \tag{6-22}$$

其中，ε_b 为常值漂移；ε_r 为一阶马尔可夫过程；ω_g 为白噪声。ε_b、ε_r 的数学模型为

$$\dot{\varepsilon}_b = 0 \tag{6-23}$$

$$\dot{\varepsilon}_r = -\frac{1}{T_r}\varepsilon_r + \omega_r \tag{6-24}$$

其中，T_r 为相关时间；ω_r 为驱动白噪声，其方差为 σ_r^2。

6.3.2　加速度计仿真器

1．加速度计模型的理想输出量

加速度计测量的量是比力。在 n 系中，比力和机体相对于地球加速度之间的关系可以表示为[3]

$$f^n = C_t^n a^t + (2\omega_{ie}^n + \omega_{en}^n) \times V^n + g^n \tag{6-25}$$

其中，a^t 为机体相对于地球的加速度在 t 系中的投影；C_t^n 为 t 系与 n 系的转换矩阵；$\omega_{en}^n \times V^n$ 为机体相对于地球的自转所引起的向心加速度；$2\omega_{ie}^n \times V^n$ 为机体相对地球的速度与地球自转角速度二者间的相互影响而形成的科氏加速度；g^n 为地球的重力加速度在 n 系的投影。

a^t 与 V^n 可以从飞行轨迹数据中获得；ω_{ie}^n、ω_{en}^n 可以通过飞行轨迹数据中的水平

速度、纬度和高度计算出；通过姿态角可以计算出转换矩阵 C_t^n 与 C_n^b；利用式(6-25)计算出导航坐标系下的比力 f^n，再将其与转换矩阵 C_n^b 相乘就可以得到载体坐标系下的比力为

$$f^b = C_n^b f^n \tag{6-26}$$

其中，f^b 为加速度计模型的理想输出。

2．加速度计仿真器的数学模型

加速度计输出的测量值包含误差，因此输出方程[4]如下

$$\bar{f}^b = f^b + v_a^b \tag{6-27}$$

其中，$\bar{f}^b$ 为加速度计实测比力；v_a^b 为误差。

比力 f^b 可以由前面所提到的方法求出，在仿真过程中，加速度计误差 v_a^b 的计算公式为

$$v_a^b = v_a + v_r + \omega_a \tag{6-28}$$

其中，v_a 为加速度计的零偏，即恒值误差；v_r 为一阶马尔可夫过程；ω_a 为白噪声。v_a、v_r 的数学模型为

$$\dot{v}_a=0 \tag{6-29}$$

$$\dot{v}_r = -\frac{1}{T_a} v_r + \omega_r \tag{6-30}$$

其中，T_a 为相关时间；ω_r 为驱动白噪声，其方差为 σ_a^2。

6.3.3 SINS 导航解算仿真器

在 SINS 导航解算仿真器内，可以利用仿真惯性传感器的输出作为解算仿真器的输入来进行 SINS 解算。

前面我们已经研究了基于四元数理论的捷联惯导解算算法，而在解算仿真器内，其解算具体流程除了经纬度与高程的计算之外，与基于四元数理论的捷联惯导解算算法基本一致，具体流程可以参照图 5.5，只需在姿态角速度计算与比力转换两步中将真实测量数据替换为仿真惯性传感器的仿真值即可，具体方法与公式可参考第 5 章相关部分内容。

按照 5.4.2 节所述，我们对经纬度、高程的求解是通过积分计算获取的，该方法在惯性传感单元不含噪声的理想输出下，其计算精度是很高的，在 6.4 节中也可以看到，当惯性传感单元仿真器的输出不含噪声时，按照这种积分计算的方法，解算

结果相当准确，但是在真实世界中，传感器的输出往往是含有噪声的，尽管经过了滤噪预处理，但仍有部分残留噪声会造成严重的积分累计误差，因此，我们在这里引入另一种导航位置计算方法，这种方法相比于之前的积分计算方法，更加适用于真实含噪的传感器输出下的捷联式惯导系统解算。

与之前介绍的方向余弦法描述两个坐标系间转换关系一致，我们可以描述出地球坐标系 e 与导航坐标系 n 之间的转换关系如下

$$C_e^n = \begin{bmatrix} -\sin L & \cos\lambda & 0 \\ -\sin L\cos\lambda & -\sin L\sin\lambda & \cos L \\ \cos L\cos\lambda & \cos L\sin\lambda & \sin L \end{bmatrix} \tag{6-31}$$

定义 C_e^n 中各元素为

$$C_e^n = \begin{bmatrix} C_{11} & C_{12} & C_{13} \\ C_{21} & C_{22} & C_{23} \\ C_{31} & C_{32} & C_{33} \end{bmatrix} \tag{6-32}$$

则由式(6-31)与式(6-32)可得经度 L、纬度 λ，即

$$\begin{cases} L = \arcsin C_{33} \\ \lambda = \arccos C_{12} \end{cases} \tag{6-33}$$

三角函数存在多值问题，因此这里仍需进行真值判定，其方法与姿态角真值判定方法一致。另外，我们注意到，该导航位置解算方法没有给出高程的求解公式，这是因为地球坐标系与导航坐标系的 z 轴实际上是重合的，都是指向天空的，即都是平行于地球自转轴指向北极的，因此两个坐标系在 z 轴上并未发生相对转动，也就无法求解高程的变化了，所以在一般真实应用情况下，高程值的计算往往通过气压数据等高度计来实现，而在本章的数字仿真系统中，我们对高程值的求解是按照 5.4.2 节所述的积分计算方法实现的。

捷联式惯导系统解算过程是一个迭代过程，因此要求解每一时刻的实时经纬度，需要不断计算更新方向余弦矩阵 C_e^n。

与之前的计算更新方法一致，我们首先给出解 C_e^n 所对应的微分方程，即

$$\dot{C}_e^n = C_e^n \Omega_{en}^n \tag{6-34}$$

其中

$$\Omega_{en}^n = \begin{bmatrix} 0 & -\omega_{enz}^n & \omega_{eny}^n \\ \omega_{enz}^n & 0 & -\omega_{enx}^n \\ -\omega_{eny}^n & \omega_{enx}^n & 0 \end{bmatrix} \tag{6-35}$$

是位置角速度 ω_{en}^{n} 组成的反对称矩阵。

接下来只需将式(6-34)展开并考虑 $\omega_{enz}^{n}=0$，根据给定的初始值 L_0、λ_0，即可解算该微分方程，进而确定中的元素值，即确定了导航参数。

6.3.4 误差处理器

当利用仿真惯性传感器的输出作为解算仿真器的输入完成 SINS 解算之后，就进入了整个数字仿真系统的最后一步，即误差处理。

在前面我们提到过，数字仿真实验的目的就是检验软件算法的性能、确定系统硬件的选取与设计等，而要达到该目的必然离不开误差的处理。

在仿真系统中，我们将由 SINS 导航解算仿真器解算出的包含误差的导航参数信息与之前飞行轨迹发生器产生的精确参考航迹及相关导航参数进行对比，从而得出计算所得的位置、速度和姿态角等导航参数的误差曲线，进而验证了解算算法的正确性与准确性。

6.4 数字仿真系统的 MATLAB 建模及实现

6.4.1 数据的模拟生成

我们选用 MATLAB(V2012b)软件作为仿真实验平台。首先按照 6.2 节所述方法进行飞行轨迹数据产生，仿真飞行轨迹如图 6.2 所示。

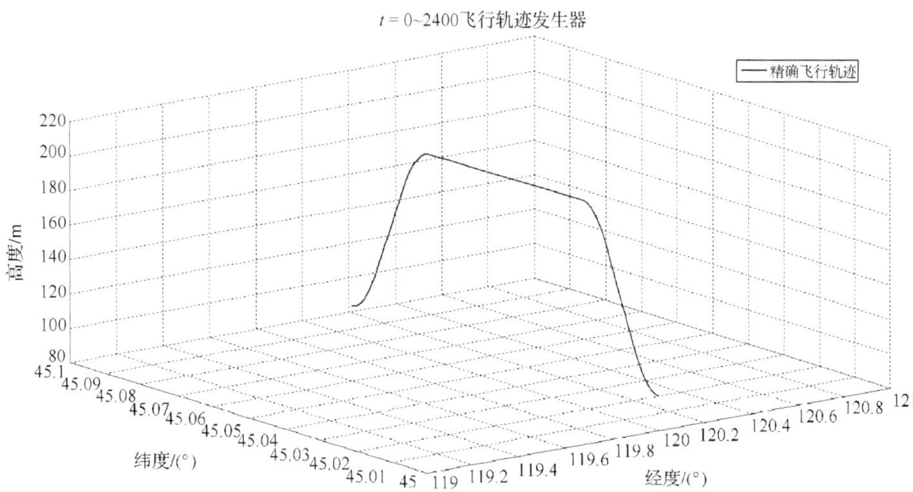

图 6.2　仿真飞行轨迹数据

接下来我们尝试按照 6.3 节所提到仿真器的设计步骤来完成整个解算算法，

经解算产生的轨迹如图 6.3 所示，可以看到，由于仿真惯性传感器的输出为不含噪声的理想输出，SINS 解算所得轨迹非常精确，已大致完全和仿真飞行轨迹重合。

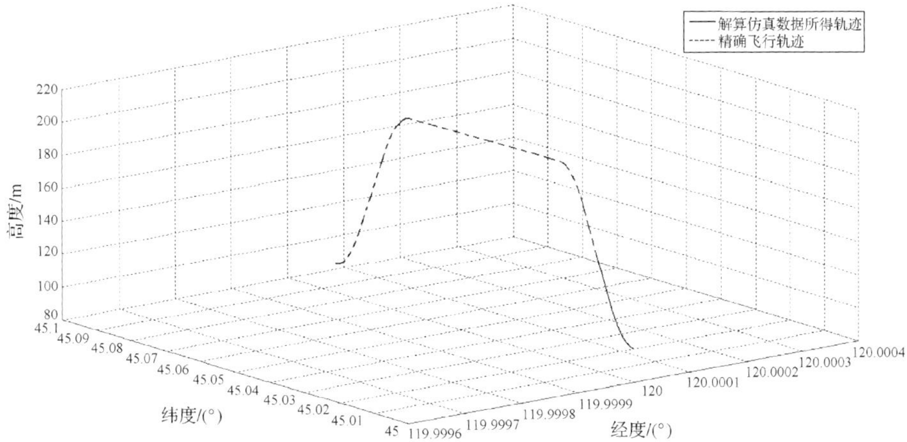

图 6.3　仿真 SINS 解算轨迹

最后我们再将 SINS 解算所得的轨迹与飞行轨迹发生器模拟产生的参考航迹进行误差分析，得到的位置信息的误差结果如图 6.4 所示，可以看到，经纬度及高度误差都很小，说明该仿真解算的精度非常高。

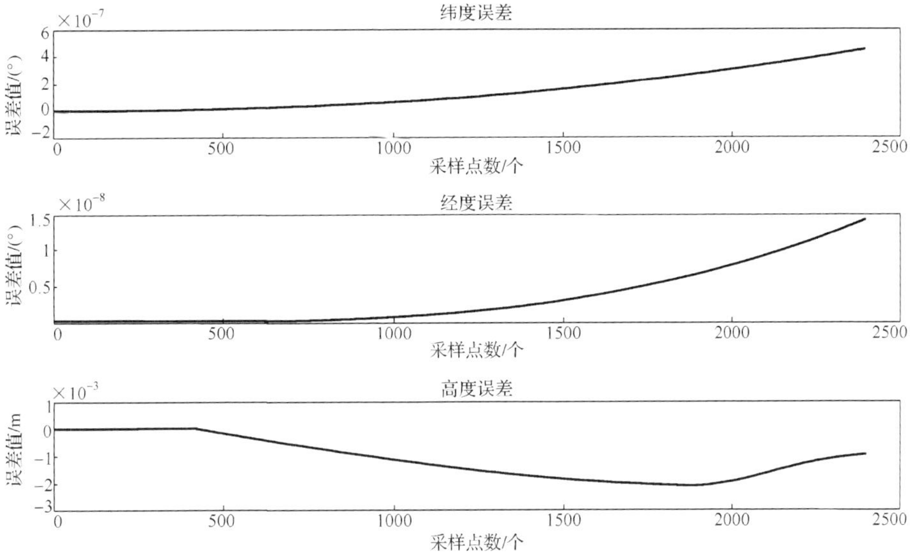

图 6.4　仿真实验位置信息误差处理

6.4.2　Kalman 滤波器在含噪捷联式惯导系统解算中的应用

捷联惯导解算算法的精度受多方面因素影响，常见的误差源包括恒值误差、自身漂移、抖动偏差及刻度因子不稳定等，这些误差在捷联惯导系统的解算过程中随着积分计算的积累，将会对解算的导航参数结果造成一定的误差，因此，对传感器误差的建模与估计就显得非常关键了。

在捷联惯导系统中，要想提高导航精度，通常从硬件设计与软件设计两方面着手，一方面在硬件工艺与物理结构上提升传感器信号的稳定性并减小恒值误差，另一方面采用相应的补偿滤波算法对传感器信号的漂移误差等进行标定与滤除。但受限于微电子与精密机械行业技术的发展，要从硬件设计方面着手提高精度势必会大幅增加成本与功耗，因此，在传感器精度不足的情况下，必须引入一定的软件算法来提高传感信号的精度。

常见的补偿滤波算法有滑动平均窗口滤波、特征互补滤波等，但它们都是离线处理方法，为了实现在线实时地对传感信号进行补偿滤波算法处理，在本书中选择使用在线滤波算法——Kalman 滤波。

本节我们将在陀螺仪仿真器与加速度计仿真器的理想输出数据上加入一定的噪声，再使用基于自适应参数机动目标模型的 Kalman 滤波器，来对含噪惯性传感仿真器输出的数据解算过程中速度微分方程所求出的加速度进行滤波，之后将该加速度数据用于各个导航参数，如速度、位置、姿态角的求解，最后将经过滤波处理的解算所得导航参数与未经滤波处理的解算所得导航参数进行对比，验证基于自适应参数机动目标模型的 Kalman 滤波器在含噪捷联式惯导系统解算中的性能。

首先，我们产生如图 6.2 所示的飞行轨迹数据，作为原始飞行轨迹。

其次，我们在加速度计仿真器与陀螺仪仿真器的理想输出上加入均值为 0，方差为 0.0001 的高斯白噪声，再进行 SINS 解算，得到的解算轨迹如图 6.5 所示，其解算误差结果如图 6.6 所示，可以看到，由于噪声干扰，其解算精度大大下降，尽管从图 6.6 来看，误差量级非常小，但是由于单位经纬度所对应的实际地理距离非常远，例如，经度 1° 就对应 111km，所以该误差实际上是很大的。

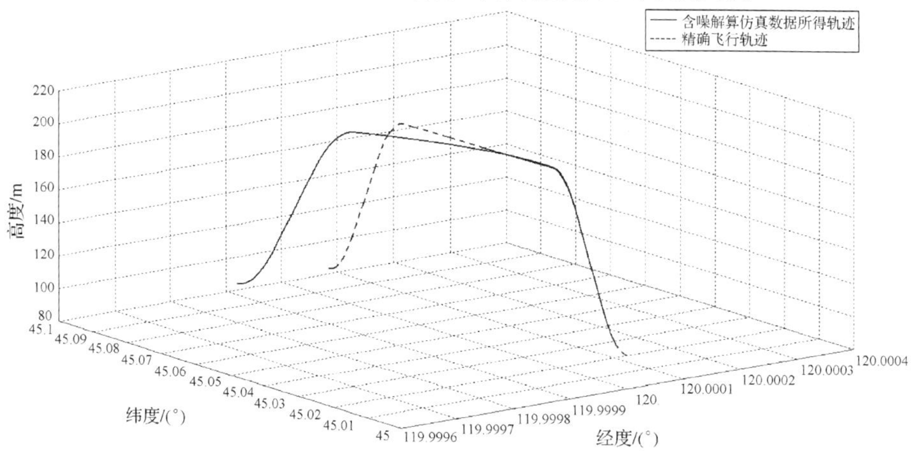

图 6.5　含噪仿真 SINS 解算轨迹

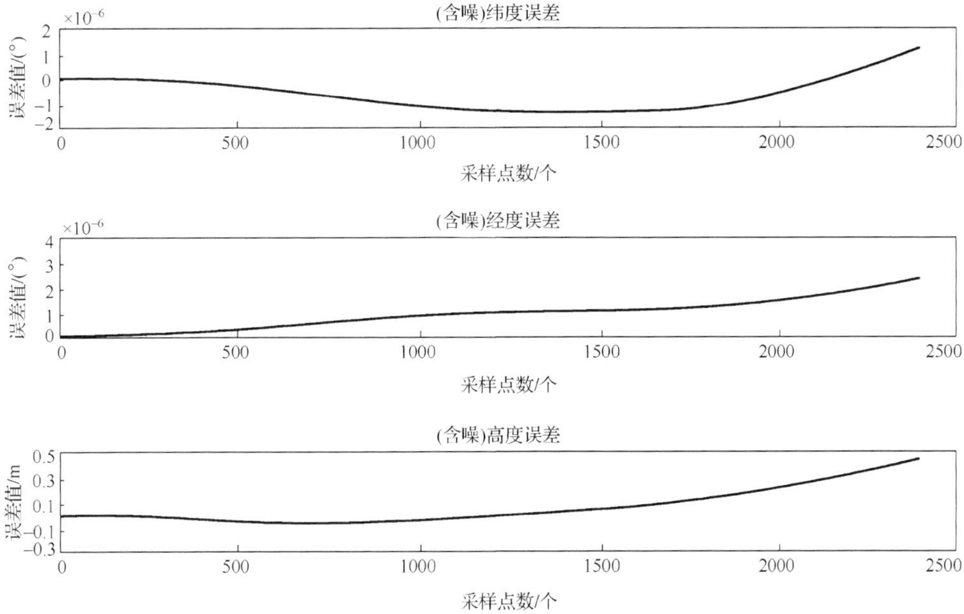

图 6.6　含噪仿真实验位置信息误差处理

此时，在误差处理器中加入基于自适应参数机动目标模型的 Kalman 滤波器，对由惯性传感单元输出的含噪声的仿真数据进行解算的过程中所得到的三轴加速度，进行基于自适应参数机动目标模型的 Kalman 滤波处理，然后用经过滤噪处理的数据继续下面的解算，最终得到了一条经过 Kalman 滤波处理的解算轨迹结果，如图 6.7 所示，可以看到经过 Kalman 滤波处理后，其解算误差明显减小，滤波后解算仿真数据所得轨迹基本已和原精确飞行轨迹重合，其位置信息误差处理结果如图 6.8 所示。

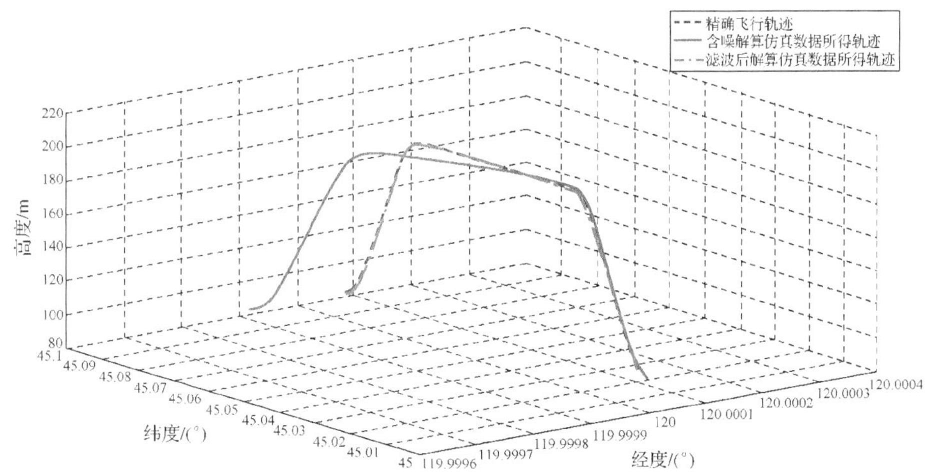

图 6.7　滤波后仿真 SINS 解算所得轨迹

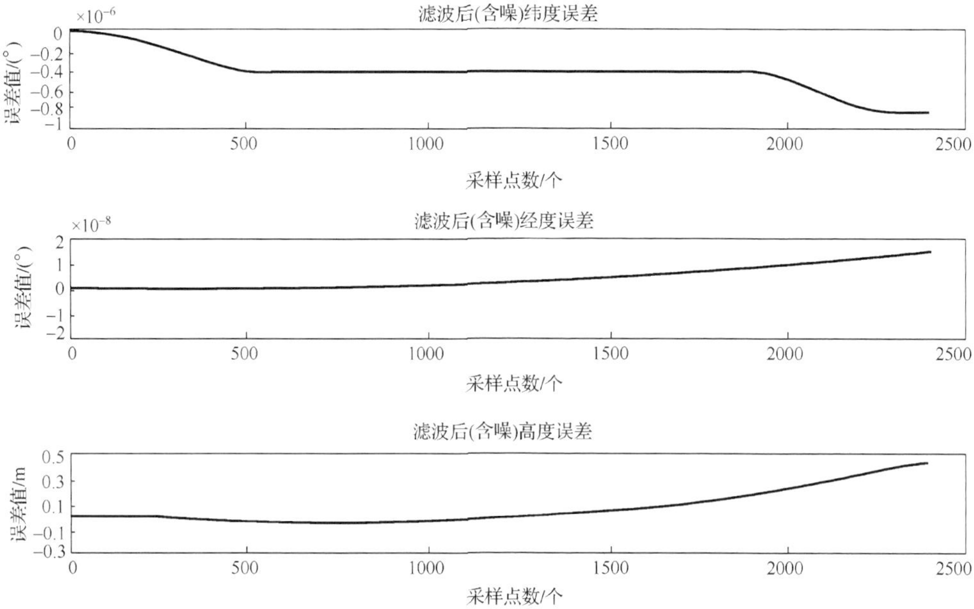

图 6.8　滤波后含噪仿真实验位置信息误差处理

最后，我们可以通过表 6.1 总结在各种情况下的经纬度、高程误差信息变化情况。

表 6.1　各种情况下误差信息对比

解算方法	纬度误差/(°)	经度误差/(°)	高度误差/m
测量数据不含噪声的解算方法	10^{-7}	10^{-9}	10^{-3}
测量数据含噪声的解算方法	$10^{-6}\sim10^{-5}$	$10^{-7}\sim10^{-6}$	10^{-1}
测量数据含噪声的采样滤波后的解算方法	10^{-7}	$10^{-9}\sim10^{-8}$	10^{-1}

由图 6.8 与表 6.1 我们可以看到，在对含噪声的惯性单元仿真器数据进行解算与滤波处理后，得到的位置信息中经度与纬度的误差量级发生了改变，这说明使用基于自适应参数机动目标模型的 Kalman 滤波器对解算过程中的含噪加速度数据进行滤波是非常有益的。

与此同时，我们也看到，滤波后高程值仍然存在一定的误差，经过分析可知，其存在误差的主要原因在于尽管滤波器滤除了大部分噪声，但仍然存在残留噪声并对解算过程造成了一定的影响。在该仿真实验系统中，与 5.4.2 节中所提到的经纬度的求解方法略有不同，经纬度的求解是按照 6.3.3 节中提到的导航位置计算方法，即通过导航位置微分方程计算更新 C_e^n 转换矩阵，然后求解反三角函数得到的，而该 C_e^n 矩阵中不含高程值，因此其求解仍是通过对高程变化率求积分而得，积分求解导航参数的方法在传感器输出不含噪声的情况下是可行的，例如，图 6.3 与图 6.4 中的高程就是通过该方法求得的，可以看到误差非常小，但是若在含噪情况下进行积分运算，即使很小的误差也会导致较大的积分累积误差，因此出现了如图 6.8 所示的结果。正是由于上述原因，在现实中航空航天等工程具体应用上，一般不单独采用对垂直方向加速度计输出进行积分来取得高程值，而是通过高度计(如气压式高度表、无线电高度表、大气数据系统等)的信息对惯导系统的高程值进行阻尼。

6.5　小　　结

本章首先介绍了基于 MATLAB 平台的捷联式惯导系统数字仿真实验原理，然后针对其主要组成部分，如飞行轨迹发生器、惯导元件仿真器、解算仿真器、误差处理器等进行了详细论述，并给出了求解方法与仿真实验结果。

最后结合之前介绍的在线最优估计理论 Kalman 滤波算法在含噪捷联式惯导系统仿真解算中的应用，验证了基于自适应参数机动目标模型的 Kalman 滤波器的滤噪性能，为第 7 章的基于多传感器的移动轨迹重建系统实验设计部分奠定了理论基础。

本章程序

```
%初值设定
re=6378393;        %Re 为地球长半轴
e=1/298.3;         %地球椭圆度

%%%%%%飞行轨迹发生器%%%%%%%%%%%%
tf=1*200;          %总时间为 tf*12，即整个轨迹的飞行时间为 2400
delt=0.02;         %仿真步长为 0.02s

for t=1:tf         %在 1～200 时间段内仿真轨迹为飞机爬升
    l(1)=120*pi/180;       %经度初值
    al(1)=45*pi/180;       %纬度初值
    h(1)=100;              %高度初值
    v(:,1)=[0;200;0];      %初始速度，以 y 为前进方向
    y(1)=0;                %俯仰角初值
    y0(t)=pi/200;          %俯仰角角速度
    y(t+1)=y(t)+y0(t)*delt;  %俯仰角变化
    at(:,t)=[0;0;y0(t)*v(2,t)];
    %(轨迹坐标系 t 中)飞机爬升或俯冲时的加速度
    %x、y 轴为 0，z 轴等于俯仰角角速度与 y 轴速度之积
    a(:,t)=[1,0,0;0,cos(y(t)),-sin(y(t));0,sin(y(t)),cos(y(t))]
      *at(:,t);
 %(轨迹水平坐标系 h 中)的加速度，该 3×3 矩阵即为 Cth，h 为 t 在水平面上的投影
```

```
    v(1,t+1)=v(1,t)+a(1,t)*delt;      %x 方向速度
    v(2,t+1)=v(2,t)+a(2,t)*delt;      %y 方向速度
    v(3,t+1)=v(3,t)+a(3,t)*delt;      %z 方向速度
    rn(t+1)=re*(1-2*e+3*e*sin(al(t))^2);      %子午圈曲率半径变化
    rm(t+1)=re*(1+e*sin(al(t))^2);            %卯酉圈曲率半径变化
    al(t+1)= al(t)+v(2,t+1)./(rn(t+1)+h(t))*delt;          %纬度变化
    l(t+1)= l(t)+v(1,t+1)./(rm(t+1)+h(t))./cos(al(t))*delt;  %经度变化
    h(t+1)=h(t)+v(3,t+1)*delt;        %高度变化
end

for t=tf+1:tf*2       %在 201～400 时间段内以恒定俯仰角斜向上匀速飞行
    y0(t)=0;          %俯仰角角速度初值为 0
    y(t)=y(tf);       %俯仰角恒定为 t=200 时的值
    at(:,t)=[0;0;0];  %轨迹坐标系 t 系中的加速度为 0
    a(:,t)=at(:,t);     %轨迹水平坐标系 h 中加速度与 t 中相同
    v(1,t+1)=v(1,t)+a(1,t)*delt;      %x 方向速度
    v(2,t+1)=v(2,t)+a(2,t)*delt;      %y 方向速度
    v(3,t+1)=v(3,t)+a(3,t)*delt;      %z 方向速度
    rn(t+1)=re*(1-2*e+3*e*sin(al(t))^2);%子午圈曲率半径变化
    rm(t+1)=re*(1+e*sin(al(t))^2);  %卯酉圈曲率半径变化
    al(t+1)= al(t)+v(2,t+1)./(rn(t+1)+h(t))*delt;          %纬度变化
    l(t+1)= l(t)+v(1,t+1)./(rm(t+1)+h(t))./cos(al(t))*delt;  %经度变化
    h(t+1)=h(t)+v(3,t+1)*delt;  %高度变化
end

for t=tf*2:tf*3       %在 400～600 时间段内俯冲改平，降低俯仰角至水平
    y0(t)=-pi/200;    %俯仰角速度初值为-pi/200(向下为负，向上为正)
    y(t+1)=y(t)+y0(t)*delt;        %俯仰角变化(呈递减状态)
    at(:,t)=[0;0;y0(t)*v(2,t)];
    %轨迹坐标系 t 中的加速度值，俯冲状态下，x、y 轴为 0，z 轴加速度等于俯仰角
    %角速度与 y 轴速度之积
    a(:,t)=[1,0,0;0,cos(y(t)),-sin(y(t));0,sin(y(t)),cos(y(t))]*
      at(:,t);
    %(轨迹水平坐标系 h 中)的加速度，该 3×3 矩阵即为 Cth，h 为 t 在水平面上
    %的投影
    v(1,t+1)=v(1,t)+a(1,t)*delt;      %x 方向速度
    v(2,t+1)=v(2,t)+a(2,t)*delt;      %y 方向速度
    v(3,t+1)=v(3,t)+a(3,t)*delt;      %z 方向速度
    rn(t+1)=re*(1-2*e+3*e*sin(al(t))^2);  %子午圈曲率半径变化
```

```
    rm(t+1)=re*(1+e*sin(al(t))^2);  %卯酉圈曲率半径变化
    al(t+1)=al(t)+v(2,t+1)./(rn(t+1)+h(t))*delt;  %纬度变化
    l(t+1)=l(t)+v(1,t+1)./(rm(t+1)+h(t))./cos(al(t))*delt;%经度变化
    h(t+1)=h(t)+v(3,t+1)*delt;  %高度变化
end

for t=tf*3+1:tf*9    %在 601～1800 时间段内水平向前匀速飞行
    at(:,t)=[0;0;0];  %轨迹坐标系 t 中加速度均为 0
    a(:,t)=at(:,t);    %轨迹水平坐标系 h 中也为 0
    v(:,t)=v(:,tf*3+1);  %速度不变
    v(1,t+1)=v(1,t)+a(1,t)*delt;      %x 方向速度
    v(2,t+1)=v(2,t)+a(2,t)*delt;      %y 方向速度
    v(3,t+1)=v(3,t)+a(3,t)*delt;      %z 方向速度
    y0(t)=0; %俯仰角角速度初值为 0
    y(t)=y(tf*3+1);  %俯仰角保持 t=601 时刻，即水平
    rn(t+1)=re*(1-2*e+3*e*sin(al(t))^2);  %子午圈曲率半径变化
    rm(t+1)=re*(1+e*sin(al(t))^2);  %卯酉圈曲率半径变化
    al(t+1)= al(t)+v(2,t+1)./(rn(t+1)+h(t))*delt;  %纬度变化
    l(t+1)= l(t)+v(1,t+1)./(rm(t+1)+h(t))./cos(al(t))*delt;  %经度变化
    h(t+1)=h(t)+v(3,t)*delt;  %高度变化
end

for t=tf*9:tf*10    %在 1800～2000 时间段内降低俯仰角，进入俯冲姿态
    y0(t)=-pi/200;  %俯仰角速度初值为负的 pi/200，向下为负，向上为正
    y(t+1)=y(t)+y0(t)*delt;  %俯仰角变化，呈递减状态
    at(:,t)=[0;0;y0(t)*v(2,t)];  %轨迹坐标系 t 中的加速度值，俯冲状态下，
      %x、y 轴为 0，z 轴加速度等于俯仰角角速度与 y 轴速度之积
    a(:,t)=[1,0,0;0,cos(y(t)),-sin(y(t));0,sin(y(t)),cos(y(t))]*
      at(:,t);
    %(轨迹水平坐标系 h 中)的加速度，该 3×3 矩阵即为 cth，h 为 t 在水平面
    %上的投影
    v(1,t+1)=v(1,t)+a(1,t)*delt;      %x 方向速度
    v(2,t+1)=v(2,t)+a(2,t)*delt;      %y 方向速度
    v(3,t+1)=v(3,t)+a(3,t)*delt;      %z 方向速度
    rn(t+1)=re*(1-2*e+3*e*sin(al(t))^2);  %子午圈曲率半径变化
    rm(t+1)=re*(1+e*sin(al(t))^2);  %卯酉圈曲率半径变化
    al(t+1)= al(t)+v(2,t+1)./(rn(t+1)+h(t))*delt;  %纬度变化
    l(t+1)= l(t)+v(1,t+1)./(rm(t+1)+h(t))./cos(al(t))*delt;%经度变化
    h(t+1)=h(t)+v(3,t+1)*delt;  %高度变化
```

```
end
for t=tf*10+1:tf*11  %在 2001～2200 时间段内保持俯仰角俯冲向下匀速飞行
    y0(t)=0;  %俯仰角角速度初值为 0
    y(t)=y(tf*10+1);   %俯仰角恒定，为 t=2001 时刻的值
    at(:,t)=[0;0;0];  %轨迹坐标系 t 中的加速度值为 0
    a(:,t)=at(:,t);    %轨迹水平坐标系 h 中的加速度值为 0
    v(1,t+1)=v(1,t)+a(1,t)*delt;      %x 方向速度
    v(2,t+1)=v(2,t)+a(2,t)*delt;      %y 方向速度
    v(3,t+1)=v(3,t)+a(3,t)*delt;      %z 方向速度
    rn(t+1)=re*(1-2*e+3*e*sin(al(t))^2);  %子午圈曲率半径变化
    rm(t+1)=re*(1+e*sin(al(t))^2);  %卯酉圈曲率半径变化
    al(t+1)= al(t)+v(2,t+1)./(rn(t+1)+h(t))*delt;  %纬度变化
    l(t+1)= l(t)+v(1,t+1)./(rm(t+1)+h(t))./cos(al(t))*delt;%经度变化
    h(t+1)=h(t)+v(3,t+1)*delt;  %高度变化
end

for t=tf*11:tf*12  %在 2200～2400 时间段内俯冲改平，增大俯仰角
    y0(t)=pi/200;  %俯仰角角速度初值
    y(t+1)=y(t)+y0(t)*delt;  %俯仰角变化
    at(:,t)=[0;0;y0(t)*v(2,t)];  %轨迹坐标系 t 中的加速度值
    a(:,t)=[1,0,0;0,cos(y(t)),-sin(y(t));0,sin(y(t)),cos(y(t))]*
      at(:,t);  %轨迹水平坐标系 h 中的加速度值
    v(1,t+1)=v(1,t)+a(1,t)*delt;      %x 方向速度
    v(2,t+1)=v(2,t)+a(2,t)*delt;      %y 方向速度
    v(3,t+1)=v(3,t)+a(3,t)*delt;      %z 方向速度
    rn(t+1)=re*(1-2*e+3*e*sin(al(t))^2);  %子午圈曲率半径变化
    rm(t+1)=re*(1+e*sin(al(t))^2);  %卯酉圈曲率半径变化
    al(t+1)= al(t)+v(2,t+1)./(rn(t+1)+h(t))*delt;  %纬度变化
    l(t+1)= l(t)+v(1,t+1)./(rm(t+1)+h(t))./cos(al(t))*delt;  %经度变化
    h(t+1)=h(t)+v(3,t+1)*delt;  %高度变化
end

%%%%%%%%%%%%惯性传感单元仿真器%%%%%%%%%%%%
%%%%%%理想输出捷联式惯导解算%%%%%%
%加速度计输出，陀螺仪输出及捷联式惯导系统输出
w=15.04107*pi/180/3600;  %地球自转角速率
vv(:,1)=v(:,1);       %速度为三维向量[0 200 0]
l0(1)=120*pi/180;   %经度初值
```

```
a0(1)=45*pi/180;     %纬度初值
h0(1)=100;%高程初值
for t=1:tf*12
   g(t)=9.7803+0.051799*sin(al(t))^2-(0.94114e-10)*h(t);%重力加速度
   rn(t)=re*(1-2*e+3*e*sin(al(t))^2);    %子午圈曲率半径变化
   rm(t)=re*(1+e*sin(al(t))^2);  %卯酉圈曲率半径变化
   wie(1,t)=0;    %地球角速度在 n 系中的投影, w 为地球自转角速度
   wie(2,t)=w*cos(al(t));
   wie(3,t)=w*sin(al(t));
   %wie=[wie(1,t);wie(2,t);wie(3,t)];
   wen(1,t)=-v(2,t)./(rn(t)+h(t));    %位置角速度在 n 系中的投影
   wen(2,t)=v(1,t)./(rm(t)+h(t));
   wen(3,t)=v(1,t)./(rm(t)+h(t)).*tan(al(t));
   ww=(2*wie+wen);
   ctn(:,:,t)=[1,0,0;0,cos(y(t)),-sin(y(t));0,sin(y(t)),cos(y(t))];
                                  %由轨迹坐标系 t 至导航坐标系 n 的旋转矩阵
   cnb(:,:,t)=ctn(:,:,t)';
   %将 ctn 转置得到 cnb,由导航坐标系 n 系转至载体坐标系 b 的旋转矩阵, 当仅
         %俯仰角变化时, b 系与 t 系实际上是相同的, 因此
   cnb=cnt=ctn'
   fn(:,t)=ctn(:,:,t)*at(:,t)+[0,-ww(3,t),ww(2,t);ww(3,t),0,-ww(1,t);
          -ww(2,t),ww(1,t),0]*v(:,t)+[0;0;g(t)];
   %导航坐标系 n 系中的比力与机体相对地球加速度之间的关系
   %%%%%%不加入噪声的理想输出
   fb(:,t)=cnb(:,:,t)*fn(:,t);
   %由导航坐标系 n 系转至载体坐标系 b 系下的比力 fb 即为加速度计模型的理想输出
   wib(:,t)=cnb(:,:,t)*([y0(t);0;0]+wen(:,t)+wie(:,t));
         %陀螺仪仿真器的理想输出为 wib
   %%%%%%加入噪声的含噪输出
   fb(:,t)=cnb(:,:,t)*fn(:,t)+randn(3,1)*sqrt(0.0001);
   %由导航坐标系 n 系转至载体坐标系 b 系下的比力,fb 为加速度计模型的理想
   %输出,产生方差为 0.0001、均值为 0 的噪声
   wib(:,t)=cnb(:,:,t)*([y0(t);0;0]+wen(:,t)+wie(:,t))+randn(3,1)*
         sqrt(0.0001);   %陀螺仪仿真器的理想输出为 wib


   %姿态矩阵初值
   T(:,:,1)=ctn(:,:,1);  %该旋转矩阵 T 为 cbn 由 b 系转到 n 系
   fn(:,t)=T(:,:,t)*fb(:,t);  %求得比力 fb 在 n 系中的投影 fn
   dvv(1,t)=fn(1,t)+(2*w*sin(a0(t))+vv(1,t).*tan(a0(t))./(rm(t)+h(t))).
```

```
    *vv(2,t)-(2*w*cos(a0(t))+vv(1,t)./(rm(t)+h(t))).*vv(3,t);
%速度微分方程，对速度求微分，得到加速度 dvv
dvv(2,t)=fn(2,t)-(2*w*sin(a0(t))+vv(1,t).*tan(a0(t))./(rm(t)+h(t))).
    *vv(1,t)-vv(2,t).*vv(3,t)./(rn(t)+h(t));
dvv(3,t)=fn(3,t)+(2*w*cos(a0(t))+vv(1,t)./(rm(t)+h(t))).*vv(1,
    t)+vv(2,t).*vv(2,t)./(rn(t)+h(t))-g(t);
vv(1,t+1)=vv(1,t)+dvv(1,t)*delt;%利用解微分方程得到的加速度求解三轴速度
vv(2,t+1)=vv(2,t)+dvv(2,t)*delt;
vv(3,t+1)=vv(3,t)+dvv(3,t)*delt;
wep(:,t)=[-vv(2,t)/(rn(t)+h0(t));vv(1,t)/(rm(t)+h0(t));vv(1,t)
    *tan(a0(t))/(rm(t)+h0(t))];  %位置角速度方程
wpb(:,t)=wib(:,t)-inv(T(:,:,t))*(wep(:,t)+wie(:,t));
%wpb 为姿态角速度，其中 inv T 为姿态矩阵 cbn，T 是 cnb
c(:,:,1)=[-sin(l0(1)),cos(l0(1)),0;-sin(a0(1))*cos(l0(1)),-sin
    (a0(1))*sin(l0(1)),cos(a0(1));cos(a0(1))*cos(l0(1)),cos(a0(1))
    *sin(l0(1)),sin(a0(1))];  %从 e 系转到 n 系的方向余弦矩阵 cen
dc(:,:,t)=[0,wep(3,t),-wep(2,t);-wep(3,t),0,wep(1,t);wep(2,t),
    -wep(1,t),0]*c(:,:,t);
%cen 所对应的微分方程，其中该矩阵为位置角速率组成的反对称阵，dc 为 cen
%的一阶导数
c(:,:,t+1)=c(:,:,t)+dc(:,:,t)*delt;
a0(t+1)=asin(c(3,3,t+1));
%求得每一时刻经纬度、高程的变化，需进行反三角函数多值问题判断
if c(3,1,t+1)>0
   l0(t+1)=atan(c(3,2,t+1)/c(3,1,t+1));
   elseif c(3,2,t+1)>0
      l0(t+1)=atan(c(3,2,t+1)/c(3,1,t+1))+pi;
   else
      l0(t+1)=atan(c(3,2,t+1)/c(3,1,t+1))-pi;
end
h0(t+1)=h0(t)+vv(3,t+1)*delt;

%四元数更新计算
if T(3,2,1)>T(2,3,1) %求四元数初值
    q1(1)=0.5*sqrt(1+T(1,1,1)-T(2,2,1)-T(3,3,1));
  else
    q1(1)=-(0.5*sqrt(1+T(1,1,1)-T(2,2,1)-T(3,3,1)));
  end
```

```
  if T(1,3,1)>T(3,1,1)
      q2(1)=0.5*sqrt(1-T(1,1,1)+T(2,2,1)-T(3,3,1));
    else
      q2(1)=-(0.5*sqrt(1-T(1,1,1)+T(2,2,1)-T(3,3,1)));
  end
  if T(2,1,1)>T(1,2,1)
      q3(1)=0.5*sqrt(1-T(1,1,1)-T(2,2,1)+T(3,3,1));
    else
      q3(1)=-(0.5*sqrt(1-T(1,1,1)-T(2,2,1)+T(3,3,1)));
  end
  q0(1)=sqrt(1-q1(1)^2-q2(1)^2-q3(1)^2);
  Q(:,t)=[q0(t);q1(t);q2(t);q3(t)]; %Q 为四元数
  dQ(:,t)=0.5*[0,-wpb(1,t),-wpb(2,t),-wpb(3,t);
                                %四元数微分方程 dQ 为 Q 的一阶导数
  wpb(1,t),0,wpb(3,t),-wpb(2,t);
  wpb(2,t),-wpb(3,t),0,wpb(1,t);
  wpb(3,t),wpb(2,t),-wpb(1,t),0]*Q(:,t);
  Q(:,t+1)=Q(:,t)+dQ(:,t)*delt;%更新四元数，采用的方法是直接解四元数方程
  q0(t+1)=Q(1,t+1)/(sqrt(Q(1,t+1)^2+Q(2,t+1)^2+Q(3,t+1)^2+Q(4,t
  +1)^2));
  q1(t+1)=Q(2,t+1)/(sqrt(Q(1,t+1)^2+Q(2,t+1)^2+Q(3,t+1)^2+Q(4,t
  +1)^2));
  q2(t+1)=Q(3,t+1)/(sqrt(Q(1,t+1)^2+Q(2,t+1)^2+Q(3,t+1)^2+Q(4,t
  +1)^2));
  q3(t+1)=Q(4,t+1)/(sqrt(Q(1,t+1)^2+Q(2,t+1)^2+Q(3,t+1)^2+Q(4,t
  +1)^2));
  T(:,:,t+1)=[q0(t+1)^2+q1(t+1)^2-q2(t+1)^2-q3(t+1)^2,2*(q1(t+1)
  *q2(t+1)-q0(t+1)*q3(t+1)),2*(q1(t+1)*q3(t+1)+q0(t+1)*q2(t+1));
                                            %更新四元数姿态矩阵
      2*(q1(t+1)*q2(t+1)+q0(t+1)*q3(t+1)),q0(t+1)^2-q1(t+1)^2+q2
        (t+1)^2-q3(t+1)^2,2*(q2(t+1)*q3(t+1)-q0(t+1)*q1(t+1));
      2*(q1(t+1)*q3(t+1)-q0(t+1)*q2(t+1)),2*(q2(t+1)*q3(t+1)+q0(t+1)
        *q1(t+1)),q0(t+1)^2-q1(t+1)^2-q2(t+1)^2+q3(t+1)^2];
end

%%%%%%%%%%%%%惯性传感单元仿真器%%%%%%%%%%%%%
%%%%%%加入 Kalman 的含噪捷联式惯导系统解算%%%%%%
%%%%目的是在惯性传感单元的输出均含有噪声时，验证 Kalman 滤波是否存在对解算
```

```
%%%%精度的影响
Kalman_l0(1)=120*pi/180;    %经度初值
Kalman_a0(1)=45*pi/180;     %纬度初值
Kalman_h0(1)=100;           %高程初值
for t= 1:tf*12
   g(t)=9.7803+0.051799*sin(al(t))^2-(0.94114e-10)*h(t); %重力加速度
   rn(t)=re*(1-2*e+3*e*sin(al(t))^2);  %子午圈曲率半径变化
   rm(t)=re*(1+e*sin(al(t))^2); %卯酉圈曲率半径变化
   wie(1,t)=0; %地球角速度在 n 系中的投影，w 为地球自转角速度
   wie(2,t)=w*cos(al(t));
   wie(3,t)=w*sin(al(t));
   %wie=[wie(1,t);wie(2,t);wie(3,t)];
   wen(1,t)=-v(2,t)./(rn(t)+h(t));   %位置角速度在 n 系中的投影
   wen(2,t)=v(1,t)./(rm(t)+h(t));
   wen(3,t)=v(1,t)./(rm(t)+h(t)).*tan(al(t));
   ww=(2*wie+wen);
   ctn(:,:,t)=[1,0,0;0,cos(y(t)),-sin(y(t));0,sin(y(t)),cos(y(t))];
                                              %由 t 系至 n 系的旋转矩阵
   cnb(:,:,t)=ctn(:,:,t)';
   %将 Ctn 转置得到 Cnb,由导航坐标系 n 系转至载体坐标系 b 系的旋转矩阵,当仅
   %俯仰角变化时，b 系与 t 系实际上是相同的，因此 cnb=cnt=ctn'
   fn(:,t)=ctn(:,:,t)*at(:,t)+[0,-ww(3,t),ww(2,t);ww(3,t),0,-ww(1,t);
         -ww(2,t),ww(1,t),0]*v(:,t)+[0;0;g(t)];
         %导航坐标系 n 系中的比力与机体相对地球加速度之间的关系
   %%%加入噪声的仿真惯性传感单元输出
   fb(:,t)=cnb(:,:,t)*fn(:,t)+randn(3,1)*sqrt(0.0001);
   %由导航坐标系 n 系转至载体坐标系 b 系下的比力,fb 为加速度计模型的理想
   %输出,产生方差为 0.0001、均值为 0 的噪声
   wib(:,t)=cnb(:,:,t)*([y0(t);0;0]+wen(:,t)+wie(:,t))+randn(3,1)
         *sqrt(0.0001);  %陀螺仪仿真器的理想输出为 wib


   %捷联式惯导系统
   %姿态矩阵初值
   T(:,:,1)=ctn(:,:,1);  %该旋转矩阵 T 为 cbn 由 b 系转到 n 系
   fn(:,t)=T(:,:,t)*fb(:,t);  %求得比力 fb 在 n 系中的投影 fn
   dvv(1,t)=fn(1,t)+(2*w*sin(Kalman_a0(t))+vv(1,t).*tan(Kalman_a0(t)).
         /(rm(t)+Kalman_h0(t))).*vv(2,t)-(2*w*cos(Kalman_a0(t))
         +vv(1,t)./(rm(t)+Kalman_h0(t))).*vv(3,t);
                                  %速度微分方程，对速度求微分，得到加速度
```

```
dvv(2,t)=fn(2,t)-(2*w*sin(Kalman_a0(t))+vv(1,t).*tan(Kalman_a0(t)).
     /(rm(t)+Kalman_h0(t))).*vv(1,t)-vv(2,t).*vv(3,t)./(rn(t)
     +Kalman_h0(t));
dvv(3,t)=fn(3,t)+(2*w*cos(Kalman_a0(t))+vv(1,t)./(rm(t)+Kalman_
     h0(t))).*vv(1,t)+vv(2,t).*vv(2,t)./(rn(t)+Kalman_h0(t))-g(t);
Kalman_dvv(:,1)=dvv(:,1);
Kalman_vv(:,1)=[0 200 0];
Kalman_SS(:,1)=[0 0 0];
for i=1:3      %代表三个轴
   TT=0.02;
   R=0.0001;
   C=[0 0 1];
   a1=1/20;
   xamax=5;
   qq=(xamax)^2*(4-pi)/pi;
   Xe=[0 0 0 ;0 200 0;0 0 0];
   if i==1
      xe=Xe(:,1);
   end
   if i==2
      xe=Xe(:,2);
   end
   if i==3
      xe=Xe(:,3);
   end
  [RR0,RR1,xx1,xxe1,aa1,qq1,Ea1]=StartrackingModel(dvv(i,t),
        xe,a1,qq,TT,R,C);
   Kalman_dvv(i,t+1)=xx1(3,1);
   Kalman_vv(i,t+1)=xx1(2,1);
   Kalman_SS(i,t+1)=xx1(1,1);
end

Kalman_wep(:,t)=[-Kalman_vv(2,t)/(rn(t)+Kalman_h0(t));Kalman_
     vv(1,t)/(rm(t)+Kalman_h0(t));Kalman_vv(1,t)*tan(a0(t))/(rm(t)
     +Kalman_h0(t))];     %位置角速度方程
Kalman_wpb(:,t)=wib(:,t)-inv(T(:,:,t))*(Kalman_wep(:,t)+wie(:,t));
               %wpb 为姿态角速度，其中 inv T 为姿态矩阵 cbn，T 是 cnb
c(:,:,1)=[-sin(Kalman_l0(1)),cos(Kalman_l0(1)),0;-sin(Kalman_a0(1)
    )*cos(Kalman_l0(1)),-sin(Kalman_a0(1))*sin(Kalman_l0(1)),
```

```
    cos(Kalman_a0(1));cos(Kalman_a0(1))*cos(Kalman_l0(1)),
    cos(a0(1))*sin(Kalman_l0(1)),sin(Kalman_a0(1))];
                                        %从 e 系转到 n 系的方向余弦矩阵 cen
    Kalman_dc(:,:,t)=[0,Kalman_wep(3,t),-Kalman_wep(2,t);-Kalman
    _wep(3,t),0,Kalman_wep(1,t);Kalman_wep(2,t),-Kalman_wep(1,t),
        0]*c(:,:,t);
%cen 所对应的微分方程，其中该矩阵为位置角速率组成的反对称阵，dc 为 cen 的一阶导数
    c(:,:,t+1)=c(:,:,t)+Kalman_dc(:,:,t)*delt;
    Kalman_a0(t+1)=asin(c(3,3,t+1));
                  %求得每一时刻经纬度高程的变化，需进行反三角函数多值问题判断
    if c(3,1,t+1)>0
       Kalman_l0(t+1)=atan(c(3,2,t+1)/c(3,1,t+1));
    elseif c(3,2,t+1)>0
      Kalman_l0(t+1)=atan(c(3,2,t+1)/c(3,1,t+1))+pi;
    else
      Kalman_l0(t+1)=atan(c(3,2,t+1)/c(3,1,t+1))-pi;
    end
    Kalman_h0(t+1)=Kalman_h0(t)+vv(3,t+1)*delt;

    %四元数计算
    if T(3,2,1)>T(2,3,1)  %求四元数初值
       q1(1)=0.5*sqrt(1+T(1,1,1)-T(2,2,1)-T(3,3,1));
    else
       q1(1)=-(0.5*sqrt(1+T(1,1,1)-T(2,2,1)-T(3,3,1)));
    end
    if T(1,3,1)>T(3,1,1)
       q2(1)=0.5*sqrt(1-T(1,1,1)+T(2,2,1)-T(3,3,1));
    else
       q2(1)=-(0.5*sqrt(1-T(1,1,1)+T(2,2,1)-T(3,3,1)));
    end
    if T(2,1,1)>T(1,2,1)
       q3(1)=0.5*sqrt(1-T(1,1,1)-T(2,2,1)+T(3,3,1));
    else
       q3(1)=-(0.5*sqrt(1-T(1,1,1)-T(2,2,1)+T(3,3,1)));
    end
    q0(1)=sqrt(1-q1(1)^2-q2(1)^2-q3(1)^2);
    Q(:,t)=[q0(t);q1(t);q2(t);q3(t)]; %Q 为四元数
    dQ(:,t)=0.5*[0,-Kalman_wpb(1,t),-Kalman_wpb(2,t),-Kalman_wpb(3,t);
     %四元数微分方程 dQ 为 Q 的一阶导数
    Kalman_wpb(1,t),0,Kalman_wpb(3,t),-Kalman_wpb(2,t);
```

```
    Kalman_wpb(2,t),-Kalman_wpb(3,t),0,Kalman_wpb(1,t);
    Kalman_wpb(3,t),Kalman_wpb(2,t),-Kalman_wpb(1,t),0]*Q(:,t);
    Q(:,t+1)=Q(:,t)+dQ(:,t)*delt;%更新四元数，采用的方法是直接解四元数方程
    q0(t+1)=Q(1,t+1)/(sqrt(Q(1,t+1)^2+Q(2,t+1)^2+Q(3,t+1)^2+Q(4,t
    +1)^2));
    q1(t+1)=Q(2,t+1)/(sqrt(Q(1,t+1)^2+Q(2,t+1)^2+Q(3,t+1)^2+Q(4,t
    +1)^2));
    q2(t+1)=Q(3,t+1)/(sqrt(Q(1,t+1)^2+Q(2,t+1)^2+Q(3,t+1)^2+Q(4,t
    +1)^2));
    q3(t+1)=Q(4,t+1)/(sqrt(Q(1,t+1)^2+Q(2,t+1)^2+Q(3,t+1)^2+Q(4,t
    +1)^2));
    T(:,:,t+1)=[q0(t+1)^2+q1(t+1)^2-q2(t+1)^2-q3(t+1)^2,2*(q1(t+1)
    *q2(t+1)-q0(t+1)*q3(t+1)),2*(q1(t+1)*q3(t+1)+q0(t+1)*q2
        (t+1));     %更新四元数姿态矩阵

    2*(q1(t+1)*q2(t+1)+q0(t+1)*q3(t+1)),q0(t+1)^2-q1(t+1)^2+
        q2(t+1)^2-q3(t+1)^2,2*(q2(t+1)*q3(t+1)-q0(t+1)*q1(t+1));
      2*(q1(t+1)*q3(t+1)-q0(t+1)*q2(t+1)),2*(q2(t+1)*q3(t+1)+
       q0(t+1)*q1(t+1)),q0(t+1)^2-q1(t+1)^2-q2(t+1)^2+q3(t+1)^2];
end

%%%绘制飞行轨迹发生器产生的原始轨迹
plot3(l(:)/pi*180,al(:)/pi*180,h(:),'b--','LineWidth',2);
grid on;
title('t=0-2400 飞行轨迹发生器','fontsize',18);
xlabel('经度/度','fontsize',12),ylabel('纬度/度','fontsize',12),
    zlabel('高度/米','fontsize',12);
legend('精确飞行轨迹');

%%%绘制解算仿真数据所得轨迹
figure;
plot3(l0(:)/pi*180,a0(:)/pi*180,h0(:),'r-','LineWidth',2);
xlim([119.9996 120.0004]);
grid on;
hold on;
plot3(l(:)/pi*180,al(:)/pi*180,h(:),'b-','LineWidth',2);%%%真实轨迹
xlabel('经度/度','fontsize',12),ylabel('纬度/度','fontsize',12),
    zlabel('高度/米','fontsize',12);
legend('含噪解算仿真数据所得轨迹','精确飞行轨迹');
%%%绘制飞行轨迹发生器产生的真实飞行轨迹
```

```
hold off;
figure
plot3(l(:)/pi*180,al(:)/pi*180,h(:),'b--','LineWidth',2);
grid on;
hold on;
%%%绘制解算仿真数据所得轨迹
plot3(l0(:)/pi*180,a0(:)/pi*180,h0(:),'r-','LineWidth',2);
%%%绘制滤波后解算仿真数据所得轨迹
plot3(Kalman_l0(:)/pi*180,Kalman_a0(:)/pi*180,Kalman_h0(:),'g-.',
    'LineWidth',2),grid on;xlim([119.9996 120.0004]);
xlabel('经度/度','fontsize',12),ylabel('纬度/度','fontsize',12),
    zlabel('高度/米','fontsize',12);
legend('精确飞行轨迹','含噪解算仿真数据所得轨迹','滤波后解算仿真数据所
    得轨迹');
hold off;

figure;%若希望计算出的经纬度误差以米为单位，则需要在经纬度上乘以距离，例如，
      %纬度 1°等于 111km，经度 1°等于 111 乘以当前纬度的余弦值
subplot(311), plot(al(:)-a0(:),'k','LineWidth',2);title('(含
    噪)纬度误差','fontsize',18);xlabel('采样点数/个','fontsize',12);
    ylabel('误差值/度)','fontsize',12);
subplot(312),plot((l(:)-l0(:)),'k','LineWidth',2);title('(含噪)
    经度误差','fontsize',18);xlabel('采样点数/个','fontsize',12);
    ylabel('误差值/度)','fontsize',12);
subplot(313),plot((h(:)-h0(:)),'k','LineWidth',2);title('(含噪)
    高度误差','fontsize',18);xlabel('采样点数/个','fontsize',12);
    ylabel('误差值/米','fontsize',12);

figure
subplot(311) ,plot(al(:)-Kalman_a0(:),'k','LineWidth',2);title
    ('滤波后(含噪)纬度误差/r','fontsize',18);xlabel('采样点数/个',
    'fontsize',12);ylabel('误差值/度)','fontsize',12);
subplot(312),plot(l(:)-Kalman_l0(:),'k','LineWidth',2);title
    ('滤波后(含噪)经度误差/r','fontsize',18);xlabel('采样点数/个','
    fontsize',12);ylabel('误差值/度)','fontsize',12);
subplot(313),plot((h(:)-Kalman_h0(:)),'k','LineWidth',2);title
    ('滤波后(含噪)高度误差/r','fontsize',18);xlabel('采样点数/个',
    'fontsize',12);ylabel('误差值/米','fontsize',12);
```

参考文献

[1] 钱伟行. 捷联惯导与组合导航系统高精度初始对准技术研究[D]. 南京: 南京航空航天大学, 2010.

[2] Gurdan D, Stumpf J, Achtelik M, et al. Energy-efficient autonomous four-rotor flying robot controlled at 1kHz[C]// Proceedings of the 2007 IEEE International Conference on Robotics and Automation, 2007: 361-366.

[3] 付军. 捷联惯导算法研究及系统仿真[D]. 哈尔滨: 哈尔滨工业大学, 2007.

[4] 李军伟, 程咏梅, 陈克喆, 等. 基于飞行仿真的捷联惯导算法测试平台[J]. 中国惯性技术学报, 2012, 20(5): 530-535.

第 7 章　基于多传感器的路径重建系统的实现

第 6 章我们研究了关于 SINS 在数字仿真系统中的性能，并验证了相关滤波器的性能，本章我们将在真实环境下，采集法国 Aldebaran Robotics 公司所生产的 Nao 机器人平台在运动时所产生的惯性传感单元数据，按照基于四元数理论的捷联式惯导系统姿态解算理论与四阶龙格-库塔法，在对数据进行在线实时预处理之后，在 MATLAB 中进行基于惯性传感单元数据的移动机器人运动姿态角解算。最后，基于加速度计数据与运动姿态角的数据融合方法实现移动机器人的轨迹重构。

7.1　机器人平台介绍

Nao 机器人由法国 Aldebaran Robotics 公司研发生产，如图 7.1 所示，它拥有仿人的外形以及 25 个自由度的机体，身高约 58cm，是现在世界范围内非常流行的多用途双足行走类人机器人，其机体配备包括惯性传感单元、红外、声呐、触摸、压力、视觉等多种传感器，且可以在 Windows、Mac、Linux 等操作系统下进行可视化的编程或底层程序模块的写入，因此广泛应用于高校教育科研、老人及特殊人群陪护、语音识别、路径规划、模式识别等领域。

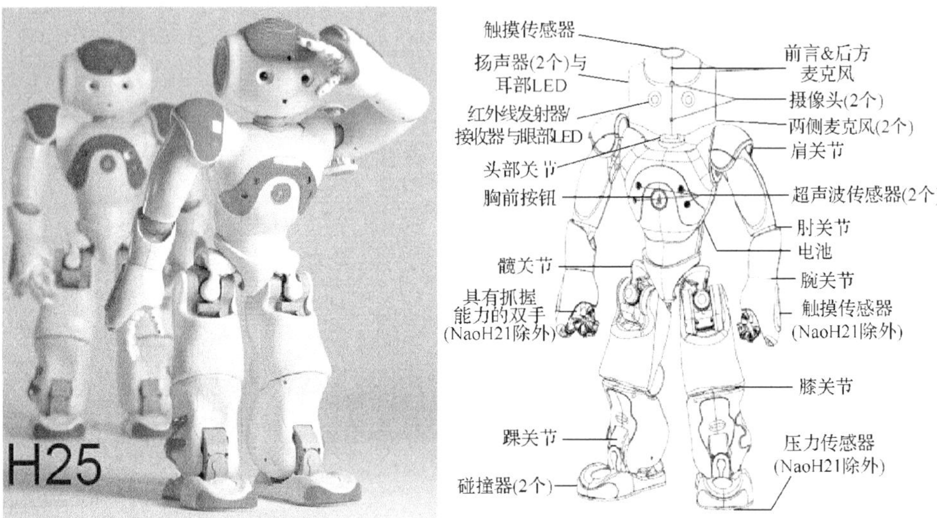

图 7.1　Nao 机器人及其传感器分布

为了得到实时而精确的载体运动姿态信息及相应的位置信息，我们需要获得其加速度数据（a_x、a_y、a_z）、陀螺仪数据（ω_x、ω_y、ω_z），再结合初始给定的信息按照相应的解算方法进行解算，所以我们需要基于该机器人平台来采集它在行走过程中的惯性传感单元数据，该机器人所配备的惯性传感单元均为 MEMS 类传感器，下面首先简单介绍 MEMS 类传感器。

微电子机械系统(micro-electro-mechanical system，MEMS)是指尺寸为几毫米甚至更小的电子机械器件，其内部结构一般在微米甚至纳米量级。MEMS 技术广泛应用于传感器设计与制造领域，其基本原理是用一些敏感元件，如压阻、电容及谐振等来感受电信号，再将电信号进行转化后作为测量值输出，比较常见的有加速度、压力、温度、电磁、陀螺仪等多种传感器。

该机器人平台上所配备的 MEMS 惯性传感单元硬件性能参数如表 7.1 所示。

表 7.1　机器人惯性传感单元硬件性能参数

	陀螺仪	加速度计
轴	3	3
精度	5%	1%
范围	±500°/s	±2g

7.2　数据采集与预处理

为了完成机器人惯性传感单元的数据采集，需要借助一定的采集软件来记录机器人移动过程的实时数据并输出至下位机。对于 Nao 机器人的数据采集，我们有两种方式可选择，第一种方式是通过机器人开发配套软件 Choregraph 中的内存监视器模块来实现，该软件界面如图 7.2 所示；另一种方式是通过 Python 或 C++与机器人进行无线连接，然后通过脚本调用相应的 API(application programming interface)传输实时传感器数据。本章中我们选择使用第一种方式来实现数据的采集与记录。

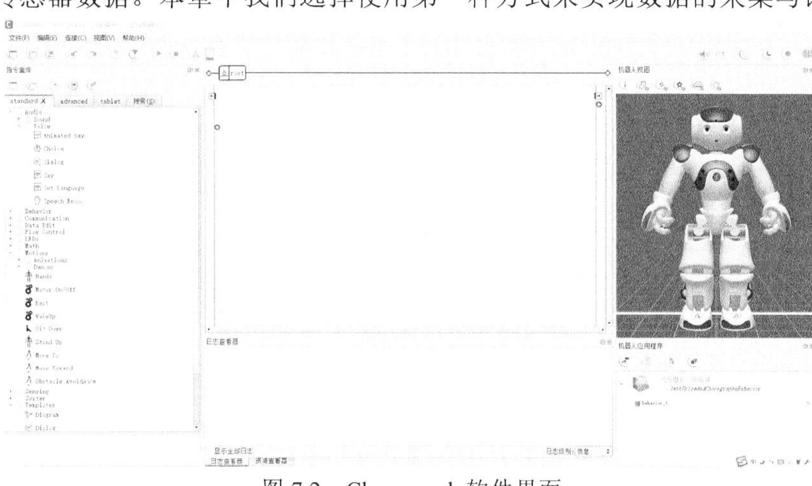

图 7.2　Choregraph 软件界面

图 7.3 为 Choregraph 软件中的内存监视器模块，在该模块中，我们可以通过选择相应的设备接口名称来选择需要采集的数据，如图 7.3 所示，我们所选择采集的模块为惯性传感单元的 6 个数据通道，在单击“开始记录”按钮之后，可以自行设置保存目录及名称等信息，默认保存格式为 csv，其采样频率可以通过内存监视器中的 Period 来调整实现，其具体采样频率范围是 0.2～1.0 次/s。

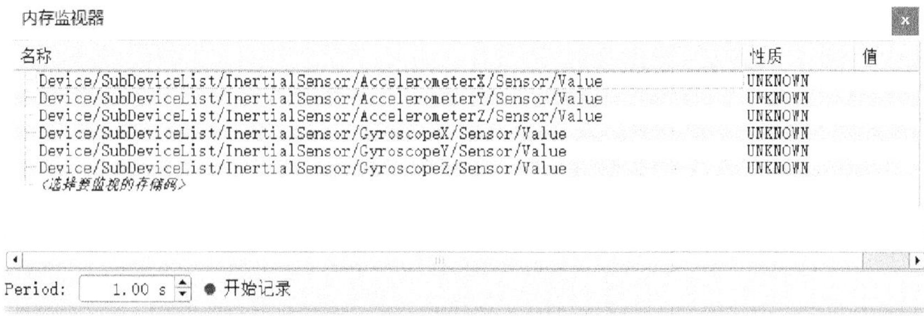

图 7.3　内存监视器界面

在进行数据采集之前，我们需要预先设计一条轨迹，如图 7.4 所示，再通过 Choregraph 软件的可视化执行面板编辑相应的指令并将其发送给机器人，让机器人按照预设的轨迹行进。该机器人所配备的惯性传感单元载体坐标系以 y 轴为前进方向，其陀螺仪的 z 轴数值是以顺时针旋转为正，在这里，我们预设轨迹为机器人起始位置面向正西，自东向西前进 1 米后左转向南直行 1 米，然后停止行进，其具体行走路线如图 7.5 所示。

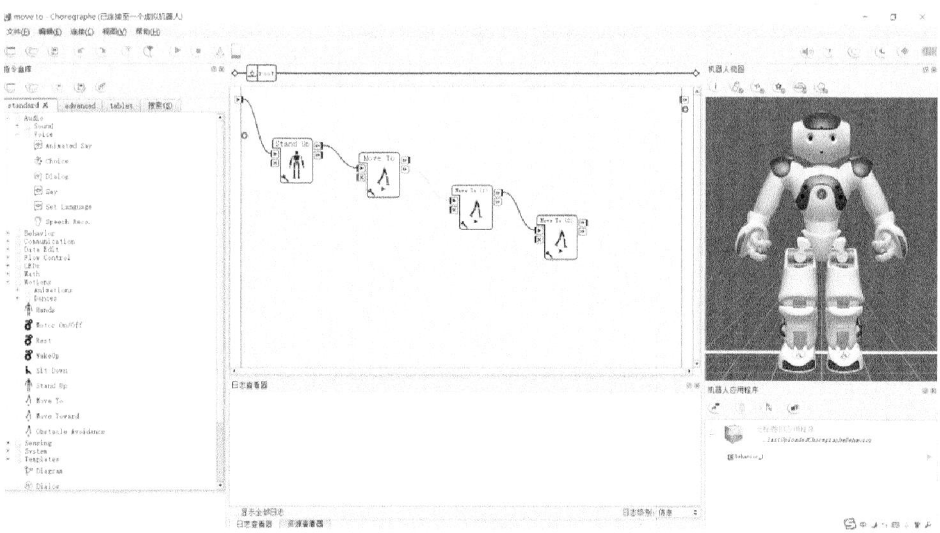

图 7.4　预设轨迹指令程序图

图 7.5　机器人行进轨迹

在通过 Choregraph 将行进轨迹指令发送给机器人之后，单击“开始记录”按钮，开始按照预定的采样频率采集惯性传感单元 6 个轴上的数据，并保存为本地 csv 文件，保存结果如图 7.6 所示。

	A	B	C	D	E	F	G
1	Time	Device/SubDeviceLis	Device/SubDeviceLis	Device/SubDeviceList	Device/SubDeviceList/Ine	Device/SubDeviceList/In	Device/SubDeviceList/InertialSensor/AccelerometerZ/Sensor/Value
2	0	0.00239685	-0.000798948	0.00346211	0.258662	-0.143701	-9.53213
3	0.0101221	0.00239685	0.000798948	0.00346211	0.249082	0.0862207	9.5225
4	0.0201652	0.00266316	0.00506001	0.0015979	0.249082	0.0862207	9.5225
5	0.0301752	0.00266316	0.00506001	0.0015979	0.258662	0.134121	9.55134
6	0.0504131	0	0.00639159	-0.00213053	0.249082	-0.114961	-9.55134
7	0.070348	0	-0.00213053	0.00372843	0.287402	-0.114961	-9.56092
8	0.0807891	0.00186421	0.00772317	-0.00106526	0.287402	-0.114961	-9.56092
9	0.100276	0.00399474	0.0111853	-0.00319579	0.258662	-0.114961	-9.55134
10	0.110508	0.00399474	0.0111853	-0.00319579	0.258662	-0.134121	-9.53213
11	0.120622	-0.00292948	0.00106526	-0.00772317	0.258662	-0.134121	-9.53213
12	0.130744	-0.00292948	0.00106526	-0.00772317	0.239502	-0.124541	-9.51302
13	0.150155	-0.00372843	-0.0133158	-0.00186421	0.239502	-0.124541	-9.55134
14	0.160639	0.00186421	-0.00319579	-0.00133158	0.239502	-0.124541	-9.55134
15	0.170772	0.00186421	-0.00319579	-0.00133158	0.268242	-0.105381	-9.53213
16	0.19075	0.000266316	0.00426106	-0.00106526	0.268242	-0.105381	-9.51302
17	0.200936	-0.00292948	0.00319579	-0.00106526	0.268242	-0.105381	-9.51302
18	0.210999	-0.00292948	0.00319579	-0.00106526	0.229922	-0.114961	-9.5705
19	0.221289	-0.000266316	0.00266316	-0.00292948	0.229922	-0.114961	-9.5705
20	0.241012	-0.000532632	0	-0.00346211	0.239502	-0.114961	-9.54176
21	0.251189	-0.000532632	0	-0.00346211	0.249082	-0.105381	-9.53213
22	0.271201	-0.00266316	-0.0098537	0.000266316	0.258662	-0.124541	-9.56092
23	0.281656	-0.0015979	-0.0111853	0.00106526	0.258662	-0.124541	-9.56092
24	0.301233	0.000532632	-0.00186421	-0.000532632	0.249082	-0.114961	-9.51302
25	0.311674	0.000532632	-0.00186421	-0.000532632	0.258662	-0.105381	-9.54176
26	0.321748	0.00106526	0	-0.0015979	0.258662	-0.105381	-9.54176
27	0.341521	0.00266316	0.00532632	-0.00479369	0.258662	-0.105381	-9.54176
28	0.361574	0.00106526	0.000798948	-0.00292948	0.239502	-0.114961	-9.55134
29	0.381625	0	-0.00585895	0.000266316	0.239502	-0.102861	-9.53213

Sheet1　Sheet2　Sheet3

图 7.6　机器人惯性传感单元原始数据

惯性传感单元原始数据易受到恒值误差、自身漂移、抖动偏差及刻度因子等不稳定因素的影响，因此数据的预处理尤为重要，否则这些误差会对下一步的 SINS 解算造成较大的影响，甚至导致结果发散。

恒值误差是很多传感器都存在的一种误差，其主要是指在静止状态下，传感器信号理论输出值应当为 0，但在现实情况下，由于传感器本身精度有限或外界震动等，传感器信号实际输出并不为 0，因此，预处理的第一步应当消除这些恒值误差。

本章中，对于恒值误差，我们选择通过多次测量取均值的方法来获取，然后在运动过程中采集数据的基础之上减去恒值误差，从而完成了预处理的第一步。

在消除了恒值误差之后，就该针对数据本身存在的测量误差及漂移等进行处理，对于这种含有一定噪声误差值的数据预处理，常见的补偿滤波算法有滑动平均窗口滤波、特征互补滤波等，但它们都是离线处理方法，为了实现在线实时地对传感器信号进行补偿滤波算法处理，选择使用在线滤波算法——Kalman 滤波。

因为传感器信号数据可以看作时序数据，所以我们可以将其数据的走势演化为一个机动目标的动力学过程，并根据其数据特征选择合适的机动目标模型建模方法。在这里，与 6.4 节一样，我们选择使用基于自适应参数机动目标模型的 Kalman 滤波器来对这些原始惯性传感器数据进行处理，该滤波器及机动目标模型在之前已经详细论述，此处不再赘述。其处理结果如图 7.7 和图 7.8 所示。

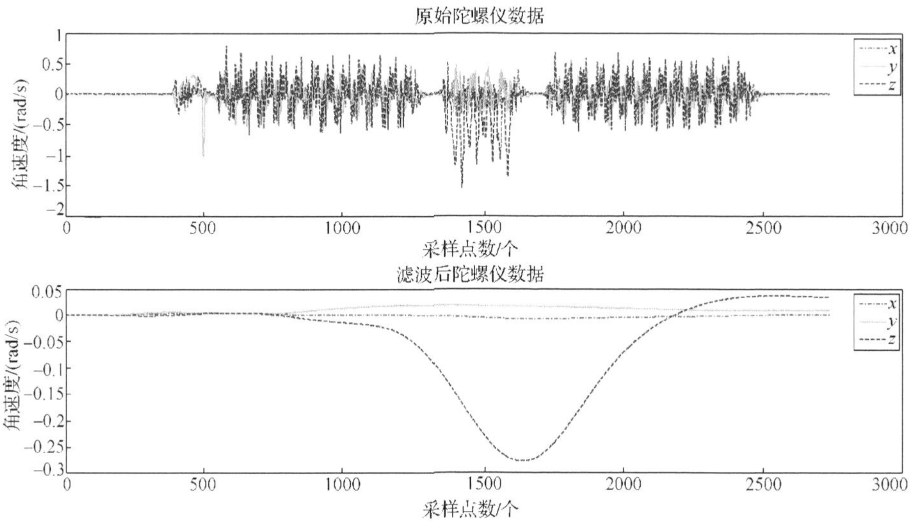

图 7.7　陀螺仪数据预处理

图 7.7 滤波后结果显示，由于机器人是直立行走的，并未发生俯仰姿态与横滚姿态上的变化，所以 x 轴与 y 轴方向基本为零，在 z 轴方向上，由于在行走中途发生了一次左转弯，陀螺仪 z 轴数据出现了拐点，在转弯动作完成后又逐渐回到零。

图 7.8 滤波后结果显示，机器人内部载体坐标系以 y 轴为前进方向，在 y 轴方向上有加速度，而 x 轴方向为 0，z 轴方向为 9.8m/s^2。在之前我们曾提到，加速度计测量的是比力数据，即包含重力加速度在载体坐标系上投影的加速度信息，而我们希望得到的是不受地球重力因素影响的绝对加速度，因此，若机器人在行进过程中有俯仰姿态与横滚姿态上的变化，则需将比力信息中的重力加速度分量通过高通滤波器等进行滤除，在此处，我们所使用的机器人是直立行走的，因此，加速度计

的输出可直接作为绝对加速度来使用。另外，在图中，为减少后期矩阵计算的工作量，直接将 z 轴方向置零。

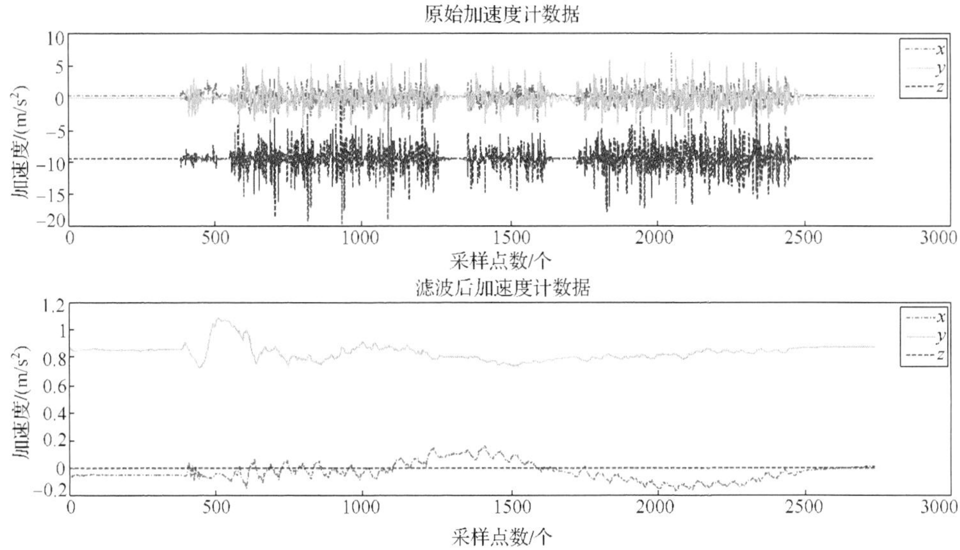

图 7.8　加速度计数据预处理

由图 7.7 与图 7.8 可以看出，经过基于自适应参数机动目标模型的 Kalman 滤波器对数据进行滤波之后，大部分噪声信息及无谓抖动都已经被滤除，数据主趋势非常清晰地展现了出来，且该趋势基本符合之前对机器人行进轨迹的预设。

7.3　路径重建系统实现算法流程

在完成了数据的预处理之后，我们就该进入下一步骤，即路径重建系统的实现。该步骤具体的算法流程图如图 7.9 所示。

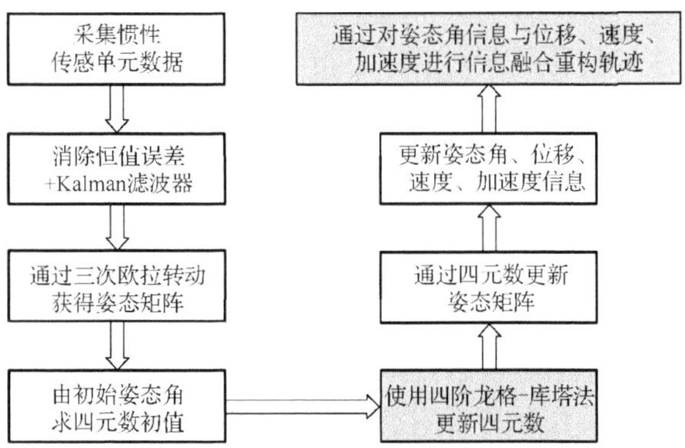

图 7.9　路径重建系统算法流程图

在图 7.9 中，白色标识的流程模块已经在前面有过详细的论述，在此不再赘述，本节主要讨论灰色标识的两个模块——使用四阶龙格-库塔法更新四元数以及通过对姿态角信息与位移、速度、加速度进行信息融合重构轨迹。

7.3.1 使用四阶龙格-库塔法更新四元数

龙格-库塔法是一种基于数值积分理论且在工程上应用非常广泛的高精度单步算法，可根据计算精度分为一阶、二阶和四阶，其基本思想是在积分区间之内进行插值，即在一定的更新步长之内求得对应阶数各斜率值并予以加权求平均运算，通过对总的斜率进行优化得到更新后的结果，因此，其计算精度高于积分。龙格-库塔法的计算精度与复杂度随其阶数的增大而增大，在工程上，四阶龙格-库塔法的精度已经可以满足大多数的精度要求，且计算复杂度符合多数主流处理器的计算性能，因此得到了广泛应用[1]。

其具体计算公式为

$$\begin{cases} K_1 = \Gamma_b(t)q(t) \\ K_2 = \Gamma_b\left(t+\dfrac{h}{2}\right)\left(q(t)+\dfrac{h}{2}K_1\right) \\ K_3 = \Gamma_b\left(t+\dfrac{h}{2}\right)\left(q(t)+\dfrac{h}{2}K_2\right) \\ K_4 = \Gamma_b(t+h)(q(t)+hK_3) \\ q(t+h) = q(t)+\dfrac{h}{6}(K_1+2K_2+2K_3+K_4) \end{cases} \tag{7-1}$$

其中，K 为斜率；t 为当前时刻；h 为更新步长且其通常与传感器采样周期相同；$\Gamma_b = \dfrac{1}{2}M'(\omega_{nb}^b)$，$M'(\omega_{nb}^b)$ 为三轴角速度的矩阵表达式。

在计算过程中，Γ_b 为已知值，$q(t)$ 为 t 时刻的四元数。假设当前时刻 $t=0$，$q(t)$ 在四阶龙格-库塔法第一步计算时即为 $q(0)$，关于四元数初值 $q(0)$ 的计算在 5.4.3 节中已给出，在得到四元数的初值之后即可按照预设的更新步长继续计算下一时刻，即 $t+h$ 时刻的四元数 $q(t+h)$，然后就可以更新用四元数表示的姿态矩阵 C_b^n，再根据对应的方向余弦姿态矩阵来解反三角函数，即可求得 $t+h$ 时刻的姿态角。

7.3.2 基于多源信息融合方法重构轨迹

如图 7.9 所示，在进入该步骤前，我们经过解算已经得到多项导航参数，包括姿态角、位移加速度、速度等信息。本章研究的目的是实现基于多传感器的路径重建系统，下面我们将利用已有的导航参数对移动机器人所走过的轨迹进行重构。

在此处，我们仍以 7.2 节中的预设轨迹为例进行融合，即机器人所行进的轨迹为自东向西直行 1 米后左转向南直行 1 米再停止。

在融合之前，我们需要对之前解算所得的姿态角信息进行校验，确定之前解算的准确性，从而保证信息融合的成功率。我们通过预设轨迹可以知道，机器人行进过程中的俯仰角与横滚角并未变化，应当基本为零，航向角按照正北为零和顺时针为正的原则，应当由起始位置的270°在中途转至180°。图 7.10 所示为解算所得姿态角信息，可以看到，按照四阶龙格-库塔法的基于四元数的 SINS 解算所得的姿态角信息已经很好地满足了我们的要求。

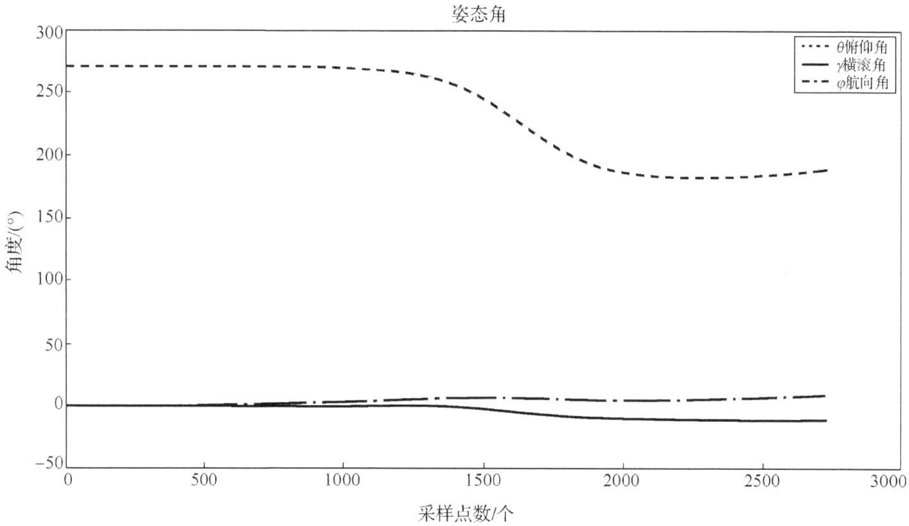

图 7.10　解算所得姿态角信息

接下来，我们将对姿态角信息与三轴加速度信息进行融合，尝试重构轨迹。

我们先看图 7.11 所示的相对位置定位原理图，已知前进方向上的加速度 a_y，且已知每次采样间隔，因此可通过对加速度作两次积分，从而求得每个采样间隔内的位移 d_i，图中α可由之前解算所得航向角解出，N 表示正北方向。

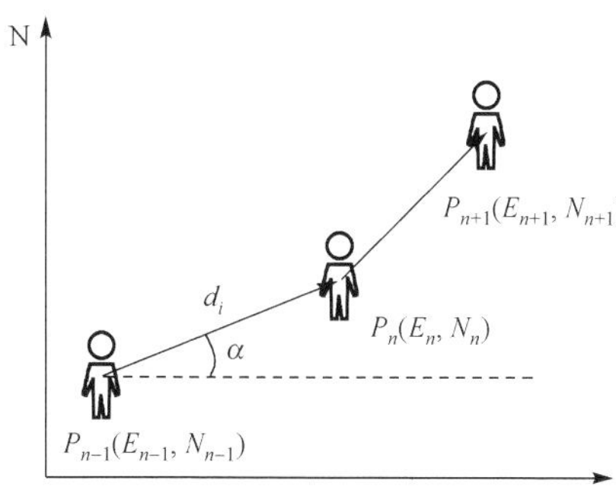

图 7.11　相对位置定位原理图

设某一时刻运动体处于 $P_{n-1}(E_{n-1},N_{n-1})$ 处，运动方向与 $P_n(E_n,N_n)$ 和 $P_{n-1}(E_{n-1},N_{n-1})$ 两点之间的关系为

$$\begin{cases} E_n = E_{n-1} + d_i \cdot \cos\alpha \\ N_n = N_{n-1} + d_i \cdot \sin\alpha \end{cases} \tag{7-2}$$

以此推算，即可构建出各个采样点在坐标轴上的横纵坐标值，即得到融合行进轨迹。以 7.2 节所预设行进轨迹，即自东向西直行 1 米后左转向南直行 1 米再停止为例，经融合所得重构轨迹如图 7.12 所示。

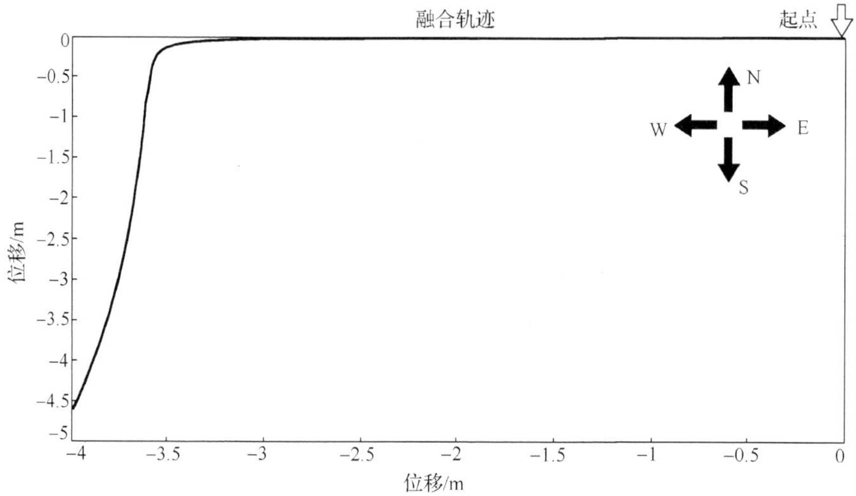

图 7.12　信息融合结果图

在图 7.12 中，我们以十字坐标轴作为地图，原点(0,0)为起点，即该图右上角为原点，亦为机器人行进的起点，则按照预设轨迹推算融合结果应该为从原点出发，沿 x 轴负半轴方向行进 1 米，然后左转 90° 沿 y 轴负半轴方向行进 1 米。由图 7.12 可以看出，融合所得到的重构轨迹基本符合预设行进轨迹，说明融合方法是可行的，但同时我们注意到，融合所得的轨迹图中的行进距离与预设不符，具体原因我们将在 7.4 节进行分析。

7.4　实验结果

在 7.3 节中，我们以 7.2 节所预设的机器人行进轨迹为例，对利用 SINS 解算所得的部分导航参数进行了信息融合，尝试重构机器人的行进轨迹，其实验结果如图 7.12 所示。

由图 7.12 可以看到，融合所得到的重构轨迹基本符合预设行进轨迹，虽然在转

弯之后的直行轨迹上略有偏差，但从图上看，该偏差尚在可接受范围之内，主要问题还是集中在融合轨迹的行进距离上。

根据预设，在正西方向与正南方向行进的距离均为 1 米，但经过融合后所得轨迹在这两段路径上的距离均大于 1 米，基本为 3～5 米，误差较大。在研究过程中，为解决该问题，曾尝试更换惯性传感元件(如 MPU-9250、MPU-6050 及 MTI-3 惯性套件等)并进行了同样的实验，但误差仍然存在，最终经分析，误差无法消除的原因如下。

(1) 双足式机器人本身移动速度慢，且在行走过程中自身存在晃动，导致机器人运动的真实加速度值易被湮没在测量值的噪声信息之中。

(2) 本系统所用的钟摆振荡式加速度计测量精度受其本身物理结构所限，对较小的加速度变化不敏感，测量精度相对较低。

(3) 在 7.3.2 节中所提到的关于各个采样间隔内的位移 d_i 需要进行两次积分运算，会产生一定的累积误差。

(4) 式(7-2)中包含三角函数的计算，受 MATLAB 对三角函数运算的精度所限，若融合轨迹的行进距离较短，则舍入误差的影响会相对增大。

7.5　小　　结

本章的主要研究目的是实现基于多传感器的路径重建系统。在预设好机器人的行进轨迹后，我们首先完成了原始惯性传感单元数据的采集，并通过基于自适应参数机动目标模型的 Kalman 滤波器对数据进行了有效的预处理，接下来按照 SINS 的解算流程，给定初始条件并求得所需的初始数据，然后通过四阶龙格-库塔法来更新四元数，即更新了四元数姿态矩阵，求得了姿态角信息，接着利用加速度信息与姿态角信息按照相对位置定位原理及公式进行推算，最终融合出了机器人行进轨迹，证明了该融合方法的理论可行性，不足之处在于融合轨迹的行进距离在计算上存在一定的误差。

参 考 文 献

[1]　张荣辉, 贾宏光, 陈涛, 等. 基于四元数法的捷联式惯性导航系统的姿态解算[J]. 光学精密工程, 2008, 16(10): 1963-1970.

第三部分　基于多传感器信息融合的室内目标跟踪技术

随着科技的发展，室内目标跟踪定位技术成为人们关注的热点问题，例如，在大型医院、机场、火车站等室内场所如何感知自身所处的位置并到达自己的目的地、在大型仓库中如何跟踪移动货物的位置以实现货物移动的自动化、公共场所服务型机器人在运动过程中对自身位置的感知等。

人们通常使用 GPS 定位等方式获取室外目标的坐标位置，然而这些技术在确定室内运动目标位置时误差很大。本部分将基于惯性传感器和 RFID 标签测量数据融合，给出一种室内运动目标跟踪算法。具体来讲，该方法主要利用 RFID 获得目标行动的轨迹，在 RFID 阅读器比较少的地方，利用惯性传感器获得部分轨迹并将二者结合起来。该方法的优势在于：基于 RFID 数据利用 Kalman 滤波器对运动目标进行轨迹估计，估计结果不会随着时间的推移造成误差的累积。在没有 RFID 测量数据时，采用惯性传感器数据的姿态解算方法对目标的运动进行跟踪，此时的跟踪信息作为目标运动信息的补充。

为了充分说明所提出方法的有效性，我们设计了室内运动目标跟踪系统仿真平台，分为传感器数据产生器、基于 IMU 数据的室内跟踪仿真、基于 RFID 数据的室内跟踪仿真、估计轨迹融合四个部分，仿真平台的原理图如下图所示。

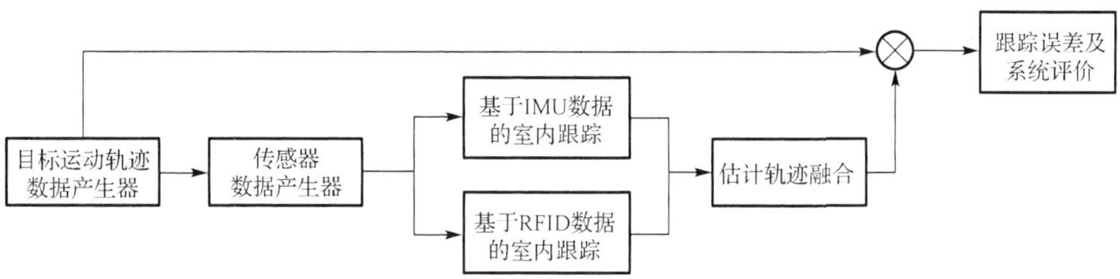

仿真平台原理图

第 8 章　室内跟踪技术简介

对于“智能的”会移动的各类机器人来说，其位置信息的获取非常重要。据统计，人们超过 70%的时间都在室内运动，室内跟踪定位技术在一些陌生复杂的环境中扮演着极其重要的角色。例如，当人们在一些大型的博物馆、展览馆、大型超市等室内运动时，利用准确的室内跟踪定位技术可以为用户实时提供所在的位置，从而设定更合理的行进路线。具体来说，在大型博物馆中，用户可以通过室内跟踪定位技术确定自己的位置以及展品的位置，设计合理的参观路线，此外，博物馆也可以根据游客的位置提供相应展品介绍[1]。在很多领域，室内跟踪定位技术有着广泛的应用，其发挥的作用和价值对于人们的生产生活来说不可估量，因此，室内跟踪定位技术具有极其重要的研究价值。

8.1　室内跟踪定位技术介绍

目前，室内跟踪定位技术包括红外线定位技术、超声波定位技术、超宽带(ultra-wide bandwidth，UWB)定位技术、射频识别(RFID)定位技术[2]、WiFi 定位技术[3]以及惯性导航定位技术等。这些技术在实现室内目标的跟踪、定位时都有着各自的优势和不足，有些技术的发展还处于起步阶段，有些对室内目标的跟踪精度不高，难以达到实际应用的要求，有些精度稍高的成本却很高，难以投入实际应用。为了深入了解室内跟踪定位技术，接下来对这些技术作简单介绍。

红外线定位技术通过接收红外线发射器发射的红外线在物体表面产生的反射光信息实现定位。该技术涉及的硬件包括红外线发射器、光学传感器等。使用时可将发射器固定在目标物体上，将光学传感器安装在目标可能经过的墙壁上，发射器定时发射经调制后的红外线，室内光学传感器根据接收到的红外线实现目标的定位，这种定位方式可以达到相对较高的精度。但是，由于红外线穿透能力有限，无法避开障碍物。通常，为了实现红外线技术的室内定位，会在室内安装大量的红外线接收器实现对整个区域的覆盖，这使得红外线室内定位技术的成本大大提高。另外，红外线室内定位技术还要求红外线直线传播且定位距离不能过远，同时很容易受室内灯光及其他热源干扰，这些都是在使用红外线室内定位技术时需要考虑的问题。

超声波定位技术首先计算得到从发射超声波到接收超声波回波的时间差，然后根据时间差和超声波的传播速度计算出目标物体到相应接收器的距离，最后根据目标物体到三个或三个以上接收器的距离便可以得出被测目标的具体位置信息。此技术的定位精度高并且结构简单，但是该技术同样有着和红外线技术一样的缺陷，非视距传播及多径传播对计算结果影响很大，这就意味着也要布置大量硬件设备，从而导致成本很高。

UWB 技术是一种新型的定位技术，该技术的突出特点是在定位中用到的载波和前面提到的红外线及超声波技术不同。UWB 技术使用纳秒级的极窄脉冲来提高带宽，其带宽最大可以到 GHz 量级，因此定位精度很好。该技术相比于传统的定位技术来说有功耗低、穿透力强、精度高等优点，但在使用成本上目前也不适宜大范围普及使用。

RFID 技术的原理是 RFID 阅读器通过检测自身范围内是否有 RFID 标签、标签到阅读器的距离及标签的数据信息来给出标签的位置信息。RFID 标签分为有源标签和无源标签两种，其中有源标签比无源标签在位置信息上表现更灵敏，距离范围也较大。无论有源标签还是无源标签，标签的体积小、成本低，这些是 RFID 定位技术的优势所在；但是 RFID 技术的识别距离较短，这就使得其定位精度和 RFID 标签的密度呈正相关关系，也就是说，要实现高定位精度就意味着要布置大量的 RFID 标签来扩大对区域的覆盖。因此，该技术定位精度不高、前期要做许多准备工作(如布置标签或阅读器)，当需要对目标实现精确定位时，该技术很难达到精度要求。

WiFi 定位技术的优势在于目前在很多大型商场、公司、火车站等公共场所都有 WiFi，WiFi 的定位精度大致在 1～20 米的范围内，总体来说，WiFi 定位技术的精度比蜂窝网络三角测量定位要高一些。该定位技术的测算有两种方式，一种是根据目标到 WiFi 接入点的距离，另一种是依靠信号强度图，这种方法的精度虽高，但需要事先合成，前期要做的准备工作较多。WiFi 定位技术目前主要用于小范围定位，成本低廉，其不足之处在于 WiFi 的覆盖范围有限，无遮挡时通常有 90 米左右，并且 WiFi 在障碍物表面的反射、折射等使得测算目标距离的算法变得复杂，且在有障碍物的环境中其定位精度也会迅速下降。

惯性导航是一种利用算法进行航位推算的方式实现导航的方法[4]，即根据前一时刻的位置、姿态角信息以及连续的航向姿态和速度数据，计算得出当前时刻的位置和姿态角信息以及速度信息，为下次的航位推算做准备。惯性导航技术的原理是利用来自陀螺仪和加速度计测量的数据来推算被测物体的姿态和位置变化。其中，陀螺仪的测量数据反映了被测物体的转动变化以及航向角和姿态角的变化信息；加速度计的数据反映了被测物体的加速度信息。惯性导航技术的优势在于不需要依赖外部信息就能实现对被测物体的位置、姿态及速度的估算，因此该导航技术隐蔽性好，与此同时，该技术也能做到尽量避免来自外界信号的干扰。其工作时间长(可做到全天候)、环境适应性强(如可在空中、地表甚至水中)，并且在较短的时间里定位精度较高，数据更新也很快[5]。但是该导航算法又有着自身的缺陷，由于惯性器件自身所存在的漂移，并且导航信息的推算中存在积分运算，如果长期用该方法进行估算而没有进行必要的校正，估算结果会由于单步估算误差的累积导致精度下降。因此，对测量数据中噪声及测量数据漂移量处理的方法、估算过程中的校正方法就显得尤为关键。

8.2　室内跟踪技术的研究现状

近年来，关于室内跟踪定位技术的研究早已成为研究热点，许多跨国公司及国内外高校、科研机构都有关于这方面的研究，并且室内定位技术的发展也很迅速。接下来将对室内定位技术的研究现状进行介绍。

王广伟[6]采用红外线与超声波相结合的技术实现对室内目标的跟踪定位，他通过建立基于信标的空间坐标系结合球面相交原理实现对目标的高精度跟踪，为室内跟踪技术提供了一种思路。赵世亭[7]在研究室内外无缝导航时利用了三维激光扫描技术，通过建立空间坐标系和布置室内外激光扫描站点，将激光扫描到的数据信息上传到点云进行数据处理，实现了对目标的高精度跟踪。赵延鹏等[8]在复杂环境下室内目标的跟踪方面，采用超声波定位技术结合目标运动过程中航迹变化的方式实现了对目标的跟踪。王磊等[9]在室内跟踪方面提出将超宽带技术和惯性导航技术结合实现对机动目标运动的跟踪，他们利用惯性导航技术的信息减少 UWB 技术在位置估计方面的非视距误差，利用 UWB 产生的位置估计值对惯性导航技术的估计值进行校正，从而避免陀螺仪测量数据的漂移误差，这无疑也是将目标的运动信息和测量信息结合方面的又一个新的思路。叶涛[10]针对室内环境下无线电波在传播过程中损耗的问题，提出 ZigBee 技术和 RFID 技术相结合的方法实现对室内目标的跟踪定位。他的思路是先利用 RFID 技术对目标可能出现的区域进行判断，然后利用 ZigBee 技术在较小的区域对目标的位置进行精确跟踪。宋昌宁[11]在室内跟踪方面基于信息融合的思想提出将 WiFi 技术和惯性传感器相结合的方式实现对目标的跟踪，他的 WiFi-Sensor 方法利用 WiFi 信号强度变化规律来对惯性导航技术在目标跟踪过程中的位置估计进行校正，也为室内目标的跟踪提供了一个很好的思路。

从以上关于室内跟踪的研究现状我们可以得出这样的结论，首先室内的环境因素比较复杂，人们在室内跟踪方面的研究进行了很多技术上的尝试，技术方案从原来单一技术对目标的跟踪逐渐向将两种及两种以上的技术进行信息融合以提高对目标跟踪精度的方向发展，那么如何将两种甚至三种室内跟踪方面的技术提供的信息进行结合，如何才能只用尽量低成本的传感器实现对目标高精度的跟踪定位将是未来室内跟踪定位技术发展的方向。

8.2.1　RFID 室内跟踪系统

射频技术定位的原理是用一些相关算法对来自移动物体的接收节点的信号强度(received signal strength indication，RSSI)的相关数据进行解算从而得出一个位置信息。根据通信协议不同，常用到的射频技术有 ZigBee、蓝牙、RFID、WLAN 等[12,13]。射频技术定位原理如图 8.1 所示[14]。

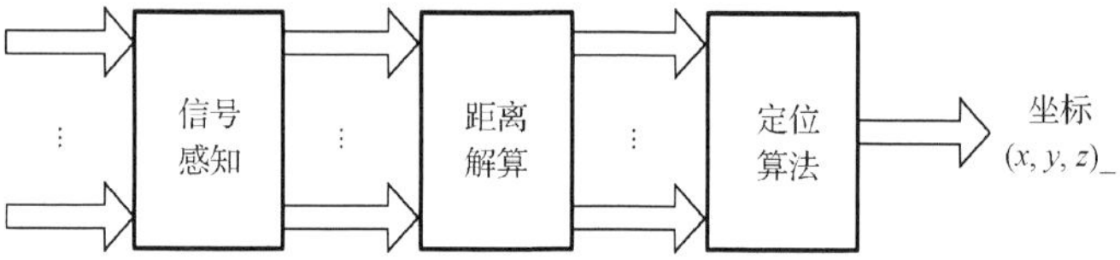

图 8.1　射频技术定位原理图

基于 ZigBee、蓝牙、RFID、WLAN 通信的射频定位技术所具有的优势是抗干扰能力强，但是此类方法接收到的 RSSI 的强度模型不能得到准确建立，这就导致基于该方式的定位精度低，不能满足实际应用的需求。UWB 技术的出现虽然解决了上述问题，但造价昂贵，对于本章的研究来说并不适用。

RFID 技术通过识别来自目标对象发射的射频信号达到获取位置信息的目的[15]。与传统定位技术相比，RFID 技术的优势在于可以做到同时对多个标签识别并且对标签的识别是非接触和非视距的。此外，该技术操作简便，其精度也高于传统的定位技术，这些因素共同构成了该技术在室内跟踪定位体系中的优势。但是，RFID 室内定位技术的缺点也是明显存在的，该技术也存在无法建立信号强度模型的问题，其定位精度的高低与 RFID 标签的铺设密度息息相关，这就增加了 RFID 定位技术的成本，这些缺点同时成为制约 RFID 技术在定位领域发展的主要难题。

国内在室内跟踪定位方面利用 RFID 技术作研究的并不是很多，主要是一些高校和科研机构。他们主要是在 LANDMARC 系统精度的相关算法作改进的方向上进行研究。史楠[16]提出了一种到达角度(angle-of-arrival，AOA)测距算法，该算法便是基于 LANDMARC 系统而提出的，其原理是系统将读取到的穿过三轴正交直角天线阵的电磁波和三轴间的夹角转换为三个电压值，最后根据得到的电压值计算目标的实际位置。

8.2.2　惯性导航系统

惯性导航系统最早应用在对飞行的弹道导弹的轨迹和位姿的计算上，近些年来，随着科技的发展，传感器技术也得到了很大进步，一些相对廉价的惯性传感器相继问世，进入民用领域，人们便开始将原先的导航技术应用于生活中的一些飞行器或自主运动的小车上。

惯性导航系统根据惯性传感器与载体平台间的关系可以分为平台式惯性导航系统和捷联式惯性导航系统[17]。其中，平台式惯性导航系统中的加速度信息由加速度计测量得到，姿态角信息则通过物理平台获取，物理平台的出现实现了传感器(惯性传感器)和载体的隔离，简化了导航的计算复杂度，并且该方法得到的导航精度较高，但是物理平台作为一个机电控制的系统结构十分复杂，并且平台自身也要求很高的精度，这样带来的问题是平台自身的制造成本高并且自身的重量大。捷联式惯性导航系统是通过一个“数学平台”代替平台式惯导系统中的机械平台的相关功能，该系统中采取惯性元器件和负载固联的方式完成“数学平台”的相关功能，使得系统的结构较平台式惯导系统来说就简单了很多，与此同时降低了该系统的制造、维护成本。但随之而来的是捷联式惯导系统传感器受到的噪声对其结果的估算影响较大。虽然两个系统各有优势，但相比之下，目前在各领域中捷联式惯导系统得到了更广泛的应用。

对于前面提到的惯性导航技术来说，如何处理来自惯性传感器的噪声对导航推算的结果影响很大，因此现阶段对惯性导航的研究多集中在如何利用成本较低的惯性器件实现高性能的导航服务以及导航系统累积误差的消除方法方面。文献[18]便在如何融合多个性能较低的传感器的数据来构造一个可实现高精度的多传感器网络、如何处理多传感器的测量误差等方面进行了深入的研究。该方法先将测量数据进行滤波处理，再将处理后的数据用于捷联式惯性导航系统中推算机器人运动的轨迹信息，最后得出的效果较好。

惯性传感器在静止状态时输出为零，根据传感器的这个约束条件，可以在一定程度上做到对惯性导航中出现的累积误差的抑制或校正。对于移动机器人在行进过程中出现的定位误差随时间的增加而变大的问题，Keunecke 等[19]提出利用静止时将加速度置零的方案来达到减小系统在估算过程中的误差的目的。Ramanandan 等[20]认为应该在机器人静止时强制惯性传感器输出，使其输出的速度和角速率测量值为零从而对速度、姿态角进行修正，进而减小估算中的位置误差和校正在目标运动过程中出现的陀螺仪数据漂移的现象。

8.2.3　多传感器信息融合

传感器作为信息处理系统中感知外部世界的手段，其获取信息的广度、有效性以及实时性对于信息处理系统对外部世界的了解起着至关重要的作用。然而某类传感器只能感知到外部环境的一部分特性，并且传感器在感知外部世界的过程中存在的不确定性因素导致感知信息的不确定性，因此信息处理系统理解外部世界时不能只通过单一传感器来获取信息。为了更加准确地得到外部世界的特性，通常采用两类或两类以上的传感器来获取信息，这些传感器获取信息的方式可能不同，但是它们获取的信息特性应尽量接近甚至对特性的描述有重合的部分，即获取到冗余信息，这样在对这些传感器的信息进行融合处理时才会显得更科学、更准确。

信息融合是将多源信息或多个传感器的信息进行滤波、有目的地组合从而得出比只采用部分传感器的信息更准确、更可靠、更经济、更稳定的结果。关于多传感器信息融合的理论很多，如最优化理论、模式识别、估计理论、神经网络和人工智能等方面[21]。国内外专家学者认为多传感器信息融合可以分为基于随机类模型和基于人工智能模型两类。其中，DS 证据推理法、Kalman 滤波法、贝叶斯估计法等是基于随机类模型的理论；模糊神经网络、模糊综合评判理论和小波分析理论等是基于人工智能模型的理论[22]。

赵延鹏等[8]在复杂环境下室内目标的跟踪方面，利用平方根不敏 Kalman 滤波器(square-root unscented Kalman filter，SRUKF)算法与协方差加权融合来实现行人航迹推算(pedestrian dead reckon，PDR)/超声波室内组合定位，根据这两种模型的系统噪声对噪声的加权因子进行设置，并对协方差进行设置来实现对室内运动目标的跟踪。该算法对于室内复杂环境有一定的适应能力，融合估计算法采取两种模型同时工作的方式成功避免了惯性传感器的累积误差、室内遮挡对超声波定位的影响，融合定位参数的误差可以收敛到一定范围内，融合的结果比单模型的跟踪效果好并且算法稳定。

王磊等[9]在室内跟踪方面提出将超宽带技术和惯性导航技术结合的方式实现对机动目标运动的跟踪，他们利用惯性导航技术的信息减小 UWB 技术在位置估计方面的非视距误差，利用 UWB 产生的位置估计值对惯性导航技术的估计值进行校正，从而避免陀螺仪测量数据的漂移误差。和单一传感器相比，该融合算法的精度高且稳定，但是考虑到 UWB 的成本较高，该技术在目前来说普及的可能性不大。

叶涛[10]针对室内环境下无线电波在传播过程中损耗的问题，提出 ZigBee 技术和 RFID 技术相结合的方法实现对室内目标的跟踪定位。他的思路是先利用 RFID 技术对目标可能出现的区域进行判断，然后利用 ZigBee 技术在较小的区域对目标的位置进行估计，最后将 RFID 的定位结果和 ZigBee 的定位结果通过加权平均的算法进行融合。算法针对 RFID 的区域定位效率低、节点位置关联性差的问题，提高了系统在区域定位中的可靠性和准确性，减小了无线电波在室内传播的不确定性对定位结果的影响，但是该算法需要提前布置一些固定节点，算法的准确性和适应性有待提高。

宋昌宁[11]在室内跟踪方面基于信息融合的思想提出将 WiFi 技术和惯性传感器

相结合的方式实现对目标的跟踪，WiFi-Sensor 方法利用 WiFi 信号强度变化规律来对惯性导航技术在目标跟踪过程中的位置估计进行校正。算法的融合方法为将 WiFi 定位与航位推算的结果进行加权平均，其权值是根据条件变化的，前期惯性导航的权值较大，后期由于惯性传感器的漂移误差，WiFi 定位的权值大，整个估计过程以 WiFi 定位为主。其优势为算法实现不用额外安装设备，而是利用智能手机中的传感器，另外，算法利用目前室内使用频率很高的 WiFi 技术进一步降低了该算法的使用门槛，经济且易推广；但是该算法的定位精度在米级，前期跟踪主要靠惯性导航的结果，误差还能接受，后期跟踪以 WiFi 定位的结果为主，而 WiFi 定位的误差很大，故该算法在精度方面还有很大的提升空间。

8.3 小　结

本章对常用的室内机动目标运动的跟踪技术，包括 WiFi 技术、射频识别定位技术、惯性导航技术、超声波定位技术、红外线定位技术等进行简述，分析了各种技术和系统的特点。

需要指出的是，这些技术并没有孰好孰坏之说，它们各有优缺点，适用于不同应用场合、不同成本造价、性能要求的系统。

参考文献

[1] 陈硕. 基于多传感器信息融合的移动机器人路径规划研究[D]. 哈尔滨: 哈尔滨工程大学, 2012.

[2] 王小辉, 汪云甲, 张伟. 基于 RFID 的室内定位技术评述[J]. 传感器与微系统, 2009, 20(4): 7-11.

[3] Mok E, Retscher G. Location determination using WiFi fingerprinting versus WiFi trilateration[J]. Journal of Location Based Services, 2007, 1(2): 145-159.

[4] 秦永元. 惯性导航[M]. 北京: 科学出版社, 2006.

[5] 路丹晖. 融合视觉与惯性导航的机器人自主定位[D]. 杭州: 浙江大学, 2012.

[6] 王广伟. 教室的室内定位系统的设计与开发[D]. 上海: 华东师范大学, 2013.

[7] 赵世亭. 基于三维激光扫描技术的室内外无缝导航应用研究[D]. 上海: 上海海洋大学, 2014.

[8] 赵延鹏, 时伟, 艾明曦. 室内行人航迹推算/超声波组合定位融合算法[J]. 中南大学学报(自然科学版), 2016, 47(5): 1588-1598.

[9] 王磊, 李高军, 潘文祥, 等. 基于超宽带和惯导的室内组合定位方法研究[J]. 信息通信, 2016, (10): 128-130.

[10] 叶涛. 基于 RFID 与 ZigBee 的室内定位跟踪技术研究[D]. 重庆: 重庆大学, 2011.

[11] 宋昌宁. 基于 WiFi-Sensor 技术的室内定位系统研究与实现[D]. 北京: 北京邮电大学, 2015.

[12] Palaniappan R, Mirowski P, Ho T K, et al. Autonomous RF surveying robot for indoor localization and tracking[C]// International Conference on Indoor Positioning and Indoor Navigation, 2011.

[13] Rodrigues M L, Vieira L F M, Campos M F M. Mobile robot localization in indoor environments using multiple wireless technologies[C]// Proceedings of the IEEE Robotics Symposium and Latin American Robotics Symposium, 2012: 79-84.

[14] Pardinas J, Lamberti R, Muller M, et al. A fast low-cost TOA estimation for UWB impulse radio networks[C]// The 9th International Conference on Communications, 2012: 27-30.

[15] Yang Q, Wang H Y, Li J C, et al. An improved method for mobile robot localization based on passive RFID system[J]. Applied Mechanics and Materials, 2012, 190: 651-655.

[16] 史楠. 基于 RFID 的室内定位感知系统的研究与实现[D]. 北京: 北京交通大学, 2006.

[17] 邓志红, 付梦印, 张继伟, 等. 惯性器件与惯性导航系统[M]. 北京: 科学出版社, 2012: 1-23.

[18] Zhang Q, Wang L, Zhou S. Strap-down inertial navigation system applied in estimating the track of mobile robot based on multiple-sensor[C]//Proceedings of the 25th Chinese Control and Decision Conference, 2013: 3215-3218.

[19] Keunecke K, Scholl G. Reducing position instability of unaided inertial navigation systems in standstill[C]// Proceedings of the IEEE 18th Conference on Emerging Technologies & Factory Automation, 2013: 1-8.

[20] Ramanandan A, Chen A, Farrell J A. Inertial navigation aiding by stationary updates[J]. IEEE Transactions on Intelligent Transportation Systems, 2012, 13(1): 235-248.

[21] 黄漫国, 樊尚春, 郑德智. 多传感器数据融合技术研究进展[J]. 传感器与微系统, 2010, 29(3): 5-12.

[22] 马平, 吕锋, 杜海莲, 等. 多传感器信息融合基本原理及应用[J]. 控制工程, 2006, 13(1): 48-77.

第 9 章　基于 IMU 的仿真系统与轨迹重建方法

室内运动目标跟踪系统仿真平台中的目标运动轨迹数据产生器产生的数据分为两部分，一部分是 RFID 阅读器的位置坐标(图 9.1 中的黑色大圈，关于 RFID 阅读器的介绍详见第 10 章)；另一部分是目标物体在运动过程中的位置坐标(图 9.1 中的小圈)。这两部分数据的产生由用户按照实验的需要在软件中设置，数据的效果图如图 9.1 所示，其中“*”表示目标物体运动的起点。

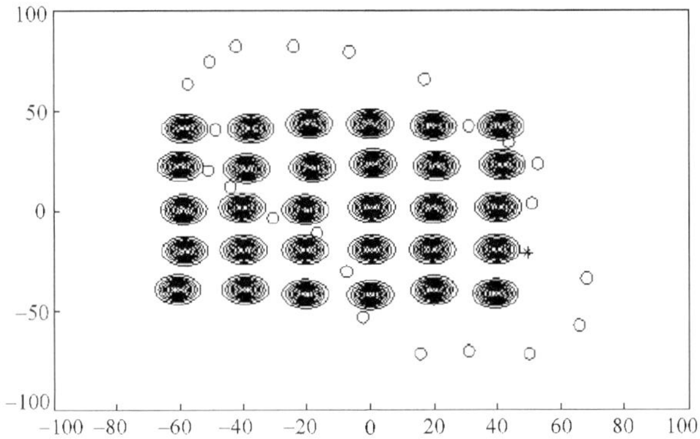

图 9.1　目标运动轨迹数据产生器效果图

仿真实验中假定目标物体是在平面上运动的，故俯仰角、横滚角在运动过程中没有变化，此时便可以将仿真数据模型简化到二维平面。实验中设定每两个采样数据点的采样间隔为 0.01s，这样设计采样间隔的依据是和实际惯性传感器保持一致。

9.1　基于 IMU 的运动轨迹测量数据仿真

利用目标运动轨迹数据产生器的输出数据，即机动目标在运动过程中的位置坐标，首先通过加速度计仿真器和陀螺仪仿真器得到机动目标在给定位置(目标运动轨迹数据产生器给出的坐标)的加速度和角速度测试数据。

9.1.1　加速度计仿真器的实现

1) 加速度计模型的理想输出量

加速度计的原理是通过测量物体所受的比力信息再将其转化为加速度实现的。对于导航坐标系来说，我们可以把载体所受的比力及其相对于地球自转运动的加速度之间的关系通过式(9-1)描述出来[1]

$$f^n = C_t^n a^t + (2\omega_{ie}^n + \omega_{en}^n) \times V^n + g^n \tag{9-1}$$

其中，a^t 为机体相对于地球的加速度在 t 系中的投影；C_t^n 为 t 系与 n 系的转换矩阵；$\omega_{en}^n \times V^n$ 为机体相对于地球的自转所引起的向心加速度；$2\omega_{ie}^n \times V^n$ 为机体相对地球的速度与地球自转角速度二者间的相互影响而形成的科氏加速度；g^n 为地球的重力加速度在 n 系的投影。通过姿态角可以计算出转换矩阵 C_t^n 与 C_n^b；利用式(9-1)计算出导航坐标系下的比力 f^n，再将其与转换矩阵 C_n^b 相乘就可以得到载体坐标系下的比力为

$$f^b = C_n^b f^n \tag{9-2}$$

加速度计模型的理想输出便是 f^b。

2) 加速度计仿真器仿真数据的产生

对于加速度数据的计算具体到仿真实验中，我们根据牛顿运动定律，定义目标物体在第一个点处的速度、加速度为零，假设机动目标在两个点之间做匀加速运动且运动时间为 0.01s，因此对于载体来说只有 x、y 轴方向有加速度，z 轴方向的加速度大小为 0。对每两个坐标点之间的距离进行微分得到目标物体从一个坐标点到下一个坐标点的速度，然后根据两个坐标点的速度得出目标在这段位移中的加速度 a'_{ny}。最后对得到的加速度加入高斯白噪声，则加速度计三个轴的数据分别为 $a_{nx} = a'_{nx} + \mathrm{randn}(1,n)$，$a_{ny} = a'_{ny} + \mathrm{randn}(1,n)$，$a_{nz} = \mathrm{randn}(1,n)$。此时在导航坐标系下有 $a_n = [a_{nx} \quad a_{ny} \quad a_{nz}]^{\mathrm{T}}$，但加速度计的测量值实际上应该是载体坐标系下的物理量，故我们把导航系的加速度通过姿态矩阵转换到载体坐标系下。由式(9-2)可知 $a_b = C_n^b a_n$，此时的 a_b 即为加速度计仿真器的输出值。

9.1.2　陀螺仪仿真器的实现

1) 陀螺仪模型的理想输出量

理想角速度陀螺仪所输出的测量值是 b 系相对于 i 系的转动角速度在 b 系中的投影 ω_{ib}^b。从仿真器给出的轨迹参数数据，我们可以得到 b 系相对于 n 系的转动角速度在 b 系中的投影 ω_{nb}^b；通过数据中计算得到的速度、坐标可以计算出 n 系相对于 i 系的转动角速度在 n 系中的投影 ω_{in}^n，通过姿态角可以计算出从 n 系到 b 系的转换矩阵 C_n^b，ω_{in}^n 与转换矩阵 C_n^b 相乘即可得到 ω_{in}^b；然后将 ω_{in}^b 和 ω_{nb}^b 相加，就可以得到陀螺仪模型的理想输出 ω_{ib}^b [2]。具体求解过程如下。

先求 b 系相对于 n 系的转动角速度在 b 系中的投影 ω_{nb}^b，根据圆周动力学原理，可以从轨迹数据中进行求导计算获得；再求 n 系相对于 i 系的转动角速度在 b 系中的投影 ω_{in}^b，首先我们可以求出 n 系相对于 i 系的转动角速度在 n 系中的投影 ω_{in}^n，它可以表示为

$$\omega_{in}^{n} = \omega_{ie}^{n} + \omega_{en}^{n} \tag{9-3}$$

该式中的量均可通过给定初始数据求出。再由 ω_{in}^{n} 以及姿态转换矩阵 C_n^b 可以得到

$$\omega_{in}^{b} = C_n^b \omega_{in}^{n} = C_n^b(\omega_{ie}^{n} + \omega_{en}^{n}) \tag{9-4}$$

由此我们也就得到了陀螺仪模型的理想输出 ω_{ib}^{b} 为

$$\omega_{ib}^{b} = \omega_{in}^{b} + \omega_{nb}^{b} \tag{9-5}$$

2) 陀螺仪仿真器仿真数据的产生

具体到仿真实验中对角速度的计算我们采用如下思路：假设物体在水平面内水平运动，即物体在运动过程中俯仰角和横滚角的变化为 0，规定当机动目标的 y 轴与导航坐标系的 y 轴(正北方向)重合时，航向角为 0°，第一个坐标点的航向角为第一个点和第二个点之间的连线与导航坐标系 y 轴正方向的夹角(顺时针方向旋转)，第二个坐标点的航向角为第二个坐标点和第三个坐标点之间的夹角和 y 轴正方向之间的夹角，以此类推便可得到机动目标在每个坐标点处的姿态角，最后一个点没有航向角的数据(因为停止运动了)，然后根据每两个点之间姿态角的变化与采样时间(0.01s)的比值便可得到陀螺仪的理想测量值角速度。对角速度的理想输出加入高斯白噪声便可以得到陀螺仪仿真器的测量数据。

在仿真实验中我们注意到：对于角速度的计算采用的是弧度制，而在 MATLAB 中仿真时，当航向角中出现 0 弧度时(图 9.2 角速度计算的特殊情况 1)，需要分别让该点的航向角等于 0 弧度和 2π 弧度去与上一个坐标点(如果存在)或下一个坐标点(如果存在)计算角速度的值，然后取两者之中绝对值较小的那个作为角速度的计算值，从而避免了角速度突然增大与该点附近角速度不匹配的情况，该情况的出现违背了运动学规律，因此需要避免。此外，角速度在变化过程中不能出现异常突变(图 9.3 角速度计算的特殊情况 2)，如果发现这样的异常点，可取前一个点的角速度的值代替。

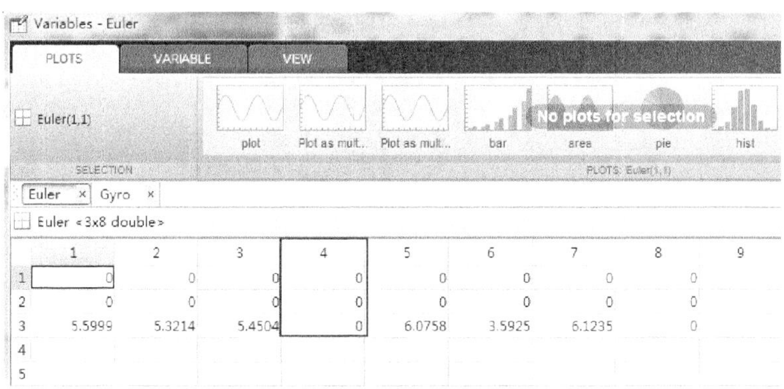

图 9.2　角速度计算的特殊情况 1

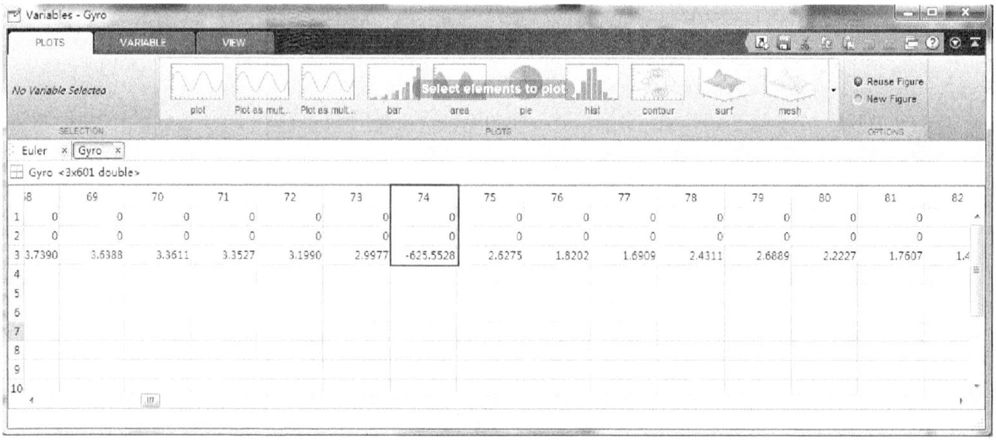

图 9.3　角速度计算的特殊情况 2

9.1.3　惯性传感器数据的仿真结果

根据上述分析与计算过程，我们产生了加速度计和陀螺仪的仿真数据，接下来应该对仿真数据加上模拟噪声，在实验中用的是高斯白噪声，其中对加速度计和陀螺仪的测量数据所加的高斯白噪声的方差为 0.25，并对带噪声的测量数据进行了平滑滤波预处理，图 9.4 和图 9.5 分别是陀螺仪和加速度计的测量数据和滤波后的数据效果对比图。

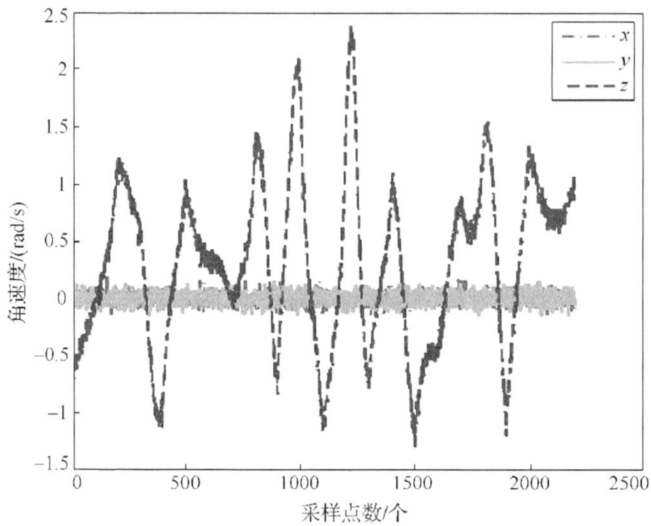

图 9.4　陀螺仪仿真器测量数据

对于陀螺仪测量的角速度来说，由于我们的仿真实验是在二维平面进行的，仿真实验的假设是机动目标做水平运动，即运动过程中姿态角仅航向角发生变化，俯仰角和横滚角的大小均不发生变化，所以可以看到角速度的 x、y 轴的测量数据为仅含有白噪声的测量数据。对于加速度计的测量数据来说，我们将在导航坐标系计算得到的加速度数据通过姿态矩阵转换到载体坐标系下，然后对载体坐标系下的加速度数据分别加上高斯白噪声。由于机动目标假定是水平运动的，此时式(5-3)可以被简化，简化后的公式见式(9-6)，所以目标在运动的过程中，z 轴的加速度值在重力加速度附近，并且加速度计的 z 轴加速度仿真数据也在重力加速度附近。由式(9-6)可知，当目标在运动过程中只有航向角发生变化时，z 轴加速度的数值大小对 x、y 轴的加速度没有影响，转换到载体坐标系下也是没有贡献的，所以我们在实验中将 z 轴加速度的测量值设为 0 并加入了高斯白噪声。而同样根据式(9-6)，我们可以将导航坐标系下求得的 y 轴(目标的前进方向)方向的加速度转换到载体坐标系下，由公式可以看出，导航坐标系下 y 轴的加速度仅对载体坐标系下 x、y 轴的加速度大小有贡献。

$$C_n^b = \begin{bmatrix} \cos\varphi & \sin\varphi & 0 \\ -\sin\varphi & \cos\varphi & 0 \\ 0 & 0 & 1 \end{bmatrix} \tag{9-6}$$

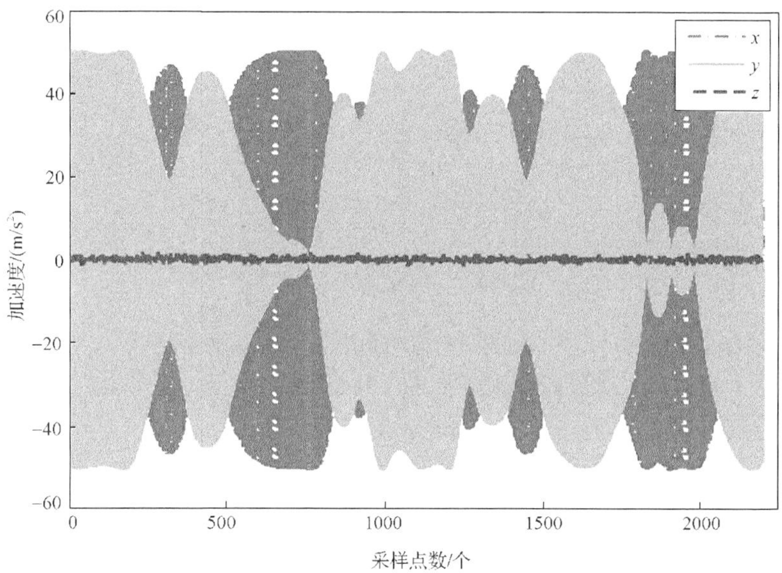

图 9.5　加速度计仿真器测量数据

9.2　基于 IMU 的运动轨迹重构方法及仿真结果

在基于惯性传感器的室内跟踪算法解算的过程中，由于惯性传感器固联在载体上，惯性传感器的测量数据是载体坐标系相对于惯性空间的变化，而要描述载体坐标系的姿态角、位置等信息需要得到载体坐标系相对于导航坐标系的数据，我们需要把传感器的测量数据通过姿态矩阵转换到导航坐标系下，这样才能描述载体的运动特性，这时我们面临的问题便成了姿态矩阵的求解。

通常在惯性导航过程中用到的姿态矩阵的更新由角速度构成的微分方程来描述，求解该微分方程的方法很多，包括欧拉角法、方向余弦法、四元数法等[3]。

9.2.1　基于惯性传感器测量数据的航位推算

在图 9.6 中，小黑点表示的是被测载体的位置坐标，其中(x_0, y_0)为起始坐标，φ_0和φ_1为载体的航向角，d_1和d_2为载体在采样时间间隔内的位移，d的计算方式是根据牛顿运动定律计算目标在各个采样间隔内的位移，其中加速度为载体坐标系下 y 轴方向的加速度(此时 x 轴方向的加速度为零)。进而根据$\Delta x = d \cdot \sin\varphi$，$\Delta y = d \cdot \cos\varphi$的数学关系式便可以推算出载体在各个时刻的位置坐标。

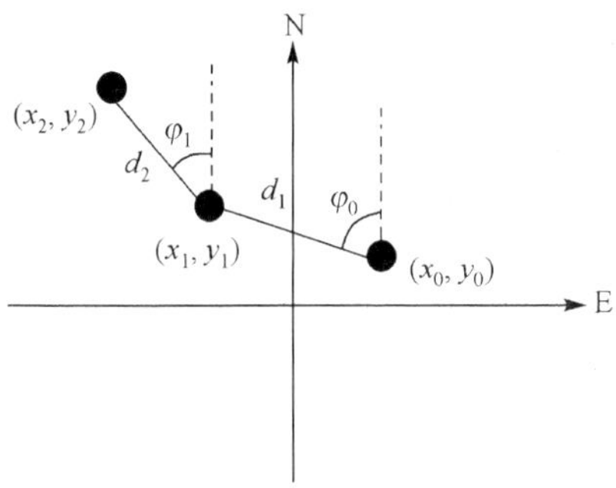

图 9.6　航位推算示意图

下面具体说明如何计算目标在任意时间间隔内的位移大小。首先对加速度计的数据采用平滑滤波去除加速度的噪声，然后将载体坐标系下测量的加速度数据通过姿态矩阵转换到导航坐标系。此时如果在导航坐标系下横、纵坐标方向的加速度均不为零，则按照起始点的初速度为零，根据牛顿运动定律分别计算机动目标在第一个采样时间间隔内导航坐标系下的横、纵坐标方向的位移和第二个点处的速度大小v_{x2}、v_{y2}，然后在计算第二个采样间隔的位移时，初速度用第一次计算的速度v_{x2}、v_{y2}，以此类推即可计算出各个采样间隔内的位移；而如果横坐标方向的加速度为零，则按照图 9.6 的方式计算目标在各个时间段的位移。最后一部分是根据起始点的坐标、前面计算的位移和航向角计算出各个时刻机动目标的位置坐标并画图。

我们采用四元数法实现基于惯性传感器测量数据的航位推算算法，关于四元数的具体定义和姿态角的求法请参见第 5 章。流程图如图 9.7 所示，首先对来自传感器的数据进行滤噪处理，然后根据系统已知的初始条件以及陀螺仪的角速度数据列出四元数的微分方程，利用龙格-库塔法求解四元数的微分方程并对四元数进行归一化操作，这样便得到了更新后的四元数，利用更新后的四元数计算得出四元数形式的姿态矩阵，进而计算得到被测载体的姿态角；求解目标在各采样间隔内的位移大小，然后根据上述计算得到的位移和姿态角信息便能计算得出被测载体在当前点的坐标信息，其相对位置关系如图 9.6 所示。此时如果还有来自惯性传感器的测量数据，则继续按图 9.7 所示流程进行计算，直到结束。

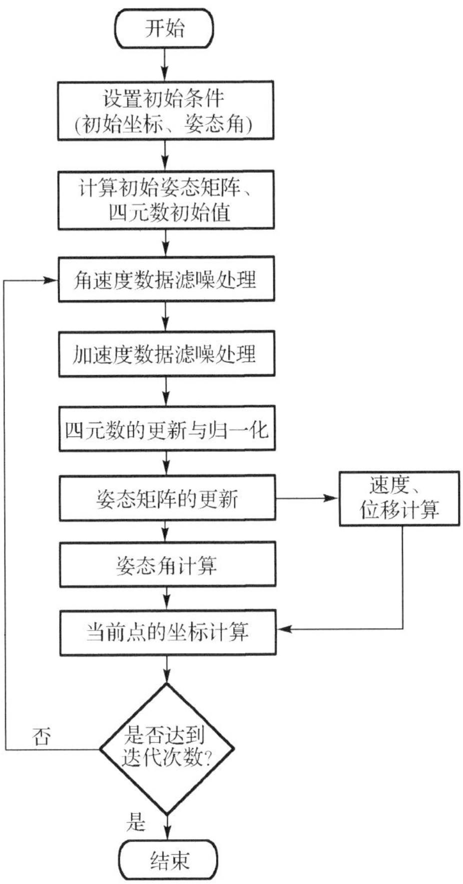

图 9.7　基于 IMU 测量数据的航位推算算法流程图

9.2.2　仿真实验结果及误差分析

将 9.1 节中的加速度和角速度数据经滤波后，按照 9.2.1 节的方法进行姿态解算便能得到机动目标在运动过程中的姿态角变化，假设其中俯仰角和横滚角一直不发生变化。在图 9.8 所示的姿态角中，浅色虚线表示目标在运动过程中航向角的准确值，该航向角是按照两个点之间的连线和导航系下 y 轴的正方向的夹角计算的。图 9.8 节的黑色虚线是按照 9.1.2 节中所描述的方法计算得到的，可以看出，经过姿态解算后得到的航向角和航向角的参考值非常接近，验证了姿态解算方法的有效性。

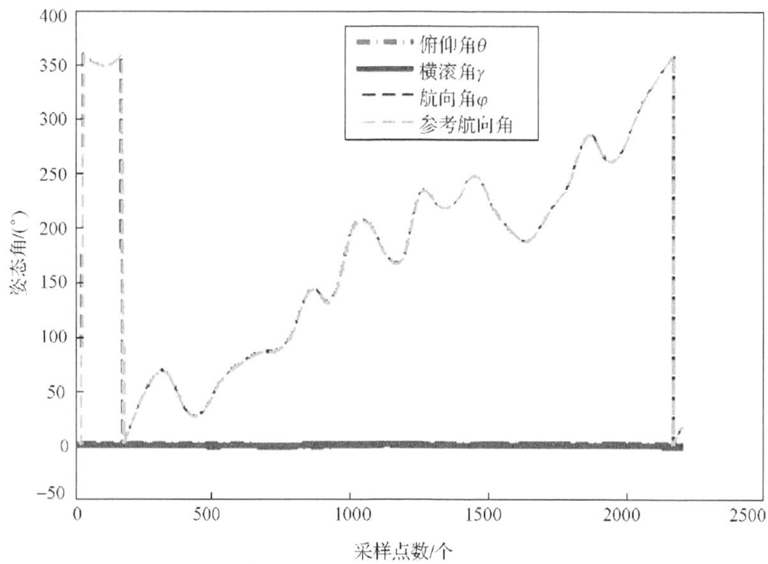

图 9.8　姿态角

基于 IMU 测量数据的航位推算算法的结果如图 9.9 所示，图中的浅色粗线表示目标运动过程中的实际轨迹，深色粗线表示经过捷联惯性导航算法估算得到的轨迹。从图中可以看出，估算出的轨迹和参考轨迹的形状一样，两条轨迹大致重合。该算法的估算准确性主要受到估算的航向角、采样时间内的位移两个因素的影响，综合以上分析，参考轨迹与估计轨迹非常接近说明了我们对噪声处理过程的合理性，给出了轨迹的误差，也验证了该算法的有效性。图 9.10 横坐标的误差在 1.5cm 以内，纵坐标的最大误差在 1cm 左右。误差出现的原因在于传感器的测量噪声的处理，我们只能利用滤噪的方法尽可能地减少噪声的影响，但无法完全滤除噪声。

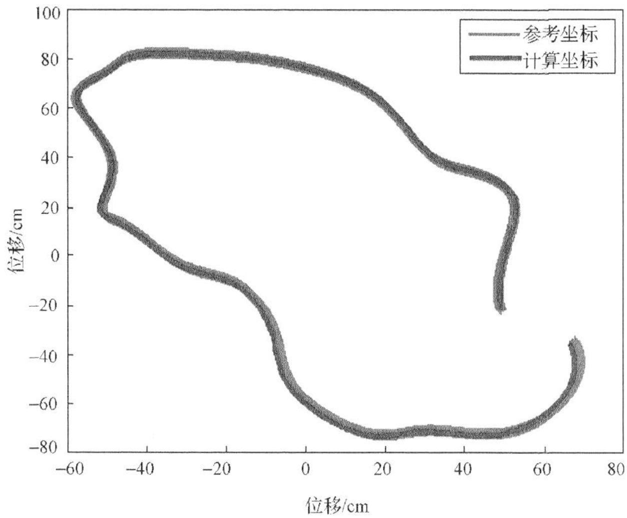

图 9.9　IMU 合成轨迹

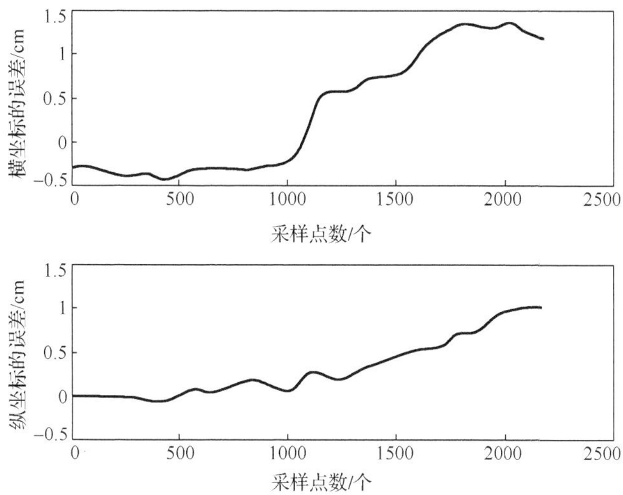

图 9.10　IMU 合成轨迹误差

9.3　小　结

本章着重分析了基于惯性传感器数据的姿态解算方法，介绍了如何根据来自惯性传感器的数据对机动目标的运动进行姿态解算和轨迹跟踪，包括姿态矩阵的推导过程，如何运用来自陀螺仪的数据更新四元数从而达到更新姿态矩阵的目的，如何将载体坐标系测量的加速度转换到导航坐标系并对目标的位移进行估算。然后介绍了如何利用算法计算得到的姿态角和位移信息对机动目标的运动坐标进行估算。最后，对 9.1 节中得到的惯性传感器的仿真数据用本章的算法进行了验证并给出了仿真的实验结果和误差，仿真结果说明了该算法的理论正确性。

参考文献

[1] 付军. 捷联惯导算法研究及系统仿真[D]. 哈尔滨: 哈尔滨工业大学, 2007.

[2] Gurdan D, Stumpf J, Achtelik M, et al. Energy-efficient autonomous four-rotor flying robot controlled at 1kHz[C]// Proceedings of the IEEE International Conference on Robotics and Automation, 2007: 361-366.

[3] Lallana E, Ferreri T, Carroccio S C, et al. End-group rearrangements in poly(propylene sulfide) matrix-assisted laser desorption/ionization time-of-flight analysis. Experimental evidence and possible mechanisms[J]. Rapid Communications in Mass Spectrometry, 2012, 26(18): 2158-2164.

第 10 章　基于 RFID 的运动轨迹重构方法

10.1　基于 RFID 的运动轨迹测量数据仿真

RFID 系统包括阅读器和 RFID 标签。当标签靠近阅读器时，标签的 ID 和它到阅读器的距离就会被读取，并上传到数据采集中心。在 RFID 仿真部分，RFID 系统轨迹估计算法的输入数据由仿真器提供，包括机动目标在各个时刻对应的位置坐标、每个坐标对应的时刻、RFID 阅读器的坐标以及阅读器的数据，系统的输出数据为机动目标在各个时刻的估计坐标及估计坐标对应的时刻。

10.1.1　RFID 系统的测量模型

前面已经介绍，RFID 测量系统主要分为两部分，一部分是 RFID 阅读器，另一部分是 RFID 标签。阅读器和射频标签之间的感应是以阅读器发出的射频信号为介质的。在实际实验的过程中，阅读器按其固有的频率发射射频信号，该射频信号通常有个测量范围，当在这个范围中出现射频标签时，阅读器便会接收到从标签返回的相关射频信息，信息包括射频标签的一个唯一编码及标签和阅读器之间的距离。需要说明的一点是，目前市面上的大多数廉价的 RFID 阅读器只能感知在其测量范围内是否有标签存在，并不能感知到标签和阅读器之间的具体距离；但有些高档的 RFID 阅读器可以给出阅读器到标签之间的距离信息。我们在仿真实验中的 RFID 系统的测量模型也相应地由 RFID 阅读器和射频标签两部分组成，其中阅读器的位置信息由用户设定并且这个信息是已知的，而阅读器输出的距离信息是根据测量模型计算得到的。

在重构跟踪系统描述模型之前，需要先介绍 RFID 测量方面的知识，t_i 时刻第 n 个阅读器与标签的距离 $z_n(t_i)$ 可以通过 RSSI 获得，若其值为 $P_n(d,\phi,t_i)$，则

$$z_n(t_i) = d_0 10^{\frac{P_r(d_0)-P_n(d,\phi,t_i)}{10q}} \tag{10-1}$$

其中，d_0 表示与闭环相关的距离参数；$P_r(d_0)$ 表示与 d_0 有关并以 dBm 为单位的参数；q 为路径代价指数。

设 x、$\dot{x}$、$\ddot{x}$ 代表目标的位置、速度、加速度的横轴状态信息，y、$\dot{y}$、$\ddot{y}$ 是目标的纵轴状态信息，t_i 时刻系统的状态变量可以描述为

$$X(t_i) = \begin{bmatrix} x(t_i) & \dot{x}(t_i) & \ddot{x}(t_i) & y(t_i) & \dot{y}(t_i) & \ddot{y}(t_i) \end{bmatrix} \tag{10-2}$$

设 $d_n(t_i)$ 表示第 n 个阅读器与标签在采样时间为 t_i 时的实际距离，则该实际距离为

$$d_n(t_i)=\sqrt{(x(t_i)-x_n(0))^2+(y(t_i)-y_n(0))^2} \tag{10-3}$$

其中，$x_n(0)$、$y_n(0)$ 分别代表第 n 个 RFID 阅读器的横纵坐标；$x(t_i)$、$y(t_i)$ 为二维空间中目标的实际位置。通常，距离 $z_n(t_i)$ 与实际距离 $d_n(t_i)$ 是不相同的，它们的关系可以描述为

$$z_n(t_i)=d_n(t_i)+v_n(t_i) \tag{10-4}$$

其中，$v_n(t_i)$ 是第 n 个阅读器在采样时间 t_i 的测量噪声，其方差满足

$$v_n(t_i)/d_n(t_i) \sim N\left(0,\left(\frac{0.2303\sigma_p}{\gamma}\right)^2\right) \tag{10-5}$$

其中，σ_p 为标准差；γ 是路径损耗指数；“/”表示除法运算。可以看出，测距误差与实际距离的比值服从零均值、标准差为 $0.2303\sigma_p/\gamma$ 的正态分布。通常，标准差 σ_p 设置为 4dB，路径损耗指数 γ 设置为 1.6～6.5[1]。

10.1.2 RFID 阅读器数据的产生

在仿真数据的产生阶段，首先由用户设计或部署 RFID 阅读器的位置信息，然后设置机动目标在运动过程中出现的一些位置坐标，为增加系统估计的准确性，需要对位置坐标进行插值估计，本次仿真实验中将坐标的插值间隔设置为 0.1，即在两个点之间再插 9 个点。

在仿真中阅读器到 RFID 的距离的计算以及判断 RFID 标签是否能被 RFID 阅读器读到是一个难点，也是 RFID 系统估算中的一个重要数据。RFID 阅读器测量模型设计的具体过程如下：首先计算每一个 RFID 标签的坐标位置到每个 RFID 阅读器的距离 d，然后根据式(10-6)判断距离 d 是否符合条件，如果条件为真，则认为该距离 d 超出了阅读器的测量范围，如果为假，则认为该位置的 RFID 标签可以被 RFID 阅读器测量到，并将该距离信息以及相对应的采样时间点、位置坐标保存下来，进而由式(10-4)、式(10-5)可将测量得到的距离加测量噪声。

$$\mathrm{rand}(1)>\mathrm{e}^{-\frac{d^2}{2\times 15\times 15}} \tag{10-6}$$

表 10.1 是来自 RFID 阅读器的测量数据，其中第一列是不同的 RFID 阅读器的序号，第一行是不同的采样时刻，表中从第二列开始每一列表示在相应的采样时刻各个 RFID 阅读器到 RFID 标签的距离，“NaN”表示阅读器没有感应到 RFID 标签。从表 10.1 可以看出，第 7 个 RFID 阅读器只有从 0 时刻到 0.7s 读取数据，这些数据

表示目标移动时与阅读器的距离。另外，除了第 6 个和第 18 个 RFID 阅读器处，其他各个阅读器在这一段时间内都没有获得任何读取数据。需要说明的是，由于阅读器数量和测量数据较多，表 10.1 中只是一次实验的部分数据。

表 10.1　RFID 阅读器测量数据

RFID 阅读器 \ 采样时间	0	0.1	0.2	0.3	0.4	0.5	0.6	0.7	0.8	0.9	1	1.1	1.2
1	NaN	NaN	NaN	NaN	NaN	NaN	NaN	NaN	NaN	NaN	NaN	NaN	NaN
2	NaN	NaN	NaN	NaN	NaN	NaN	NaN	NaN	NaN	NaN	NaN	NaN	NaN
3	NaN	NaN	NaN	NaN	NaN	NaN	NaN	NaN	NaN	NaN	NaN	NaN	NaN
4	NaN	NaN	NaN	NaN	NaN	NaN	NaN	NaN	NaN	NaN	NaN	NaN	NaN
5	NaN	NaN	NaN	NaN	NaN	NaN	NaN	NaN	NaN	NaN	NaN	NaN	NaN
6	23.04642	NaN	NaN	NaN	NaN	NaN	NaN	NaN	NaN	NaN	NaN	NaN	NaN
7	10.0095	9.130236	9.517335	10.74706	12.7352	15.45509	16.89091	21.3554	NaN	NaN	NaN	NaN	NaN
8	NaN	NaN	NaN	NaN	NaN	NaN	NaN	NaN	NaN	NaN	NaN	NaN	NaN
9	NaN	NaN	NaN	NaN	NaN	NaN	NaN	NaN	NaN	NaN	NaN	NaN	NaN
10	NaN	NaN	NaN	NaN	NaN	NaN	NaN	NaN	NaN	NaN	NaN	NaN	NaN
11	NaN	NaN	NaN	NaN	NaN	NaN	NaN	NaN	NaN	NaN	NaN	NaN	NaN
12	NaN	NaN	NaN	NaN	NaN	NaN	NaN	NaN	NaN	NaN	NaN	NaN	NaN
13	NaN	NaN	NaN	NaN	NaN	NaN	NaN	NaN	NaN	NaN	NaN	NaN	NaN
14	NaN	NaN	NaN	NaN	NaN	NaN	NaN	NaN	NaN	NaN	NaN	NaN	NaN
15	NaN	NaN	NaN	NaN	NaN	NaN	NaN	NaN	NaN	NaN	NaN	NaN	NaN
16	NaN	NaN	NaN	NaN	NaN	NaN	NaN	NaN	NaN	NaN	NaN	NaN	NaN
17	NaN	NaN	NaN	NaN	NaN	NaN	NaN	NaN	NaN	NaN	NaN	NaN	NaN
18	NaN	21.96452	20.11082	27.72161	17.2423	12.9428	11.8323	11.64981	11.14207	8.206748	10.35141	11.08375	13.06896

10.2　基于 RFID 测量数据的运动轨迹重构方法

本节先介绍基于 RFID 测量数据轨迹重构方法的流程图，然后基于 UKF 算法，给出了基于可变数量 RFID 阅读器的 UKF 跟踪方法。

10.2.1　轨迹重构方法流程图

基于 RFID 测量数据的轨迹重构方法如图 10.1 所示。具体实现流程为：首先获得采样点的个数并对不等间隔的采样周期进行计算，然后设置系统跟踪的模型参数的初始值，接下来用自适应参数的机动目标模型对目标的运动轨迹进行估计。每一步的估计状态将被记录下来,最后我们可以根据记录的状态值(包括对运动目标在横纵坐标方向的位移、速度、加速度的估计)得到目标在各时刻的位置坐标，从而实现对运动目标的跟踪。

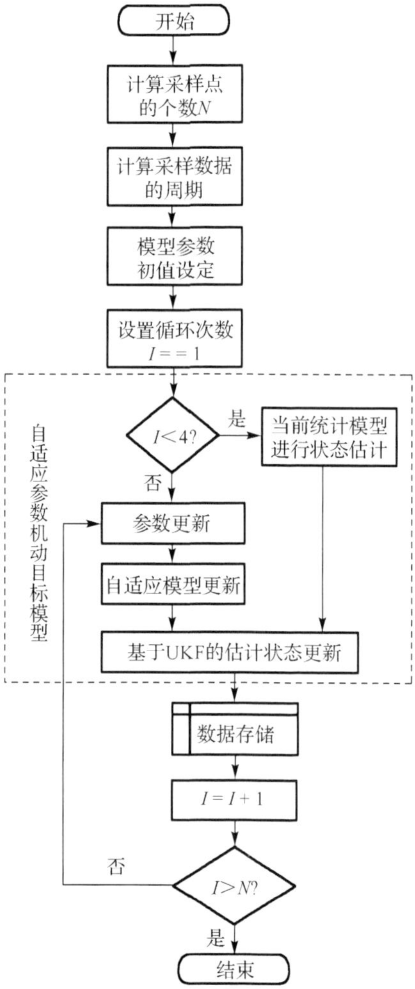

图 10.1　基于 RFID 传感器测量数据轨迹重构过程

10.2.2　基于可变数量 RFID 阅读器的 UKF 跟踪方法

首先我们讨论机动目标的运动模型。RFID 阅读器数据为不规则采样，这使得我们不能基于离散化模型直接研究 RFID 系统的跟踪问题。由于室内目标在运动过程中加速度均值会收敛于零，假设在 t_i 时刻加速度均值为 0，我们使用如下不规则采样间隔下的系统模型

$$X(t_i)=A(t_{i-1})X(t_{i-1})+w(t_{i-1}) \tag{10-7}$$

其中，$A(t_{i-1})=\begin{bmatrix} A_x(t_{i-1}) & 0 \\ 0 & A_y(t_{i-1}) \end{bmatrix}$为状态转移矩阵，$w(t_{i-1})=[w_x(t_{i-1}) \quad w_y(t_{i-1})]^{\mathrm{T}}$ 代表横纵坐标的过程噪声，并且假设横轴、纵轴的噪声是独立的，则方差矩阵可以定义为

$$Q(t_{i-1})=\begin{bmatrix} Q_x(t_{i-1}) & 0 \\ 0 & Q_y(t_{i-1}) \end{bmatrix}$$

横纵轴的系统参数为

$$A_\eta(t_{i-1})=\begin{bmatrix} 1 & \mathrm{th}_i & \dfrac{\alpha_{i,\eta}\mathrm{th}_i-1+\mathrm{e}^{-\alpha_{i,\eta}\mathrm{th}_i}}{\alpha^2} \\ 0 & 1 & \dfrac{1-\mathrm{e}^{-\alpha_{i,\eta}\mathrm{th}_i}}{\alpha_{i,\eta}} \\ 0 & 0 & \mathrm{e}^{-\alpha_{i,\eta}\mathrm{th}_i} \end{bmatrix} \tag{10-8}$$

$$Q_\eta(t_{i-1})=2\alpha_{i,\eta}\delta^2_{\alpha i,\eta}\begin{bmatrix} q_{11} & q_{12} & q_{13} \\ q_{12} & q_{22} & q_{23} \\ q_{13} & q_{23} & q_{33} \end{bmatrix} \tag{10-9}$$

$$\begin{cases} q_{11}=\dfrac{1}{2\alpha^5_{i,\eta}}\left[1-\mathrm{e}^{-2\alpha_{i,\eta}\mathrm{th}_i}+2\alpha_{i,\eta}\mathrm{th}_i+\dfrac{2\alpha^3_{i,\eta}\mathrm{th}^3_i}{3}-2\alpha^2_{i,\eta}\mathrm{th}^2_i-4\alpha_{i,\eta}\mathrm{th}_i\mathrm{e}^{-\alpha_{i,\eta}\mathrm{th}_i}\right] \\ q_{12}=\dfrac{1}{2\alpha^4_{i,\eta}}[\mathrm{e}^{-2\alpha_{i,\eta}\mathrm{th}_i}+1-2\mathrm{e}^{-\alpha_{i,\eta}\mathrm{th}_i}+2\alpha_{i,\eta}T_0\mathrm{e}^{-\alpha_{i,\eta}\mathrm{th}_i}-2\alpha_{i,\eta}\mathrm{th}_i+\alpha^2_{i,\eta}\mathrm{th}^2_i] \\ q_{13}=\dfrac{1}{2\alpha^3_{i,\eta}}[1-\mathrm{e}^{-2\alpha_{i,\eta}\mathrm{th}_i}-2\alpha_{i,\eta}\mathrm{th}_i\mathrm{e}^{-\alpha_{i,\eta}\mathrm{th}_i}] \\ q_{22}=\dfrac{1}{2\alpha^3_{i,\eta}}[4\mathrm{e}^{-\alpha_{i,\eta}\mathrm{th}_i}-3-\mathrm{e}^{-2\alpha_{i,\eta}\mathrm{th}_i}+2\alpha_{i,\eta}\mathrm{th}_i] \\ q_{23}=\dfrac{1}{2\alpha^2_{i,\eta}}[\mathrm{e}^{-2\alpha_{i,\eta}\mathrm{th}_i}+1-2\alpha_{i,\eta}\mathrm{th}_i] \\ q_{33}=\dfrac{1}{2\alpha_{i,\eta}}[1-\mathrm{e}^{-2\alpha_{i,\eta}\mathrm{th}_i}] \end{cases} \tag{10-10}$$

其中，$\mathrm{th}_i=t_i-t_{i-1}$ 表示随时间变化的采样间隔；$\eta=x,y$ 分别表示横纵坐标轴；$\alpha_{i,\eta}$ 表示机动频率；$\delta^2_{\alpha i,\eta}$ 表示高斯白噪声方差。

针对上述运动目标的机动模型，我们基于 UKF 跟踪方法给出 RFID 跟踪系统的方法如下。

（1）$W^{(0)}$ 为均值权重，为了保证原始数据集的正态性、平均值和协方差，设系统状态为 N_x 维，系统引入了 sigma 点，构建状态变量如下

$$X^{(0)} = \left[\hat{X}(t_{i-1} \mid t_{i-1}) \quad 0_{N_w} \quad 0_{N_v} \right]^{\mathrm{T}} = \left[X_x^{(0)} \quad X_w^{(0)} \quad X_v^{(0)} \right]^{\mathrm{T}} \tag{10-11}$$

$$W^{(0)} = \frac{\kappa}{N_x + \kappa} \tag{10-12}$$

相应变量取值一般为 $\kappa = -3, N_x = 6$。

$$X^{(i)} = X^{(0)} + \left(\sqrt{\frac{N_x}{1 - W^{(0)}} P(t_{i-1} \mid t_{i-1})} \right)_i = \left[X_x^{(i)} \quad X_w^{(i)} \quad X_v^{(i)} \right]^{\mathrm{T}} \tag{10-13}$$

$$W^{(i)} = \frac{1 - W^{(0)}}{2N_x} \tag{10-14}$$

$$X^{(i+N_x)} = X^{(0)} - \left(\sqrt{\frac{N_x}{1 - W^{(0)}} P(t_{i-1} \mid t_{i-1})} \right)_i = \left[X_x^{(i+N_x)} \quad X_w^{(i+N_x)} \quad X_v^{(i+N_x)} \right]^{\mathrm{T}} \tag{10-15}$$

$$W^{(i+N_x)} = \frac{1 - W^{(0)}}{2N_x} \tag{10-16}$$

其中，0_{N_w} 是与过程噪声 $w(t_{i-1})$ 同维度的列向量；0_{N_v} 是与测量噪声 $v(t_{i-1})$ 同维度的列向量；$\left(\sqrt{\frac{N_x}{1 - W^{(0)}} P(t_{i-1} \mid t_{i-1})} \right)_i$ 是矩阵的第 i 列主要平方根。通过过程模型可以实例化每个点，进而得到转化集

$$\hat{X}^{(i)} = A(t_{i-1}) X_X^{(i)}, \quad i = 0, 1, \cdots, 2N_x \tag{10-17}$$

(2) 预测均值

$$\hat{\mu} = \sum_{i=0}^{2N_x} \hat{X}^{(i)}(t_i \mid t_{i-1}) W^{(i)} \tag{10-18}$$

(3) 预测方差

$$P(t_i \mid t_{i-1}) = \sum_{i=0}^{2N_x} W^{(i)} \{ \hat{X}^{(i)} - \hat{\mu} \} \{ \hat{X}^{(i)} - \hat{\mu} \}^{\mathrm{T}} + Q(t_{i-1}) \tag{10-19}$$

(4) 通过测量模型分别给出预测点

$$\hat{z}_n^{(i)} = h_n[t_i, \hat{X}^{(i)}(t_i \mid t_{i-1})] \tag{10-20}$$

(5) 观测向量预测

$$\hat{z}_n = \sum_{i=0}^{2N_x} \hat{z}_n^{(i)} W^{(i)} \tag{10-21}$$

(6) 协方差改进

$$S_n(t_i) = \sum_{i=0}^{2N_x} W^{(i)} \left\{ \hat{z}_n^{(i)} - \hat{z}_n \right\} \left\{ \hat{z}_n^{(i)} - \hat{z}_n \right\}^{\mathrm{T}} + R_n(t_i) \tag{10-22}$$

(7) 交叉协方差矩阵

$$P_{xz,n}(t_i) = \sum_{i=0}^{2N_x} W^{(i)} \left\{ \hat{X}^{(i)}(t_i \mid t_{i-1}) - \hat{\mu} \right\} \left\{ \hat{z}_n^{(i)} - \hat{z}_n \right\}^{\mathrm{T}} \tag{10-23}$$

(8) 更新

$$\hat{X}(t_i \mid t_i) = \hat{X}(t_i \mid t_{i-1}) + \sum_{n=1}^{N(t_i)} K_n(t_i) \left\{ z_n(t_i) - \hat{z}_n \right\} \tag{10-24}$$

$$K_n(t_i) = P_{xz,n}(t_i) S_n^{-1}(t_i) \tag{10-25}$$

估计方差为

$$P(t_i \mid t_i) = P(t_i \mid t_{i-1}) - \sum_{n=1}^{N(t_i)} K_n(t_i) R_n(t_i) K_n^{\mathrm{T}}(t_i) \tag{10-26}$$

(9) 参数更新

加速度估计值 $\hat{a}_\eta(t_i)$ 为 $\hat{a}_x(t_i) = \hat{\ddot{x}}(t_i \mid t_i), \hat{a}_y(t_i) = \hat{\ddot{y}}(t_i \mid t_i),\quad \eta = x$ 或 y。

当 $i \leqslant K_0$ 时，$\delta_{\alpha i,\eta}^2$ 和 $\alpha_{i,\eta}$ 为

$$\delta_{\alpha i,\eta}^2 = \begin{cases} (4-\pi)[a_M - \hat{a}_\eta(t_i)]^2 / \pi, & \hat{a}_\eta(t_i) > 0 \\ (4-\pi)[\hat{a}_\eta(t_i) - a_{-M}]^2 / \pi, & \hat{a}_\eta(t_i) < 0 \\ \text{比较小的正数}, & \hat{a}_\eta(t_i) = 0 \end{cases} \tag{10-27}$$

$$\alpha_{i,\eta} = \text{比较小的正数} \tag{10-28}$$

当 K_0 为小于 10 的正数时，a_M 为正数，a_{-M} 是 a_M 的相反数。

当 $i > K_0$ 时，$\delta_{\alpha i,\eta}^2$ 和 $\alpha_{i,\eta}$ 为

$$r_{i,\eta}(1) = r_{i-1,\eta}(1) + \frac{1}{i}\left[\hat{a}_\eta(t_i)\hat{a}_\eta(t_{i-1}) - r_{i-1,\eta}(1) \right] \tag{10-29}$$

$$r_{i,\eta}(0) = r_{i-1,\eta}(0) + \frac{1}{i}\left[\hat{a}_\eta(t_i)\hat{a}_\eta(t_i) - r_{i-1,\eta}(0) \right] \tag{10-30}$$

$$\beta_{i,\eta} = \frac{r_{i,\eta}(1)}{r_{i,\eta}(0)} \tag{10-31}$$

$$(\delta_{\alpha w}^2)_{i,\eta} = r_{i,\eta}(0) - \beta_{i,\eta} r_{i,\eta}(1) \tag{10-32}$$

$$\delta_{\alpha i,\eta}^{2}=\frac{(\delta_{\alpha w}^{2})_{i,\eta}}{1-\beta_{i,\eta}^{2}} \tag{10-33}$$

$$\alpha_{i,\eta}=\frac{\ln\beta_{i,\eta}}{-\mathrm{th}_{i}} \tag{10-34}$$

根据 $\delta_{\alpha i,\eta}^{2}$ 和 $\alpha_{i,\eta}$ 系统矩阵，式(10-8)～式(10-10)可以在每个采样时间进行更新。测量方程使用 RFID 阅读器的测量方程。

10.3 实验结果

RFID 阅读器的布置情况和机动目标运动的参考轨迹如图 10.2 所示，其中空心小圆圈表示机动目标在运动过程中出现的位置，设置数据时从图中的“*”处开始，沿逆时针方向依次单击，轨迹大致呈椭圆形。具有等高线的大圈表示的是 RFID 阅读器的读取范围。图 10.3 是基于 RFID 测量数据的 UKF 跟踪方法对机动目标跟踪的结果图，其中黑线表示的是目标运动的参考轨迹，“*”表示的是每一步估算的结果。从图中可以看出，估计轨迹的部分片段比较密集，而在有的部分估计点比较稀疏甚至没有估计点，这与测量数据的信息有关。由于该方法必须同时获得两个及两个以上的传感器数据，才能给出较为准确的定位数据，所以当只有一个阅读器获得测量数据时，估计过程就会停下来并等待下一次采样。在等待的过程中没有状态更新，所以等待时间的长短会影响整个跟踪性能。当图 10.2 的目标所在位置能被多个 RFID 阅读器同时测量到时，该算法对目标的位置估计就会比较准确，而当目标只能被一个阅读器测量到时，算法对目标位置的估计就不太准确，这也就解释了图 10.3 中估计轨迹分布的结果。

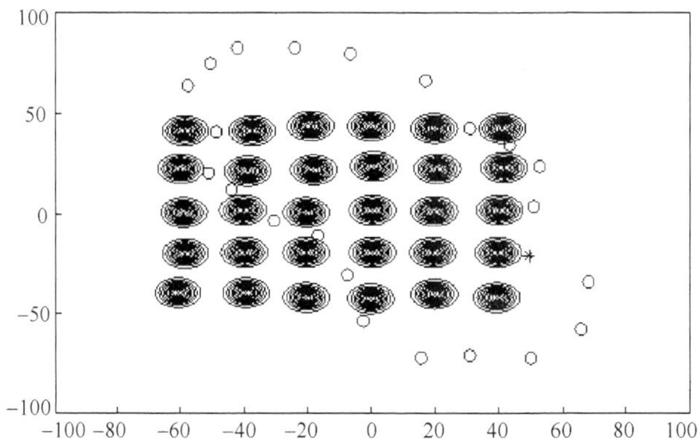

图 10.2　RFID 阅读器测量空间及目标参考轨迹

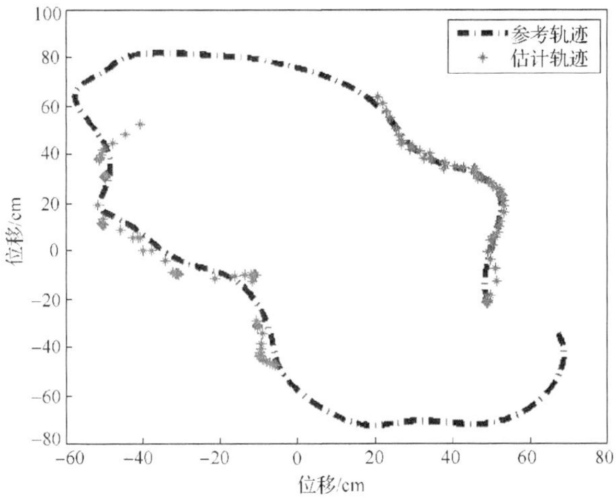

图 10.3　RFID 数据合成轨迹

图 10.4 是 RFID 数据合成轨迹的误差图，从图中我们可以看到，估计的大致误差在 10cm 以内，最大误差为 15cm 左右，最大误差的出现是由于该处没有测量数据导致的。算法对于目标的跟踪在 RFID 测量数据较多的地方估计结果比较准确，而对于没有 RFID 测量数据的地方则无法做出准确估计。需要说明的是，该误差图只包含了重构部分的轨迹与参考轨迹的比较。

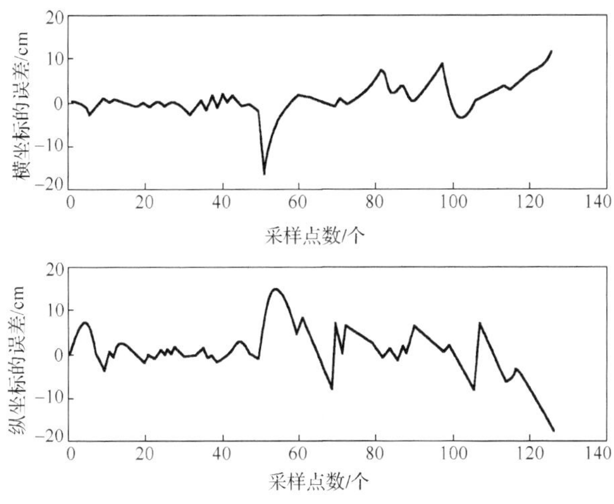

图 10.4　RFID 数据合成轨迹的误差

10.4　小　　结

本章提出了基于 RFID 测量数据的自适应参数机动目标模型的室内跟踪方法，

然后针对 RFID 传感器的仿真数据，使用本章提出的算法对目标的运动进行了跟踪，并进行了跟踪的误差分析。仿真实验说明，基于 RFID 阅读器的轨迹跟踪算法在阅读器分布稀疏的情况下，由于缺少测量信息，会导致轨迹缺失。

参考文献

[1] Zhou J, Shi J. A comprehensive multi-factor analysis on RFID localization capability[J]. Advanced Engineering Informatics, 2011, 25(1): 32-40.

第 11 章　基于 RFID 和 IMU 融合的室内跟踪方法

11.1　多传感器室内跟踪方法的算法流程

经过第 10 章的仿真实验，我们可以得出这样的结论：基于 RFID 数据的非线性 Kalman 滤波方法在有测量数据时对目标的跟踪效果较好，且跟踪误差在可接受的范围内，算法稳定。但对于没有 RFID 测量数据的地方，该算法无法对目标的位置坐标做出估算。另外，基于 IMU 测量数据的姿态解算方法在对目标进行跟踪时，在姿态角的估算方面，陀螺仪测量数据的漂移会导致估算的姿态角出现滞后的现象，而在距离的估算上又由于加速度计测量数据真实值过小被噪声湮没，再者由加速度两次积分计算距离导致的累积误差使得距离的估算和实际偏差会随着时间的推移而累积。

鉴于上述两种算法各自的特点，我们提出对两类传感器数据采用融合估计的方法。该方法的具体流程如图 11.1 所示，这种融合方法的估计以基于 RFID 数据的非线性 Kalman 滤波估计方法为主，对于没有 RFID 测量数据的地方，采取基于 IMU 测量数据的姿态解算方法进行信息补充。

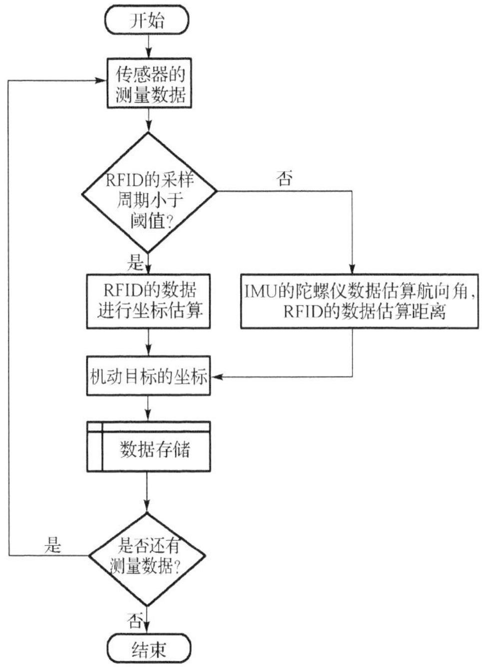

图 11.1　多传感器数据融合流程图

具体流程为首先判断来自 RFID 阅读器的两次测量数据之间的间隔是否小于阈值(取阈值为 0.18s)，如果间隔小于阈值，则采取基于 RFID 测量数据的非线性 Kalman 滤波方法进行坐标估计，并将估计的机动目标的坐标存储下来；如果间隔大于阈值，则将两次估计的目标坐标间的距离作为估算距离，利用 IMU 的陀螺仪数据估算目标在这段时间内的姿态角变化情况，并考虑到陀螺仪测量数据的漂移特性，将姿态角数据作一个 6s 的延迟，然后利用距离和航向角的数据估计目标在这段时间内的运动坐标，并将得到的位置坐标进行存储。

数据被存储后需要判断是否还有来自 RFID 阅读器的测量数据，如果有，则再次执行上述估计过程；如果没有，还要判断是否有来自 IMU 的测量数据，如果有测量数据，则应该按基于 IMU 数据的姿态解算方法对目标的运动进行补充计算，此时的距离计算应采用加速度计的测量数据，如果没有来自 IMU 的测量数据，则算法结束。

11.2　基于多传感器融合跟踪方法的仿真研究

图 11.2～图 11.9 是在多次仿真实验中选取的四次仿真实验结果图，它们均是采用 11.1 节的融合方法估算出的轨迹结果及算法的仿真误差。图中黑色点划线表示的均是目标运动的参考轨迹，黑色*表示的是采用 UKF 跟踪方法估算得到的结果，灰色*表示的是融合 UKF 跟踪方法和姿态解算方法估算得到的目标的位置坐标，灰色*的作用主要是对目标运动过程的信息进行补充说明。图中处于黑色*之间的灰色部分的距离采用的是 RFID 非线性 Kalman 滤波方法估算的坐标之间的距离，航向角的变化则是由来自 IMU 测量的数据经姿态解算后得到的。图中下面的那条灰色*组成的部分则是完全根据 IMU 测量数据的姿态解算方法得到的，该段信息是由于没有来自 RFID 阅读器的测量数据而选择采用姿态解算的方法对目标运动的信息作补充的。

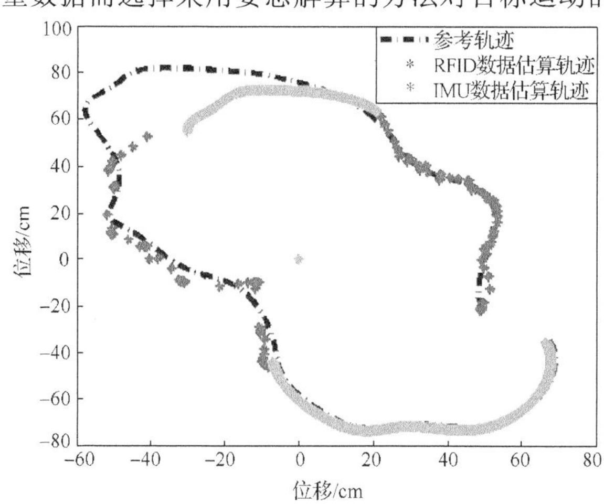

图 11.2　融合轨迹一

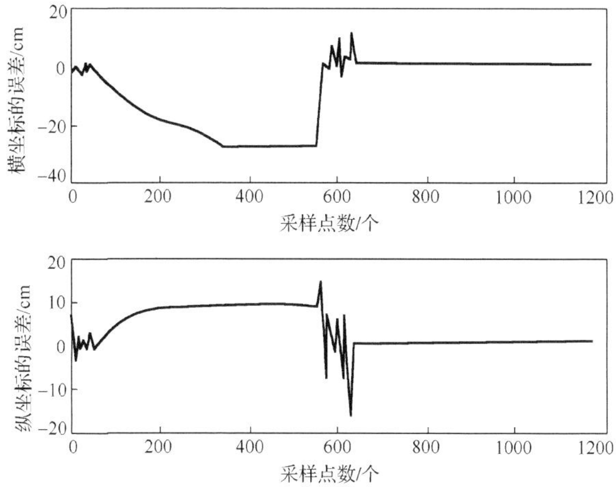

图 11.3　融合轨迹一的误差

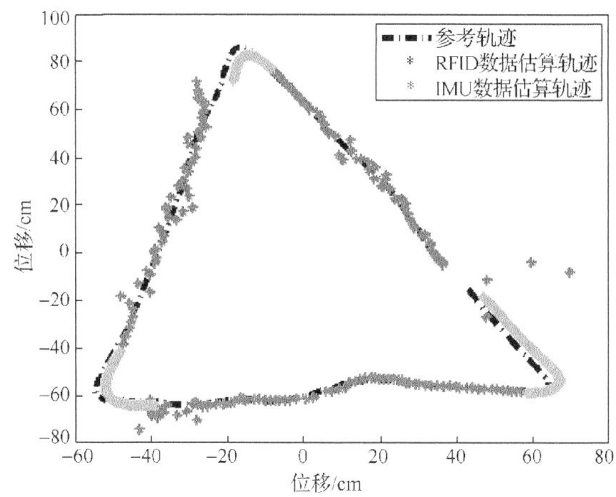

图 11.4　融合轨迹二

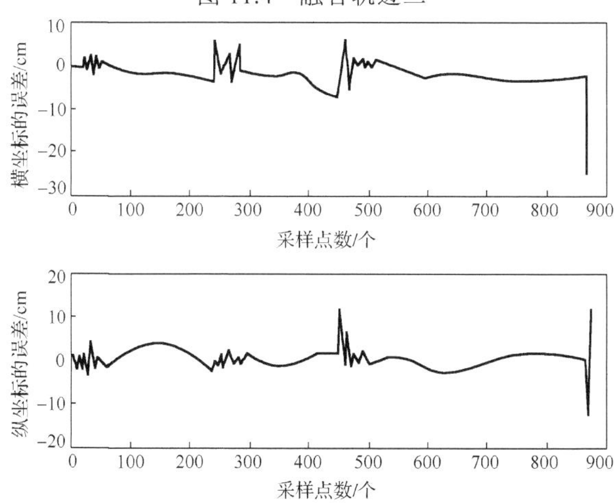

图 11.5　融合轨迹二的误差

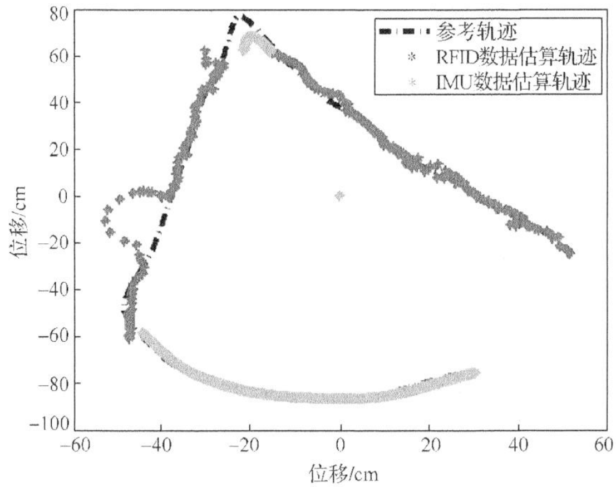

图 11.6　融合轨迹三

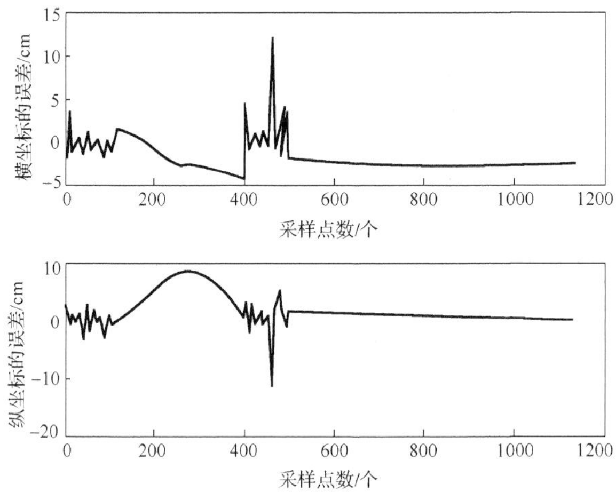

图 11.7　融合轨迹三的误差

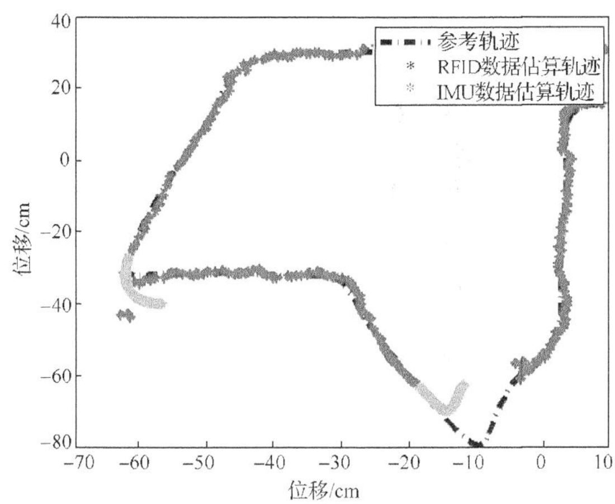

图 11.8　融合轨迹四

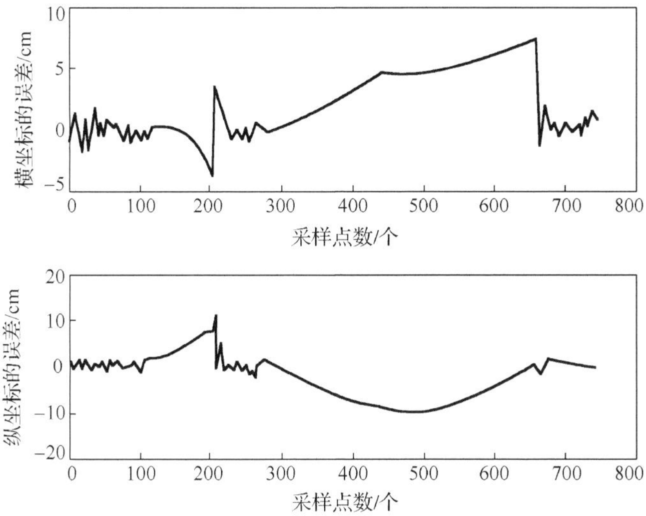

图 11.9　融合轨迹四的误差

在融合算法估计的误差图中，我们可以看到横坐标的最大误差在 15cm 左右，纵坐标的最大误差在 20cm 左右，横纵坐标的误差均值在 10cm 左右。其中最大误差出现在 UKF 跟踪方法估计的部分，而在基于 IMU 数据的姿态解算部分的跟踪误差较小，这是由于上述仿真中，IMU 的姿态解算性能较好。

11.3　基于多传感器融合跟踪方法的实验研究

11.3.1　数据采集与预处理

1. 惯性传感器数据的采集与处理

实验中所使用的惯性传感器是 Xsens 公司的 MTi_1 系列惯性传感器，如图 11.10 所示。对该传感器的测量数据的读取有两种方案，一种方案是通过 USB 接口在 PC 端的软件上实现对数据的读取和存储，另一种方案是通过 24 引脚头连接开发板实现对传感器数据的解析和读取。在实验中我们采取的是第一种方案。

传感器的上位机软件如图 11.11 所示，在该软件中可以自行设置采样周期，在实验中我们设置的采样周期为 0.01s；要采集的传感器包括 3 轴加速度计、3 轴陀螺仪、3 轴磁力计，我们在使用传感器时可以根据需要选择要导出的数据种类、文件格式和文件位置。另外，在采集数据的过程中，我们还可以通过软件的界面实时监视所测量的数据的情况，并使用数据回放功能。

图 11.10　MTi_1 传感器

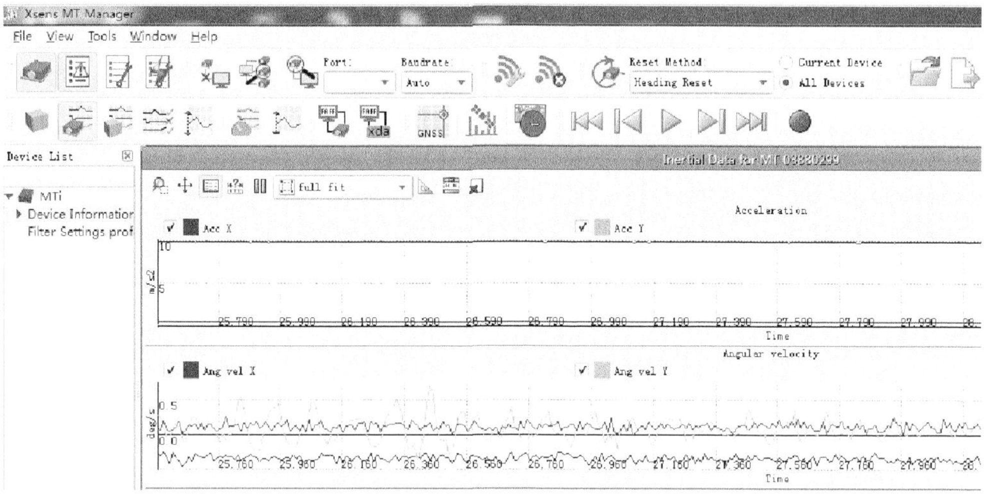

图 11.11　传感器的上位机软件

该传感器惯性传感单元的硬件参数如表 11.1 所示。

表 11.1　传感单元的硬件参数

	陀螺仪	加速度计
轴	3 轴	3 轴
量程	± 2000°/s	±16g
偏置稳定性	20°/h	0.03mg
带宽	255Hz	324Hz
噪声	0.007° $(/\mathrm{s}/\sqrt{\mathrm{Hz}})$	$120\mu\mathrm{g}/\sqrt{\mathrm{Hz}}$

数据在采集之前应该对目标的移动轨迹进行设计并记录以作为参考轨迹，便于后期将参考轨迹与合成的轨迹进行比较，从而对算法做出评价。实验中目标的运动

轨迹如图 11.12 所示，数据采集开始前，需按下 PC 端软件的红色按键开始记录数据，待目标按预定的轨迹运动结束后，再次按下红色按键，结束数据的记录。

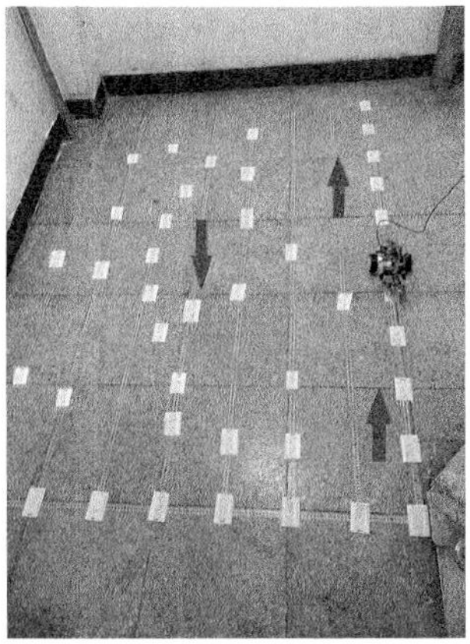

图 11.12　目标的预定轨迹

对于来自传感器的测量数据，就如同 9.1 节所分析的那样，这些测量数据容易受到恒值误差、漂移、抖动等的影响，使惯导系统的姿态解算结果出现偏差，为了得到一个相对准确的结果，我们在对数据进行姿态解算前有必要先对数据进行滤噪的预处理工作。对于这种带有测量噪声误差的测量数据的处理，常用的方法有滑动平均滤波、特征互补滤波、Kalman 滤波等方法。为了对测量数据实现在线滤噪，我们选择使用基于 Kalman 的自适应滤波方法[1]。原始陀螺仪数据及处理结果如图 11.13 所示。

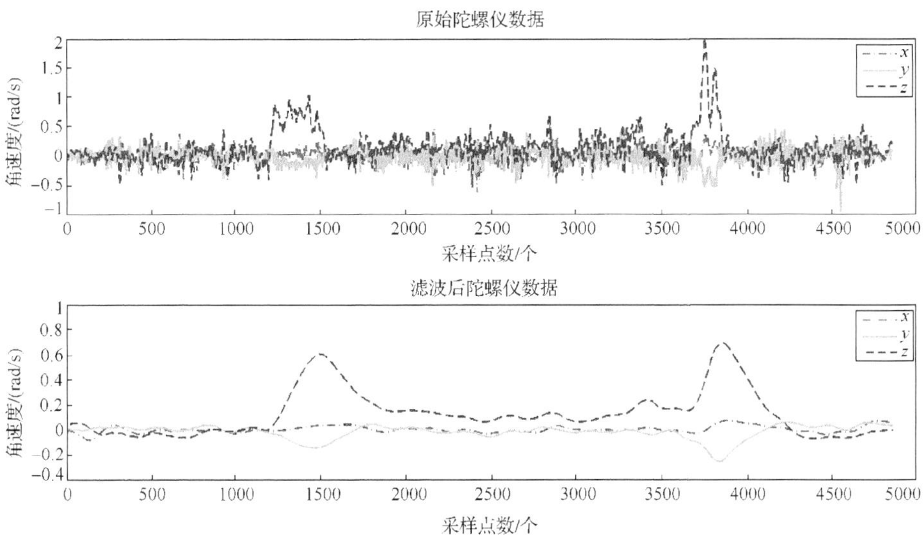

图 11.13　陀螺仪的测量数据及滤波结果

2. RFID 数据的采集与处理

实验中 RFID 阅读器和惯性传感器一起固定在小车上，在目标运动的过程中，当有 RFID 卡进入阅读器的范围时，阅读器便能获取 RFID 卡的数据并通过无线模块传输到计算机的上位机。其中 RFID 阅读器的核心部分如图 11.14 所示，阅读器的感应线圈是阅读器能够感知周围 RFID 卡是否在其测量范围的关键部分。RFID 卡是无源卡，线圈部分需要电源供电，与 RFID 卡内的线圈产生电磁感应，再根据信号的调制、发送、接收、解调便可以得到对应的 RFID 卡的卡号，而每张卡对应的坐标位置已经事先在 RFID 的上位端代码中作了相应设置。

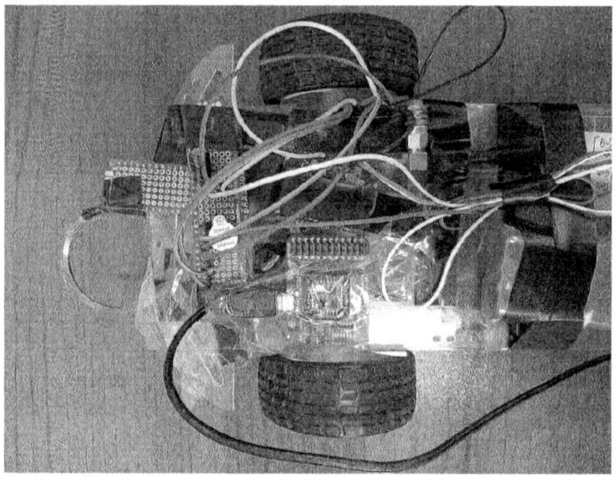

图 11.14　RFID 阅读器核心部分

RFID 数据的采集传输与存储过程如图 11.15 所示，当 RFID 阅读器读取到卡的数据后将数据通过 WiFi 模块发送到 PC，PC 端的 RFID 上位机是一个由 Python 编写的程序，该上位机将接收到的数据进行解析，随后将卡号及其对应的坐标位置写入到指定位置的文件中，直到目标走完预定的轨迹，RFID 上位机在持续 10s 没有接收到来自 RFID 阅读器的数据后，程序自动结束。

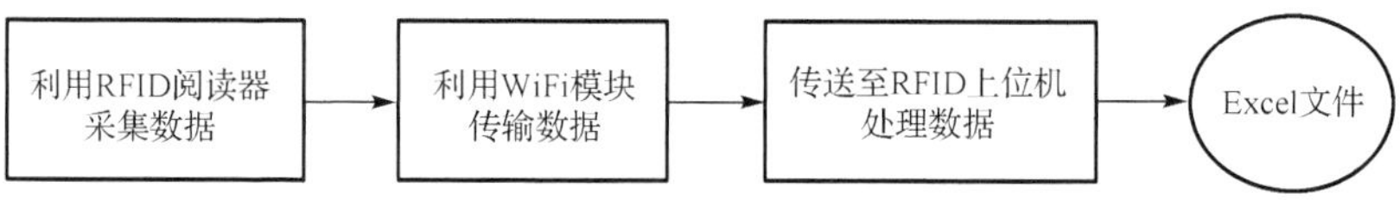

图 11.15　RFID 数据采集传输与存储

对于 RFID 数据的处理，这里需要说明的是，由于 RFID 阅读器的限制，从 RFID 阅读器返回的数据只有 RFID 卡的卡号，并没有 RFID 卡到阅读器的距离测量值。经过多次试验后，我们得出阅读器在距离卡 6cm 左右时可以可靠地读取到卡的数据，当距离超过 6cm 时，测到的概率较小。因此，我们给出假设：当阅读器读到卡时，我们认为此时阅读器到卡的距离是 6～7cm，即 $d = 6 + \mathrm{randn}(1)$。由于卡的数量太少会降低算法对目标的跟踪效果，我们在每测量到两张卡的数据后，在卡之间采用了插值处理，其中插值的间隔为 0.1s。这样既保证了算法对目标跟踪的准确性，又减少了卡的布置数量。RFID 模块对测量到的数据进行处理后的数据输出为每张卡的位置坐标、获取卡号对应的时间戳、阅读器到卡的距离。

11.3.2　实验结果

1. RFID 估计方法的实验结果及误差

对来自 RFID 阅读器的数据进行预处理后，接下来按照非线性 Kalman 滤波算法对机动目标的运动进行跟踪。我们使用的具体理论方法已经在 10.2 节中给出了详细说明，在此仅对实验结果及误差进行分析。实验数据的处理结果及实验误差的结果如图 11.16 和图 11.17 所示。在图 11.16 中，我们可以看到图中的黑色点划线是目标运动的参考轨迹，“*”是 RFID 估计方法计算得到的位置坐标。其中有两段没有 RFID 的估计结果，这是没有来自 RFID 阅读器的测量数据所导致的。

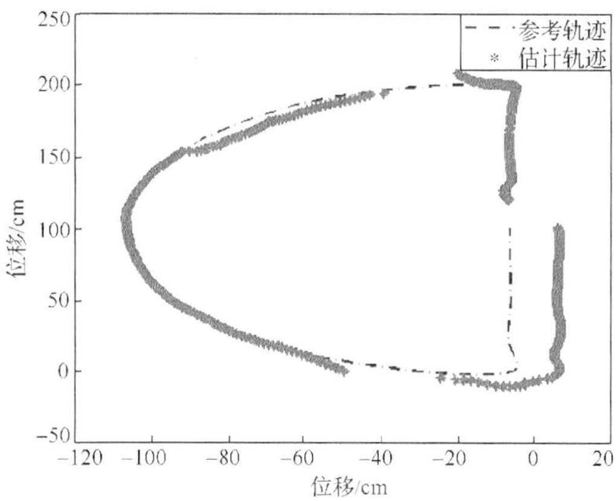

图 11.16　RFID 数据的合成轨迹

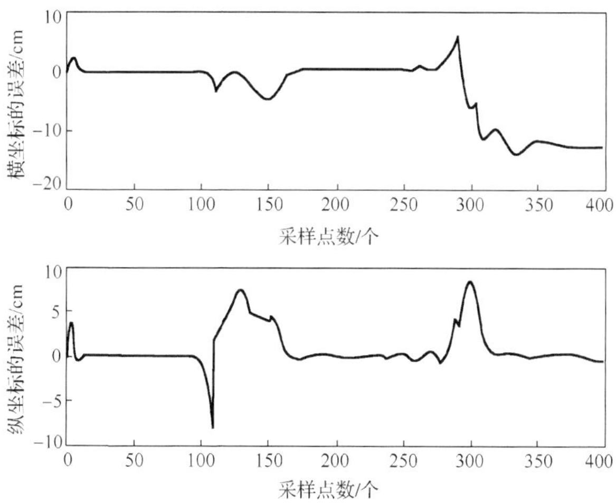

图 11.17　RFID 数据合成轨迹的误差

对该算法在目标跟踪方面的误差分别按横纵坐标方向来分析有：横坐标方向上最大误差在 15cm 左右，平均误差在 10cm 左右；纵坐标方向的最大误差在–15cm 左右，平均估计误差也在 10cm 左右。该算法的优势在于，其跟踪精度不会随时间的累积而出现明显变化，但其精度大小和 RFID 卡的密度大小呈正相关，对于一些没有布置 RFID 卡的地方，该算法无法给出目标在这段时间的位置坐标。

2. IMU 估计方法的实验结果及误差

对来自惯性传感器的数据进行预处理后，根据第 9 章中描述的算法，我们在知道目标运动的初始位置及初始姿态角后，便可以依据基于 IMU 数据的姿态解算方法对目标的位置进行估算。

图 11.18 是对实验中机动目标在运动过程中姿态角的估算结果。对于航向角来说，我们的定义域是 0°～360°，故当目标在运动过程中出现微小变化使得航向角减小时，便会出现图 11.18 中的 0°～350° 的“突变”现象。根据目标的参考轨迹可知，目标在运动过程中其航向角是由 0° 开始逐渐增大到 180°，再从 180° 增大到 360° 的过程，图中估算的航向角变化趋势和实际相符，基本符合实验要求。另外，由于目标在运动过程中处于水平面上，故其横滚角、俯仰角几乎没有变化。

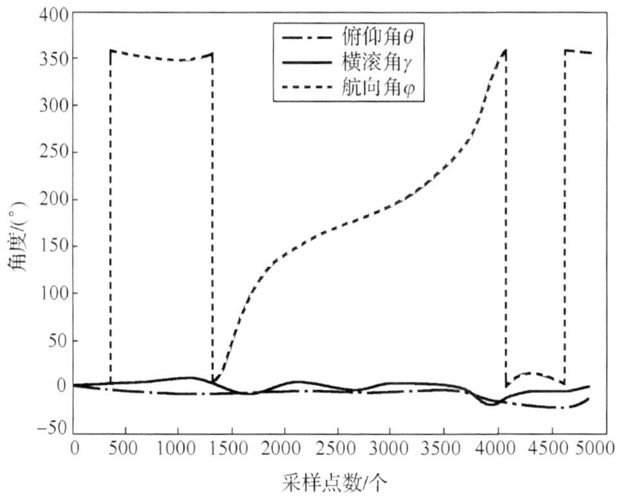

图 11.18　姿态角

图 11.19 给出了 IMU 数据估算的实验结果，图中点划线表示的是目标运动的参考轨迹，实线表示的是估算轨迹。图 11.20 所示为估计结果的误差。我们可以看到目标的估算轨迹和参考轨迹的形状基本吻合，但是相对位置不能重合，其原因在于陀螺仪的测量数据有一个“漂移”，该漂移现象使得估算的航向角出现滞后现象。这种“漂移”无法通过滤波方法处理，这也是 IMU 估算方法无法回避的缺点，此外，

对于来自加速度计的数据来说，由于目标运动过程中的真实加速度很小，而噪声较大，我们无法通过加速度计的测量数据得到目标在运动过程中出现的真实加速度值，这也是该算法的一个缺点。但是该算法的优势在于，目标在运动过程中只需携带该传感器便可对目标运动过程中的惯性数据进行采集，这种数据采集方式既避免了如 RFID 等方法需要预先布置 RFID 卡的烦琐的准备工作，也实现了目标在运动过程中的自主运动，其运动不受区域和场合影响，对环境的依赖很小。因此，基于惯性传感器的室内跟踪是当前研究的热点。

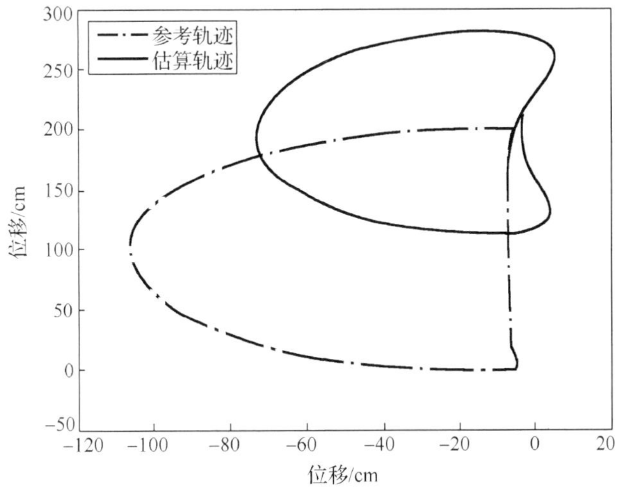

图 11.19　IMU 数据的估计结果

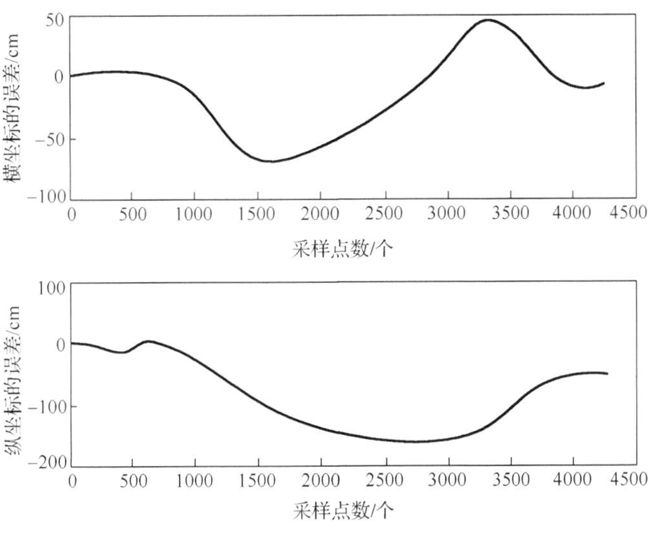

图 11.20　IMU 数据估计结果的误差

3. 融合估计方法的实验结果及误差

在得到 RFID 数据估计的结果及 IMU 数据估计的结果后，进而融合这两类传感器数据对目标的运动进行跟踪，该方法的具体过程在 11.1 节中已经详细描述，在此仅对估计的结果及误差进行分析。

图 11.21 是两类传感器数据融合后得到的估算轨迹，其中实线代表参考轨迹，黑色*表示 RFID 数据的估算坐标，灰色*表示 IMU 数据的估算坐标。从图中我们可以看出，该融合方法结合了两种估计算法的优势。该融合算法以 RFID 估计方法为主，在没有 RFID 测量数据的地方，采用 IMU 估算的坐标作为补充。IMU 估算方法的使用一方面在没有 RFID 测量数据时进行轨迹补充，另一方面在减小 RFID 密度的同时，使估算精度不至于降低太多；而基于 RFID 的估计方法则避免了 IMU 估算方法中出现的陀螺仪测量数据的“漂移”现象，避免了加速度数据的累积误差，提高了实验精度。

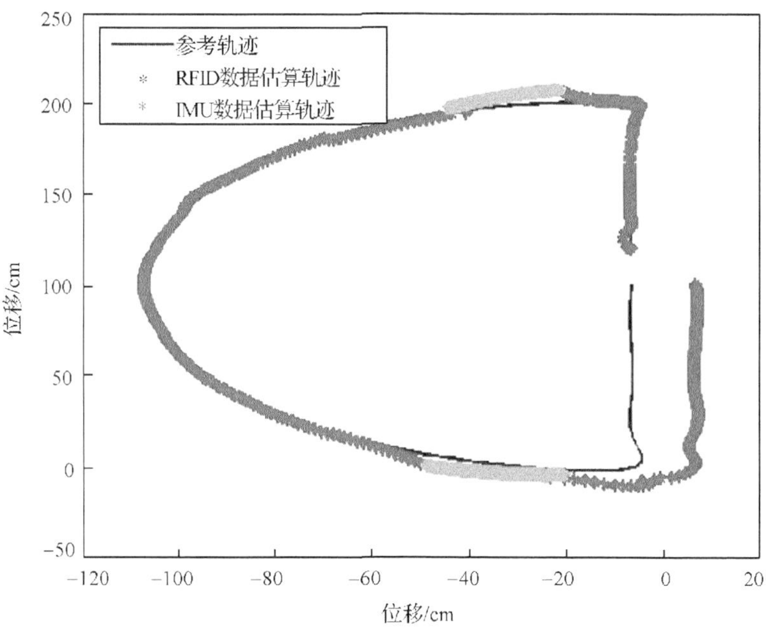

图 11.21　融合轨迹的结果

图 11.22 是实验的误差分析图，误差整体上在可以接受的范围内，其中 RFID 估算方法估算的部分误差较小，而 IMU 估算方法的部分误差较大，但 IMU 估算方法在没有 RFID 测量数据时为我们提供了额外的信息，其误差的存在对结果的影响可以接受。综上所述，该融合方法可以达到实验预计的要求。

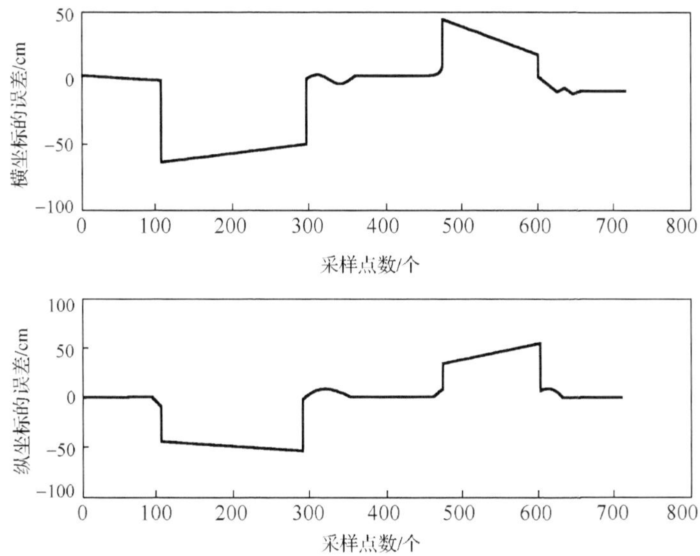

图 11.22　融合轨迹的结果误差

11.4　小　　结

本章提出了基于 RFID 数据和 IMU 数据的室内跟踪系统，系统主要涉及自适应参数机动目标模型的室内跟踪算法和惯性导航的姿态解算方法两大类算法，并结合两类算法的优势对两类传感器数据进行融合分析。算法中涉及的理论包括：基于可变数量 RFID 阅读器的 UKF 跟踪方法、惯性导航、基于四阶龙格-库塔法的四元数更新算法、经典 Kalman 滤波器等。研究了基于 RFID 和 IMU 两种测量数据的融合估计方法，该融合估计方法设计了以基于 RFID 数据的自适应参数机动目标模型的跟踪方法为主线，在没有 RFID 测量数据的地方，采用 IMU 数据进行姿态解算的方法提供目标运动补充信息的思路对目标的运动进行了跟踪。针对该融合估计算法在 MATLAB 上做了仿真实验及实际实验，结果表明该算法跟踪的效果要好于单独使用一种算法对目标进行跟踪，充分说明了我们所提出方法的有效性。

该研究工作仍需完善和改进，例如，在基于两类传感器数据进行融合估计时，如何更好地衔接两类估计算法在“交接点”的位置或时间，如何在利用姿态解算方法时更准确地估算坐标等问题还需要进一步研究。

本章程序

注：此处给出了 11.2 节仿真部分的主程序作为编写本部分程序的示例，由于篇幅有限，其中涉及的子函数和数据将在与本书配套的源程序中给出。

```
clear
close all
clc
%%下面被注释的部分是产生仿真轨迹的方法，我们构建了 4 条轨迹（td1、td2、td3、
%%td4）并将其保存了起来，给读者展示出来这段程序的目的是说明轨迹如何得来的
%%根据 XY 坐标计算得出 Gyro，Acc 然后求出轨迹
%%======产生轨迹部分（一），方法 1：产生既定轨迹
%axy=1000*ones(2,100);%产生轨迹时的加速度
%%ay=ones(1,100);
%vxy=zeros(2,100);     %产生轨迹时的速度
%%vy=zeros(1,100);
%XY=zeros(2,100);      %轨迹的点坐标
%for i=1:100
    %axy(1,i)=1000*sin(i*0.1*pi);
%end
%delt=0.01;
%根据横纵坐标的加速度分别计算产生轨迹点的横纵坐标值。产生轨迹（XY）的方式
%很多，这里只是用了一种方式
%for i=2:length(axy(1,:))
     %vxy(1,i)=axy(1,i-1)*delt+vxy(1,i-1);
     %vxy(2,i)=axy(2,i-1)*delt+vxy(2,i-1);
     %XY(1,i)=vxy(1,i-1)*delt+0.5*axy(1,i-1)*delt*delt+XY(1,i-1);
     %XY(2,i)=vxy(2,i-1)*delt+0.5*axy(2,i-1)*delt*delt+XY(2,i-1);
%end
%产生轨迹部分（一），方法 2：由鼠标单击产生，手动添加点的坐标
%加到 RFIDReader 部分
%figure
%axis([-100 100 -100 100]);
%box on
%hold on
%ppn=0;
%%Loop, picking up the points.
%disp('Left mouse button picks points.');
%disp('Right mouse button picks last point.');
%%%%%%%%%%%%%%产生 reader 的点数及位置
%Rreader=1;
```

```
%while Rreader==1
    %[Rrxi,Rryi,Rreader]=ginput(1);
    %plot(Rrxi,Rryi,'kx');
    %ppn=ppn+1;
    %readerxy(:,ppn)=[Rrxi;Rryi];
%end
%X1=[-100:1:100];
%X2=[-100:1:100];
%[X,Y]=meshgrid(X1,X2);
%Z=zeros(size(X));
%%
%readerlocation=readerxy;%%RFID Readerde 位置
%readermc=23*ones(size(readerxy(1,:)));%%%设定测量范围
%for i=1:length(readermc)
%Z=Z+exp(-((X-readerlocation(1,i)).*(X-readerlocation(1,i))+(Y
  %-readerlocation(2,i)).*(Y-readerlocation(2,i)))/readermc(i));
%end
%[c,h]=contourf(X,Y,Z);
%ch=get(h,'children');
%set(ch,'FaceColor','w','FaceAlpha',0.1);
%pn=0;
%reader=1;
%while reader==1                        %左键输入
    %[rxi,ryi,reader]=ginput(1);  %将左键的坐标录入进去
    %plot(rxi,ryi,'ro');                %画出左键的轨迹
    %pn=pn+1;                           %+1
    %XY(:,pn)=[rxi;ryi];%第一次的坐标放在第一列，两行分别为x和y，以此类推
%end
%t=0:pn-1;    %pn 表示点的个数
%tss=0:1:10*pn-10;          %在两个点之间插入 9 个点
%tss=tss/10;
%XY=spline(t,XY,tss);     %插值法
%load td1
%load td2
%load td3
 load td4
%RFID 部分
```

```
[ts,xyc,xyR]=RFIDmeasureTest(readerxy,tss,XY);
%IMU 部分
[Angel,XYc,xyM]=IMUmeasureTest(XY,tss);
%计算 RFID 方法估计坐标的两点之间的距离
L=length(xyc(1,:));
cd=0;
dis=[];
deltTi=[];      %ts 中不符合条件的采样间隔的位置
Fxy=[];         %融合后的轨迹坐标
FxyRM=[];       %参考轨迹坐标
XYC=[];         %通过 IMU 估算方法得到的点
XYCC=cell(1,10);     %估计坐标的矩阵块
XYCCM=cell(1,10);    %参考坐标的矩阵块

for i=2:L
    t=ts(i)-ts(i-1);
    if t>0.18      %避免舍入误差中出现的小数问题
       d=sqrt((xyc(1,i)-xyc(1,i-1))^2+(xyc(2,i)-xyc(2,i-1))^2);
       dis=[dis d];
       deltTi=[deltTi i-1];
       [IMUxy,xyIMU]=IMUF(i,ts,d,xyc,Angel,xyM);
       %取出 IMU 轨迹的参考点及用 IMU 方法估算目标坐标
        XYC=[XYC IMUxy];       %融合算法得到的估计坐标
        XYCC{length(deltTi)}=IMUxy;
        XYCCM{length(deltTi)}=xyIMU;     %参考坐标
   end
end

tsc=[];

%RFID 最后一张卡判断
if ts(end)<tss(end)
%判断在接收到最后一张 RFDI 卡的数据后，目标是否还有位移，有的话用 IMU 方法
%估算的结果
    for i=1:length(XYc(1,:))
       tcd=sqrt((xyc(1,end)-XYc(1,i))^2+(xyc(2,end)-XYc(2,i))^2);
```

```
        tsc=[tsc tcd];
        if tcd<4
            IMuxy=XYc(:,i:end);
            XYC=[XYC IMuxy];
            XYCC{length(deltTi)+1}=IMuxy;
            xyIMU=xyM(:,i:end);
            XYCCM{length(deltTi)+1}=xyIMU;
            break
        end
    end
end
%将 RFID 及 IMU 估算的坐标 XYC 放到一个矩阵中
Fxy=[Fxy xyc(:,1:deltTi(1))];          %估算坐标拼接后的矩阵
FxyRM=[FxyRM xyR(:,1:deltTi(1))];  %参考坐标拼接后的矩阵
for j=1:length(deltTi)
     %flag=0;      %判断是否是第一次出现 RFID 阅读器测不到的点
     %flag=flag+1;
     Fxy=[Fxy XYCC{j}(:,2:end-1)];
     FxyRM=[FxyRM XYCCM{j}(:,2:end-1)];
        if j+1<=length(deltTi)
           Fxy=[Fxy xyc(:,deltTi(j)+1:deltTi(j+1))];
           FxyRM=[FxyRM xyR(:,deltTi(j)+1:deltTi(j+1))];
        else
           Fxy=[Fxy xyc(:,deltTi(j)+1:end)];
           FxyRM=[FxyRM xyR(:,deltTi(j)+1:end)];
        end
end
if isempty(XYCC{length(deltTi)+1})==0
    Fxy=[Fxy XYCC{length(deltTi)+1}(:,2:end-1)];
    FxyRM=[FxyRM XYCCM{length(deltTi)+1}(:,2:end-1)];
end

figure
%%%绘制融合方法的轨迹结果
plot(XY(1,:),XY(2,:),'k-.','LineWidth',4);hold on
plot(xyc(1,:),xyc(2,:),'r*','LineWidth',2);
```

```
plot(XYC(1,:),XYC(2,:),'g*','LineWidth',2);
hold off
legend('参考轨迹','RFID 数据估算轨迹','IMU 数据估算轨迹');
title('融合的轨迹','fontsize',18);
xlabel('位移/cm','fontsize',12);
ylabel('位移/cm','fontsize',12);

%%%绘制合成轨迹的误差
figure
subplot(2,1,1)
plot(FxyRM(1,:)-Fxy(1,:),'k-','LineWidth',3);
xlabel('采样点个数/个','fontsize',12);
ylabel('横坐标的误差/cm','fontsize',12);
subplot(2,1,2)
plot(FxyRM(2,:)-Fxy(2,:),'k-','LineWidth',3);
xlabel('采样点个数/个','fontsize',12);
ylabel('纵坐标的误差/cm','fontsize',12);
```

参 考 文 献

[1] Yuen K V, Hoi K I, Mok K M. Selection of noise parameters for Kalman filter[J]. Earthquake Engineering and Engineering Vibration, 2007, 6(1): 49-56.

第四部分　基于动态特征的金融数据时序关系建模

金融领域的数据，如股票的成交价等，是很典型的时序数据。时序数据的研究与应用包括未来股价走势及趋势预测，以及未来的经济形势等。该领域吸引了众多研究者，但研究的切入点与关注点有很大的差别。金融领域的学者主要专注于横截面多因子等线性模型的构建，数据挖掘领域的学者则专注于对技术指标等静态特征建立复杂的非线性模型。与他们不同的是，我们将使用估计的方法研究基于动态特征的多维特征因果关系建模，并将其应用于金融时序数据的预测之中。

建模结果的好坏不仅取决于模型的选择，更重要的是输入特征的提取，本部分在深入研究预测方法的同时提取静态和动态两个方面的特征。关于静态特征的提取，我们采用符合金融背景逻辑的方法。另外，本部分还提出一种金融数据的动态特征提取方法，来弥补研究者普遍认为的静态特征在表达资产的趋势时会出现的滞后现象。具体而言，我们利用 Kalman 滤波器对资产价格序列的速度、加速度变化特性进行实时建模跟踪，以期更准确、更及时地表达资产价格的变化趋势。

本部分针对金融时序数据的多维特征因果关系建模方法研究主要包括以下四个方面。

(1) 金融时间序列静态特征的提取，从价格面、情绪面和资金面等多个金融维度提取静态特征。

(2) 使用自适应 Kalman 滤波器对时序数据进行估计，提取速度、加速度等信号作为动态特征。

(3) 建立多层次评价体系，包括从特征的统计特性、建立策略收益指标等方面评价特征的有效性，选择效果较好的特征组合成多维特征。

(4) 对动态、静态多维特征使用隐马尔可夫建模，并和其他非线性模型进行结果对比。

第 12 章　金融时序数据分析基础

12.1　量化投资的相关知识介绍

时间序列数据是指按时间先后顺序将同一个指标在不同时间点上的数值排列而成的数据。时间序列分析就是应用数理统计方法对时序数据加以处理建模来预测未来的发展趋势。时序分析的基本前提假设：一是承认事物发展具有延续性；二是考虑事物发展具有随机性。由于事物发展受偶然因素影响，时间序列分析通过统计分析历史数据推测事物未来的发展趋势。时间序列分析被广泛应用于社会生活的各个领域，如国民经济宏观控制、市场潜量预测、地震前兆预报、气象预报、水文预报、空气质量预报、基因序列分析、语音识别等。

金融时间序列具有延续性和随机性，需要金融市场相对稳定，而金融市场的稳定发展是一个国家经济平稳运行的基础保障。各国政府与投资机构追求的重要目标就是探求金融市场的变化规律、增强金融监管水平、提高金融投资效率。金融时间序列包括汇率、利率、债券、股票和期货等，对其进行分析、预测和控制是整个经济金融活动中的重要工作。金融市场是受多种因素共同影响的庞大而复杂的系统，而金融时序数据则是其外在的综合表现，从中寻找多维全面的信息，更好地认识、掌握、利用多维信息的规律无疑对金融投资预测、投资决策以及金融风险管理具有特别重要的意义。

在金融证券市场中，对股票等金融资产的价格走势分析预测方法主要有两种。

一种方法是基本面分析，该方法从宏观经济学理论出发，结合行业分析和公司财务分析，从基本面角度对金融资产价格变动有重要影响的信息进行分析，指导投资者选择有价值的资产。该方法的局限性是无法给出明确的买入点和卖出点，并且需要专业的金融财务管理知识，因此使用基本面分析的投资者往往是拥有丰富经验的专业人员。

另一种方法是技术面分析，该方法只关注股票等资产的历史价格走势，依靠对数据等信息的分析进一步预测价格的未来走势，给出明确的买卖点。但是由于市场一直处于不断变化中，未来价格的变化和历史经常不一致，因此，有时无法给出准确预测结果。

量化投资将基本面分析和技术面分析的优点结合起来，以金融市场海量历史数据为基础，以数量统计知识建立模型，以计算机工具实现模型并完成投资策略。传统的有效市场假说[1]认为，只能依靠非公开信息来获取投资的超额收益。对非公开信息有两种研究方法：一是以内幕消息或者私人消息为主的行业研究模式；二是挖掘公开数据中的非公开信息的量化分析方法。随着金融全球化与自由化的发展，我国市场开始进入半强势有效市场，监管层对内幕消息的监管越来越严厉，使得传统的行业研究模式获得非公开信息的难度越来越大，因此，量化投资就成为一个最好的获得非公开信息的科学理论与技术的渠道，通过挖掘规律和特征获得投资超额收益。无论个人投资者、金融机构还是国家层面都希望降低金融投资风险，量化对冲和资产配置是应用最为广泛的两种降低投资风险的方式。

量化对冲是量化和对冲两个概念的结合。“量化”是指借助统计方法，运用计算机技术从海量历史数据中寻找能带来超额收益的策略，并纪律严明地运用数学模型将资金筹码分散在这些策略上，努力克服市场情绪的侵蚀，力求取得稳定、可持续的超额回报。“对冲”指通过管理并降低组合系统风险来应对金融市场变化，获取相对稳定的收益。因此，量化对冲是指通过量化方法系统性地研究金融市场中重复出现的各种机会，发现相关投资品种间的定价误差或波动规律，同时做多和做空相关的投资品种以对冲市场风险，从而在任何市场情况下均可获得稳定的收益。

随着我国经济步入 L 型走势，在资产荒及低利率背景下，单资产投资难以获取稳定的收益，盈亏比例极不平衡，而运用组合投资理念进行分散投资则成为控制风险同时获取绝对收益的重要方法。通过跨市场、跨资产类别甚至多策略配置，既可以平滑投资风险，也能使得资产组合的收益更加稳定。在传统金融服务中，投资顾问需要针对每个客户不同的理财目的、风险属性及资产状况，提供个性化的咨询服务，但这种服务往往价格昂贵，且设有一定的投资门槛，通常只有高净值客户才能获得。我国金融交易市场中数量众多的中低净值的个人投资者常常缺乏专业的金融投资知识，并且接受不到高质量的投资顾问服务，导致投资风险较高。

作为人工智能的革命性应用，智能投顾将安全稳健、科学个性融于一身，为用户提供基于数据驱动的个性化、精准化和智能化的综合理财服务，通过量化投资算法完成以往人工提供的投资理财顾问服务。其背后的原理与专业投资者的决策逻辑一样，将包括经典的投资组合理论、行为金融学、效用理论、人工智能等多种理论融入算法设计中，对市场数据进行及时高效的分析处理，对投资组合实现跟踪和自动调整。智能投顾的核心服务是向客户提供资产管理组合建议，包括基金配置、股票配置、股票期权操作、债权配置、房地产资产配置等。

不论使用量化对冲还是资产配置方法降低风险，常用的标的资产为指数，与指数相关的资产有很多，如上证综指、50ETF(交易型开放式指数基金，exchange traded funds)、300ETF、500ETF、50ETF 期权、中国波动率指数、股指期货 IF(以沪深 300 指数为合约标的的期货)等。可以通过股指期货卖空对冲买入股票带来的风险，也可以通过买卖指数期权对冲风险，还可以通过配置股票型基金、货币型基金、债券、其他交易市场的基金，如香港市场的恒生指数、美国市场的纳斯达克指数等大类资产来降低投资风险。

本章选择基于指数时序数据的多维特征因果关系建模方法进行研究，探究如何从金融时间序列数据出发揭示金融市场的某些局部和全局特性，应用因果关系建模方法提高金融时间序列的预测能力。本章的研究能使金融机构与个人投资者更加深入地认识金融市场规律、提高金融投资决策水平、降低金融管理风险，为提高金融投资效率提供新的技术支持，对量化投资理论与方法的创新和发展具有重要的理论与现实意义。

12.2　国内外研究现状

12.2.1　量化投资国内外研究现状

量化投资最早于 20 世纪 50 年代起源于美国，90 年代引入中国，是一种在数学模型指导下利用现代化计算机技术实现相应投资理念的投资策略方法。依据原理不同，量化投资策略主要分为两种。

(1) 从海量历史数据中总结、分析、归纳数据特征，建立基于数据驱动的量化交易策略，发现交易机会，指导投资交易。

(2) 将已有的投资理念建模数量化，注重金融投资逻辑的构建以及投资哲学的实践落实。

从量化投资的发展历程看，量化投资并不是伴随金融学产生的，而是伴随着数量金融的发展而壮大，可以说量化投资方法融合了数学、统计学、经济学理论、现代金融理论，以及计算机学等多方面的思维方法。关于量化投资的研究，国外开始得比较早，并且已经形成了许多成熟的理论，其发展历程大致可分为以下 6 个阶段。

第一阶段：1952 年 Markowitz[2]首次提出现代资产配置理论(modern portfolio theory，MPT)，将投资问题转化为期望方差的最优配置问题。MPT 主要包括均值方差理论和有效边界模型，其核心思想是用期望收益率表示收益，期望方差表示风险，利用收益率、方差对投资资产进行分配。理性投资者期望在尽可能规避资产风险的同时获得较高的预期投资收益。MPT 成为现代风险管理的基石，也是量化投资组合构建过程中的一个重要理论依据。

第二阶段：1964 年 Sharpe[3]在 MPT 的基础上引入无风险资产，提出了更加完善的资本资产定价模型(capital asset pricing model，CAPM)。CAPM 的核心理念为：投资组合所能获得的收益与资产的系统性风险呈正相关关系，组合所承担的系统性风险将获得与市场平均回报相对应的风险溢价补偿。CAPM 假设市场上所有的投资者对于风险和收益的判断仅限于对于收益的预期值和标准差的分析，而且所有投资者都是完全理性的，并且投资者的信息和机会完全平等，任何人都可以无风险无限制地投资融资。然而，CAPM 并不是完美的理论，其包含了过多假设，但该理论的价值在于提供了正确分析问题的角度，并提出了衡量风险与回报是否匹配这一开创性思路。

第三阶段：1970 年 Malkiel 和 Fama[1]提出了有效市场假说。该假说将市场分为弱势有效、半强势有效和强势有效市场。在弱势有效市场中，资产价格完全反映了过往历史的所有信息，此时虽然对资产的基本面分析是有效的，但技术面分析不会给投资者带来任何超额收益。在半强势有效市场中，价格则反映了全部已公开的信息，资产的基本面分析和技术面分析都不会给投资者带来超额收益，而内幕消息却有可能给投资者带来超额利润。在强势有效市场中，价格已经完全反映了所有公开和非公开的信息，任何投资者通过任何分析方法都不可能获得超额收益。

第四阶段：1973 年 Black 和 Scholes[4]建立了期权定价理论模型，实现了金融理论的又一大突破。1980 年 Roll 和 Ross[5]建立了套利定价理论(arbitrage pricing theory，APT)，这是 CAPM 的拓展，APT 认为套利行为是现代有效市场形成的一个决定性因素。如果市场未达到均衡状态，市场上就会存在无风险套利机会。APT 最典型的代表就是量化投资领域众所周知的多因子模型，其认为资产的风险收益可以用多个因素(因子)进行解释。

第五阶段：CAPM 认为收益风险同源，市场风险是唯一能给股票带来超额收益的风险。1993 年 Fama 和 French[6]提出了三因子模型，他们认为除了市场风险外，还存在市值风险和账面市值比风险。2013 年他们[7]又发表了五因子模型，认为股票的超额收益可以由市场风险、市值风险、账面市值比风险、盈利水平风险和投资水平风险共同解释。

第六阶段：20 世纪末期，Fama 和 French[7]、Asness[8]、Dechow 和 Sloan[9]等大量学者发现基本面对股票波动的驱动作用显著，随后的诸多学者开始对股票波动的驱动因子进行研究，因子的驱动作用可以通过资产结构、成长能力、经营持续性、资金流动性等方面表现出来。

目前以 Fama-French 三因子模型为基础的多因子模型被广泛应用于量化选股，其基本原理是采用一系列因子作为选股标准，满足这些因子的股票被买入，不满足的则卖出。理查德 · 托托里罗等[10]详细介绍了收益因子、估值因子、现金流因子、价格动量因子等影响股票收益的 40 多个基本因子。丁鹏[11]从估值、成长性、资本结构、技术面等角度选取了 30 个较为常见的指标作为候选因子，进行因子有效性检验后利用打分法和回归法建立量化模型。

无论 CAPM、三因子模型，还是常见的多因子模型都是通过一个线性方程来解释股票超额收益的，因为大量学者认为线性模型可以直观地解释股票超额收益的来源。例如，刘毅[12]选取影响股票收益的选股指标，并将每个指标转换为评分，通过不同加权方法获得多因子综合评分，以此作为选股条件对股票进行筛选和构建投资组合。王昭栋[13]按照多因子的大小分别排序，选择排名靠前的股票构建投资组合。曹春晓[14]通过多元线性回归对因子和未来收益之间的线性关系进行评估。

众所周知，金融市场是一个由自然、社会、心理、政治、经济等诸多因素作用的复杂系统。因而金融时间序列具有非平稳、非线性、信噪比低等一些不同于许多其他一般时间序列的特性。打分法、排序法、线性回归多因子模型的前提往往要求因子是线性单调的、相关性低、区分度大，所以线性模型并不能很好地解释股票超额收益的来源。因此近年来，非线性时间序列分析方法开始被应用于金融学领域，极大地丰富了量化投资的研究手段。

12.2.2　金融时序分析方法研究现状

时间序列分析方法的发展是从传统的统计学时间序列分析方法逐步完善、发展过渡到学习机制为核心的非线性时序分析方法体系的过程。传统的统计学分析方法主要包括以自回归滑动平均方法为核心的一系列统计学经典模型方法，而基于学习机制的非线性时序分析算法则包括以决策树、神经网络、支持向量机、隐马尔可夫等为代表的复杂模型方法。下面对主要的时间序列分析方法研究及其应用现状进行汇总和概述。

1. 线性时间序列分析方法

1927 年数学家 Yule 提出自回归模型(auto regressive models，AR)，通过建立当前数据和历史数据之间的关系来预测变量未来的变化。1931 年数学家 Walker 提出移动平均模型(moving average models，MA)，反映变量的当前值与当前及过去误差项之间的关系。20 世纪 70 年代，Box 和 Mjenkins 提出自回归移动平均模型(auto regressive moving average models，ARMA)，对时间序列进行建模、估计和检验，被广泛应用于时间序列分析的各个领域。Tsay[15]详细介绍了 ARMA 模型，并建立了基于公司股票价格的月对数收益率的 ARMA 预测模型。

我国学者在线性时序分析领域也取得了不少有价值的研究成果。1999 年查正洪[16]对上证综合指数进行了时间序列分解的实证研究，并提出了自回归积分滑动平均模型(autoregressive integrated moving average model，ARIMA)进行拟合预测，取得了一定的效果。2000 年张思奇等[17]对上证综合指数建立自回归条件异方差(autoregressive conditional heteroskedasticity，ARMA-ARCH)-M 模型研究市场收益的时间序列特征，以分析市场整体风险配置性质，从而验证市场的有效程度及变化。2008 年，刘红梅[18]以鞍钢股票的价格序列为研究对象，建立了 ARIMA 模型，并提出了股票价格序列的一步动态预测方法，虽然精度不是很理想，但仍可用于股票价格序列的建模及股价的短期预测。

许多时间序列研究展现出来的特征都表明不能简单地通过线性关系来解释其变化趋势。例如，当一个国家的经济情况在经历衰退、复苏、过热、滞涨等不同的阶段时，金融时间序列往往表现出不同的特征。正因为如此，人们越来越关注非线性模型。

2. 非线性时间序列分析方法

由于基于学习机制的非线性时间序列分析模型具有很强的非线性逼近能力，所以逐渐成为解决非线性、非平稳复杂时间序列预测问题的主要方法。其中一些基于学习机制的模型被引入用来建立特征和资产收益间的关系，如决策树、神经网络、支持向量机、组合预测、隐马尔可夫等。

1) 决策树

决策树(decision tree，DT)模型呈树型结构，在分类问题中表示基于特征对类别进行划分的过程，可以认为是 if-then 规则的集合，也可认为是定义在特征空间与类空间上的条件概率分布。学习时，利用训练数据，根据损失函数最小化的原则建立决策树模型。预测时，对新的数据，利用决策树模型进行分类。决策树的主要思想源于 Quinlan[19]提出的 ID3 算法和 C4.5 算法，以及 Grajski 等[20]在 1986 年提出的 CART 算法。决策树的主要优点是模型具有可读性，分类速度快，可以直观地看出分类原则，不同于其他分类模型，决策树属于白盒方法。

决策树在传统数据挖掘和量化投资中都是非常重要与常用的技术，常用于数据分析以及模型的建立预测，通过树型图可以直观、清晰地表达处理逻辑。建立决策树的过程即为树的生长过程，也是不断地把数据进行切分的过程，每次切分对应一个判定问题，也对应着一个节点。在树的构建过程中，每个节点的分割都是要最大化“信息” $I(t)$

$$I(t)=1-\sum_{r=1}^{s}I(t_r)p_r \tag{12-1}$$

其中，p_r 代表被分配到第 r 个子节点中的观测值占母节点观测值的比例。式(12-1)表示的是母节点分割前的“信息”减去分割后各个子节点“信息”按照观测值数量的加权平均。这个数值越大就代表分割越有价值。不同的建树方法其本质在于对“信息”的不同定义。常用的定义差异方法有熵(entropy)、卡方(Chi-square)以及基尼系数(Gini index)等。常用的方法为基尼系数法，即 $I(t)$ 采用基尼系数来衡量差异，则有

$$I(t)=1-\sum_{i=1}^{k}p_i^2 \tag{12-2}$$

其中，k 表示节点中属于第 i 种类型的数量，对于常见的 CART 二叉树来说，$k=2$；p_i 则代表节点中属于第 i 种类型的观测值占总观测值的比例。因此，基尼系数法的目标就是使 $1-\sum_{i=1}^{k} p_i^2+\sum_{r=1}^{s} p_r\left(1-\sum_{i=1}^{k} p_{ri}^2\right)$ 最大化。

Nugroho 等[21]使用 MACD、RSI 等多个技术指标建立决策树模型，王领等[22]用优化后的股票技术指标作为决策树的分类特征，使用 C4.5 算法进行股票预测。Sorensend 等[23]考虑股票的因子利用决策树进行选股，取得了较好的效果。

2) 神经网络

20 世纪 80 年代出现的人工神经网络(artificial neural networks，ANN)具有自组织和自学习能力，能够逼近任意复杂的非线性函数，为解决复杂非线性时间序列预测问题提供了一条良好的途径。ANN 方法是一种基于数据的建模方法，建模时不需要先验知识，仅需要对适合的样本数据进行训练即可获得预测模型。按照网络结构，ANN 可以分为前向型网络(feed-forward networks，FNN)和反馈型网络(recurrent neural networks，RNN)。

前向型网络中应用最广泛的是 BP(back propagation)神经网络和径向基(radial basis function，RBF)神经网络。理论上可以证明 ANN 的这种结构可以拟合任意形式的连续函数，增加隐藏层、增加隐藏层变量的数量均可以让模型能够描述更复杂的结构。Werbos[24]通过理论分析和实验证明 BP 神经网络训练效率较低，容易陷入局部最优，并且存在网络结构、网络参数难以确定等问题。而 RBF 网络是一种局部逼近网络，其输入空间的某一个局部区域只存在少数的神经元用来决定网络的输出。RBF 网络在函数逼近能力、分类能力和学习速度等方面均优于 BP 网络，因而将它应用于复杂时间序列预测取得了很好的效果。

2010 年 Dase 和 Pawar[25]介绍了人工神经网络的发展，并总结了不同研究者使用 ANN 进行金融时间序列的预测。Adebiyi 等[26]对比了神经网络和 ARIMA 方法，ANN 可以获得更好的时间序列预测精度。Chang 等[27]分别利用神经网络研究了基于时间关系单一股票数据走势的关系模型。Egeli 等[28]用不同隐藏层的人工神经网络来预测伊斯坦布尔证券交易所的市场价值指数。Ho 和 Wang[29]基于谷歌公司的新闻情感分析建立了 ANN 模型来预测股票价格的变动。

3) 支持向量机

针对统计学方法难以解决时间序列预测的非线性问题，而 ANN 又存在局部极值、收敛速度慢、网络结构难以确定以及需要大样本进行训练等不足，20 世纪 70 年代，Vapnik 建立了统计学习理论。统计学习理论基于结构风险最小化原则，以寻求有限样本情况下学习问题的最优解为目的，且不需要利用样本数趋于无穷大的渐进性条件，因此适合有限样本情况的工程实际问题。1999 年，Vapnik[30]提出了基于统计学习理论的通用学习方法——支持向量机(support vector machine，SVM)。

SVM 最初提出时用于解决分类问题，其分类过程是通过某种非线性映射，将线性不可分的输入空间映射到高维特征空间，然后通过在特征空间中构造最优分类超平面实现分类。SVM 具有严密的统计学基础，其最初起源就是用于处理数据的分类问题，其核心逻辑是构造一个决策面，在最小化经验风险及置信区间下，使训练集中的数据点距离该分割平面尽可能远。对于线性不可分的数据，则可以通过非线性变换将原始空间内的数据投射到高维空间，并在变换空间求解最优分类面。SVM 改变了传统的经验风险最小化原则，提出结构风险最小化原则，具有更好的泛化能力。同时，支持向量机在处理非线性问题时，通过将非线性问题转化为高维空间的线性问题，利用核函数代替高维空间中的内积运算，从而巧妙地解决了复杂计算问题，并且有效地克服了维数灾难以及局部极小问题。

金融时间序列数据是非线性的，使用超平面进行分类的能力有限，因而常使用 SVM 对数据进行非线性映射，通过映射关系 $\phi: x \to f$ 将数据映射到一个更高维的特征空间 F 中，从而使时序数据线性可分，然后在 f 中构造最优超平面。优化函数和分类函数均设计成样本空间的内积运算 $\langle x_i \cdot x_j \rangle$，因此，在变换后的高维特征空间 F 中同样需要进行内积运算 $\langle \phi(x_i) \cdot \phi(x_j) \rangle$，根据 Mercer 定理，对应线性变换空间中的内积 $\langle \phi(x_i) \bullet \phi(x_j) \rangle = k(x_i, x_j)$。采用适当的核函数 $k(x_i, x_j)$，就能代替向高维空间中进行的非线性映射，实现非线性变换后的线性分类。据最优化理论得到优化问题

$$\text{maximize}\ \omega(\alpha) = \sum_{i=1}^{l} \alpha_i - \frac{1}{2} \sum_{i=1}^{l} y_i y_j \alpha_i \alpha_j k(x_i, x_j) \tag{12-3}$$

$$\text{subject to} \sum_{i=1}^{l} y_i \alpha_i = 0, \quad c \geqslant \alpha_i \geqslant 0; \quad i = 1, \cdots, l \tag{12-4}$$

其中，$x_i \in \mathrm{R}^n$，$y_i \in \mathrm{R}$，x_i 是输入，y_i 是其对应的输出；l 是样本个数；α 是拉格朗日系数；c 是惩罚系数。这里令 $f(x) = \alpha_i^* k(x_i, x_i) + b^*$，选择 b^* 使 $y_i f(x_i) = 1$ 成立，其中对任意 i 有 $c > \alpha_i^* > 0$，决策规则由 $\mathrm{sgn}(f(x))$ 给出，等价于解决优化问题中核函数定义的特征空间中的超平面。决策函数为

$$g(x) = \mathrm{sgn} \sum_{i}^{l} y_i \alpha_i k(x_i, x_j) + b \tag{12-5}$$

在空间转换的时候常用的核函数有以下三种。

多项式核函数：$k(x_i, x_j)$=（$\langle x_i \cdot x_j \rangle$+1）^{d}，对应 SVM 是一个 d 阶多项式分类器。

径向基核函数：$k(x_i,x_j)=\exp(-\gamma\|x_i-x_j\|^2)$，对应的空间是无穷维的，有限样本数据在该空间也是线性可分的，是最常用的一种方法。

Sigmoid 核函数：$k(x_i,x_j)=\tanh(v<x_i\cdot x_j>+c)$，SVM 实现的就是一个两层感知器神经网络，网络的权值、隐藏节点数目是由算法自动决定的。

Devi 等[31]利用搜索优化的 SVM 预测股票未来走势。Stanković 等[32]使用技术指标输入到最小二乘的支持向量机。Yu 等[33]在 SVM 中引入主成分分析提出有效特征，建立预测模型。Wen 等[34]引入奇异谱分析去除噪声提取特征利用 SVM 建立时间序列模型。Nie 等[35]对金融时间序列提取的区间特征建立了朴素贝叶斯和 SVM 模型。

4) 基于动态滤波的方法

Kalman 滤波器是匈牙利数学家 Kalman 在其博士论文以及 1960 年左右发表的论文中提出的，其基于最优估计理论使预测模型参数值达到最优，适用于线性、平稳的时间序列预测。简单来说，Kalman 滤波器是一种最优自回归数据处理算法，对于很多问题，Kalman 滤波器都可以得到最优的(最小均方差)估计结果，效率最高，甚至是最有用的。目前，Kalman 滤波器在许多领域具有广泛应用，包括机器人导航与控制、雷达跟踪系统等。近年来还被应用于计算机图像处理，如视频图像跟踪、时序数据滤波等。

传统的非线性 Kalman 滤波器有两种，一种是扩展 Kalman 滤波器(extended Kalman filter，EKF)，其基本思想是利用泰勒展开，将非线性方程直接线性化。线性化后的系统模型和系统实际的非线性模型会有差别，非线性越强，差别就越大。不过，EKF 的优势也不容忽视，由于没有附加计算，EKF 的计算量和基本的 Kalman 滤波器差不多。另一种非线性 Kalman 滤波器 UKF 在原理上和 EKF 完全不同，该滤波器由于使用了所谓的不敏变换，线性化带来的状态均值和协方差的改变要小些。

符拯等[36]、王学斌等[37]和 Jin 等[38]详细介绍了自适应 Kalman 滤波器，该模型首先根据目标实际运动中加速度满足一阶 AR 模型的关系，建立含有系统自适应参数的目标运动模型；然后根据建立的目标运动模型对目标运动特性进行估计，计算目标当前状态估计值；最后根据目标加速度估计值修正系统自适应参数，再利用修正的系统自适应参数更新目标的运动模型，利用更新的目标运动模型进行下一次预测与估计。Jin 等[39,40]将扩展 Kalman 滤波应用于室内定位、估计轨迹。Miao 和 Jin[41,42]将 Kalman 滤波器应用于大数据时序数据的抽样后再建模预测估计中，取得了不错的效果。

5) 组合时间序列预测方法

组合时间序列预测方法指的是对同一时间序列采用不同的预测算法得到不同的

预测值，对这些预测值进行融合得到最终的预测结果，其优点在于能够提高模型分类和回归的性能，进而获得比单一预测方法更好的效果。Adaboost 是组合预测方法中典型的学习方法。

Adaboost 是一种迭代算法，其核心思想是针对同一个训练集建立不同的弱分类器模型，并对难以正确分类的数据重复训练，然后把这些弱分类器集合起来，构成一个更强的强分类器。Adaboost 算法根据每次训练集中样本分类是否正确不断调整样本的权值，将每次训练得到的分类器融合起来，作为最后的决策分类器。下面详细介绍 Adaboost 方法的输入、初始化、循环过程和输出部分。

输入：$\{(x_1,y_1),\cdots,(x_m,y_m)\}$，其中 $y_i\in Y=\{1,\cdots,k\}$，一般可使用弱学习算法 WeakLearn，迭代次数为 T。

初始化：对于所有的 $i: D_1(i)=\dfrac{1}{m}$。

循环过程：对于每个时间点 $t=1,2,3,\cdots,T$ 循环调用 WeakLearn，并且传入分布 $D_t(i)$。定义假说：$h_t: X\to Y$。计算 h_t 的误差 $\varepsilon_t=\sum\limits_{i:h_t(x_i)} D_t(i)$。如果 $\varepsilon_t>\dfrac{1}{2}$，则 $T=t-1$，然后跳出该层循环。

设定 $\beta_t=\dfrac{\varepsilon_t}{1-\varepsilon_t}$，更新 D_t

$$D_{t+1}(i)=\frac{D_t(i)}{Z_t}\times\begin{cases}\beta_t, & h_t(x_i)=y_i\\ 1, & \text{其他}\end{cases}$$

其中，Z_t 是用于标准化的常数，使得 D_{t+1} 为一个分布。

输出：获得最终分类 $h_{\text{fin}}(x)=\arg\max\limits_{y\in Y}\sum\limits_{t:h_t(x)=y}\ln\dfrac{1}{\beta_t}$。

Adaboost 本身并不是分类器算法，运用 Adaboost 作增强首先需要一个弱分类器算法。常见的分类器如决策树分类器、最近邻分类器、神经网络、支持向量机等都可以作为 Adaboost 的弱分类器。

Sun 和 Zhao[43]使用 Adaboost 改进多因子线性选股模型。Barak 等[44]分别建立了多个分类器模型及融合预测结果，可以获得比单一模型更好的效果。

6）隐马尔可夫模型

1986 年 Rabiner 和 Juang[45]提出隐马尔可夫模型（hidden Markov model，HMM），HMM 是马尔可夫链的一种，它的状态不能直接观察到，但能通过观测向量序列观察到，每个观测向量通过某些概率密度分布表现为各种状态。自 20 世纪 80 年代以来，HMM[46]被应用于语音识别，取得了重大成功。到了 20 世纪 90 年代，HMM 被引入计算机文字识别和移动通信核心技术“多用户的检测”。HMM 在生物信息科学、故障诊断等领域也开始得到应用。

Hassan 等[47]融合使用自适应模糊推理系统和 HMM 预测非线性时间序列数据。Chuang[48]使用多特征的模糊 HMM 预测未来的数据趋势，提高了预测准确率。Bebarta 等[49]、Xu 等[50]都使用了基于遗传算法优化的 HMM 进行时间序列预测。

12.3　小　　结

本章详细介绍了量化投资的相关知识和国内外研究现状。在后面两章中，我们将分别介绍特征提取方法(第 13 章)和建模方法(第 14 章)。本部分的创新点在第 13 章中，我们在金融领域普遍使用的静态特征因子中加入了基于 Kalman 滤波器的动态特征因子，这也是我们将本部分放到本书中的一个原因。我们将看到这些动态因子是很有效的。

参考文献

[1] Malkiel B G, Fama E F. Efficient capital market: A review of theory and empirical work[J]. The Journal of Finance, 1970, 25(2):383-417.

[2] Markowitz H. Portfolio selection[J]. The Journal of Finance, 1952, 7(1):77-91.

[3] Sharpe W F. Capital asset prices: A theory of market equilibrium under conditions of risk[J]. The Journal of Finance, 1964, 19(3):425-442.

[4] Black F, Scholes M. The pricing of options and corporate liabilities[J]. Journal of Political Economy, 1973, 81(3):637-654.

[5] Roll R, Ross S A. An empirical investigation of the arbitrage pricing theory[J]. The Journal of Finance, 1980, 35(5):1073-1103.

[6] Fama E F, French K R. Common risk factors in the returns on stocks and bonds[J]. Journal of Financial Economics, 1993, 33(93):3-56.

[7] Fama E F, French K R. A four-factor model for the size, value, and profitability patterns in stock returns[J]. SSRN Electronic Journal, 2013, doi: 10. 2139.

[8] Asness C S. The interaction of value and momentum strategies[J]. Financial Analysts Journal, 1997, 53(2): 29-36.

[9] Dechow P M, Sloan R G. Returns to contrarian investment strategies: Tests of naive expectations hypotheses[J]. Journal of Financial Economics, 1997, 43(1): 3-27.

[10] 理查德 • 托托里罗. 量化投资策略: 如何实现超额收益 Alpha[M]. 李洪成, 许文星, 译. 上海: 上海交通大学出版社, 2013.

[11] 丁鹏. 量化投资: 策略与技术[M]. 北京: 电子工业出版社, 2014.

[12] 刘毅. 因子选股模型在中国市场的实证研究[D]. 上海: 复旦大学, 2012.

[13] 王昭栋. 多因子选股模型在中国股票市场的实证分析[D]. 济南: 山东大学, 2014.

[14] 曹春晓. 中国 A 股市场多因素选股模型实证分析[D]. 南京: 南京大学, 2014.

[15] Tsay R S. Financial time series[J]. Encyclopedia of Statistical Sciences, 2006: 157-166.

[16] 查正洪. 上证综合指数的统计分析与预测[J]. 上海海事大学学报, 1999, 20(4): 80-87.

[17] 张思奇, 马刚, 冉华. 股票市场风险、收益与市场效率——ARMA-ARCH-M 模型[J]. 世界经济, 2000, (5):19-28.

[18] 刘红梅. ARIMA 模型在股票价格预测中的应用[J]. 轻工科技, 2008, 24(6): 92-93.

[19] Quinlan J R. Induction on decision tree[J]. Machine Learning, 1986, 1(1): 81-106.

[20] Grajski K A, Breiman L, Prisco G V, et al. Classification of EEG spatial patterns with a tree-structured methodology: CART[J]. IEEE Transactions on Biomedical Engineering, 1986, 33(12): 1076-1086.

[21] Nugroho F X S D, Adji T B, Fauziati S. Decision support system for stock trading using multiple indicators decision tree[C]// The International Conference on Information Technology, Computer and Electrical Engineering, 2014: 291-296.

[22] 王领, 胡扬. 基于 C4.5 决策树的股票数据挖掘[J]. 计算机与现代化, 2015, (10): 21-24.

[23] Sorensen E H, Miller K L, Ooi C K. The decision tree approach to stock selection[J]. The Journal of Portfolio Management, 2000, 27(1):42-52.

[24] Werbos P. Back propagation through time: What it does and how to do it[J]. Proceedings of the IEEE, 1990, 78(10): 1550-1560.

[25] Dase R K, Pawar D D. Application of artificial neural network for stock market predictions: A review of literature[J]. International Journal of Machine Intelligence, 2010, 2(2): 14-17.

[26] Adebiyi A A, Adewumi A O, Ayo C K. Comparison of ARIMA and artificial neural networks models for stock price prediction[J]. Journal of Applied Mathematics, 2014, 2014(1):1-7.

[27] Chang P C, Wang D D, Zhou C L. A novel model by evolving partially connected neural network for stock price trend forecasting[J]. Expert Systems with Applications, 2012, (39): 611-620.

[28] Egeli B, Prof A, Ozturan M, et al. Stock market prediction using artificial neural networks[J]. International Journal of Computer Science & Information Technology, 2012, (6-7): 1055-1060.

[29] Ho K Y, Wang W. Predicting Stock Price Movements with News Sentiment: An Artificial Neural Network Approach[M]// Artificial Neural Network Modelling. New York: Springer, 2016.

[30] Vapnik V. The Nature of Statistical Learning Theory[M]. New York: Springer, 1999: 1-42.

[31] Devi K N, Bhaskaran V M, Kumar G P. Cuckoo optimized SVM for stock market prediction[C]// Proceedings of the IEEE International Conference on Innovations in Information, Embedded and Communication Systems, 2015.

[32] Stanković J, Marković I, Stojanović M. Investment strategy optimization using technical analysis and predictive modeling in emerging markets[J]. Procedia Economics & Finance, 2015, 19(19): 51-62.

[33] Yu H, Chen R, Zhang G. A SVM stock selection model within PCA[J]. Procedia Computer Science, 2014, 31(31): 406-412.

[34] Wen F, Xiao J, He Z F, et al. Stock price prediction based on SSA and SVM[J]. Procedia Computer Science, 2014, 31: 625-631.

[35] Nie C X, Jin X B. The interval slope method for long-term forecasting of stock price trends[J]. Advances in Mathematical Physics, 2016, (6): 1-7.

[36] 符拯, 王书满, 刘丙杰. 自适应卡尔曼滤波的最新进展[J]. 战术导弹技术, 2009, (6): 62-66.

[37] 王学斌, 徐建宏, 张章. 卡尔曼滤波器参数分析与应用方法研究[J]. 计算机应用与软件, 2012, 29(6): 212-214.

[38] Jin X B, Jing D U, Bao J. Maneuvering target tracking by adaptive statistics model[J]. Journal of China Universities of Posts & Telecommunications, 2013, 20(1): 108-114.

[39] Jin X B, Nie C X, Shi Y, et al. Maneuvering target tracking with UKF and EKF for indoor RFID system[J]. International Journal of Control & Automation, 2016, 9(1): 411-424.

[40] Jin X B, Yan S, Nie C X. Tracking for indoor RFID system with UKF and EKF[C]// The International Conference on Estimation, Detection and Information Fusion, 2015: 146-151.

[41] Miao B B, Jin X B. Compression processing estimation method for time series big data[C]// Proceedings of the IEEE Control and Decision Conference, 2015.

[42] Miao B B, Jin X B. Compressing sampling for time series big data[C]// Proceedings of the IEEE Control Conference, 2015.

[43] Sun Y, Zhao H. Stock selection model based on advanced adaboost algorithm[C]// Proceedings of the IEEE International Conference on Modelling, Identification and Control, 2016.

[44] Barak S, Arjmand A, Ortobelli S. Fusion of multiple diverse predictors in stock market[J]. Information Fusion, 2017, 36: 90-102.

[45] Rabiner L R, Juang B H. An introduction to hidden Markov models[J]. IEEE ASSP Magazine, 1986, 3(1): 4-16.

[46] Lawrence R. Rabiner, a tutorial on hidden Markov models and selected applications in speech recognition[J]. Proceedings of the IEEE, 1989, 77 (2): 257-286.

[47] Hassan M R, Ramamohanarao K, Kamruzzaman J, et al. A HMM-based adaptive fuzzy inference system for stock market forecasting[J]. Neurocomputing, 2013, 104: 10-25.

[48] Chuang H C. A multi-factor HMM-based forecasting model for fuzzy time series[C]// The 4th International Conference on Advances in Information Mining and Management, 2014.

[49] Bebarta D K, Sudha T E, Bisoyi R. An intelligent stock forecasting system using a unify model of CEFLANN, HMM and GA for stock time series phenomena[J]. Advances in Intelligent Systems & Computing, 2015, 338: 485-496.

[50] Xu D Y, Yang S L, Liu R P. A mixture of HMM, GA and Elman network for load prediction in cloud-oriented data centers[J]. Journal of Zhejiang University, 2013, 11(11): 845-858.

第 13 章　基于时序数据的多维特征提取

本章主要介绍金融时间序列数据的多维特征提取、特征预处理方法以及特征的统计特性。首先对静态、动态多维特征提取方法进行介绍。如图 13.1 所示，静态特征侧重于提取具有良好金融背景逻辑解释的特征，从价格、资金、情绪三个维度进行特征提取。动态特征侧重于提取可以及时表达股价趋势变化的特征，使用 Kalman 滤波器对金融资产价格序列的速度、加速度、估计值变化特性进行实时建模跟踪。

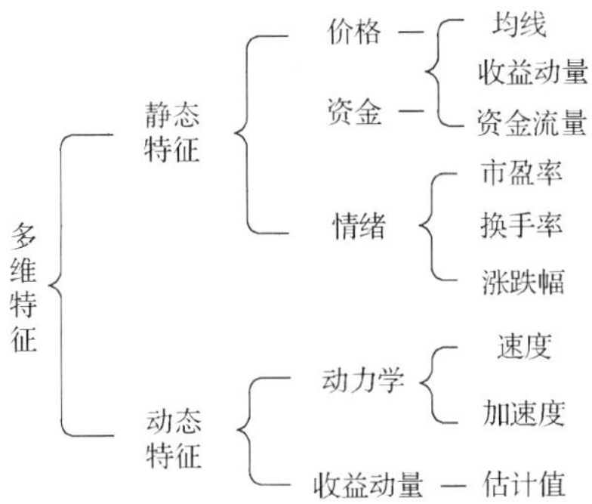

图 13.1　多维特征分类图

13.1　静 态 特 征

金融资产(股票、期货、外汇、基金等)的价格理论上是由金融资产的供求关系决定的，供应包括所有能进行交易的金融资产的供给量，而需求就是愿意买入金融资产的资金。根据经济学供求和价格的关系得到图 13.2，包括静态特征对其关系的影响。

从图 13.2 可以看到，供求关系决定价格，而在此过程中可以观察到所形成的价格、资金和情绪等静态特征。但同时价格又会影响资产的供求关系，如追涨杀跌，尤其是技术面投资者，看到价格形态或者技术指标好、资金大量进入或者盘面强势，就会买股票，从而增加了股票的需求，若供给基本无变化，最终将推动价格上涨，形成正反馈；价格下跌时也是如此。

本章将静态金融时序数据的特征分为三大类：价格、资金和情绪。通过这三个方面来影响投资者的决策，从而影响金融资产的供求，形成价格趋势。从一般的金融时序分析角度来看，价格维度主要观察的是价格的变化趋势；资金维度主要观察的是成交额和资金的进出；情绪维度主要观察的是市场的估值水平、市场的盘面结构以及市场的交易活跃程度。

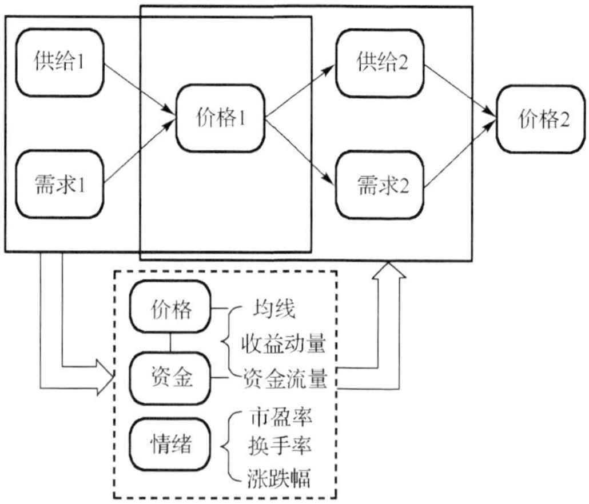

图 13.2　静态特征影响下的供求与价格关系图

13.1.1　价格特征

价格特征指由金融价格序列计算出来的特征，分为移动平均线和收益动量特征两种。

1) 移动平均线

移动平均线是由著名的美国投资专家 Granville 于 20 世纪中期提出的。移动平均线代表了一定时期内市场平均成本价格的变化。在上升趋势里，市场成本价格是逐渐上升的；在下降趋势里，市场成本价格是逐渐下降的。成本价格的变化影响了供求关系的变化，导致上涨或下跌趋势的延续。

移动平均线常被用于识别趋势的延续或反转，是一种简单、有效、具有金融逻辑的趋势追踪工具，被广泛用于股票、期货等金融市场的分析中。另外，许多其他的技术指标，如著名的指数平滑移动平均线(moving average convergence divergence，MACD)也是建立在均线的基础上，用两根不同参数的均线相减。基于此，投资者大量使用移动平均线作为价格趋势追踪的工具，但均线有个明显的劣势，它不会领先市场，只是忠实地追随市场，所以具有滞后的特点。

设某金融标的资产的收盘价为 P_t，该金融标的资产 k 个时间单位的移动平均线为 $M_t(k)$，则有

$$M_t(k)=\frac{1}{k}\sum_{j=0}^{k-1}P_{t-j} \tag{13-1}$$

其中，k 一般取 5、10、20、30、60 天，本章中实验取 5 日均线。

2) 收益动量特征

动量效应(momentum effect)一般又称“惯性效应”，由 Jegadeesh 和 Titman 于 1993 年提出，是指金融资产的收益率具有延续原来运动方向并继续沿着原来的方向发展的趋势，在股票市场中常见的现象为：过去一段时间内收益率较高的股票在未来市场也会获得比过去收益率较低的股票更多的收益。

收益动量特征以过去 n 个时间单位内的金融标的资产的收益率 S 作为特征，设 P_t 为金融标的资产的收盘价格，则有

$$S = \ln\left(\frac{P_t}{P_{t-n}}\right) \tag{13-2}$$

13.1.2　资金特征

资金面维度的特征主要用于观察金融资产在某个时间单位内的成交量、成交额以及资金的进出。

资金流向对于资产的影响，一般认为资金流入，也就是需求增加，同时供给不变，从而引起资产价格上涨，而资金流出则导致资产价格下跌。资金流的变化反映了资产的供求关系。

金融资产价格在一段时间内有以下规律。

(1) 资金流入：资产价格上涨过程中产生的成交额，表示推动价格上涨的力量。

(2) 资金流出：资产价格下跌过程中产生的成交额，表示推动价格下跌的力量。

基于以上描述可以得到资金流量的定义：设某资产在 t 时刻的收盘价为 P_t，成交量为 Volume_t，资金流量为 MF，则有

$$\text{MF} = \text{Volume}_t \times P_t \times \frac{P_t - P_{t-1}}{\left|P_t - P_{t-1}\right|} \tag{13-3}$$

资金流量表示当天的资金流入与流出的差额，资金流量为正表示资金流入，为负表示资金流出。

13.1.3　情绪特征

每一个金融市场内的交易者对市场都有自己的判断和逻辑，无数投资者对市场的判断形成了一个庞大而复杂的系统。而市场情绪恰恰是用于衡量投资者行为的手段，良好地把握住市场情绪，对于投资具有非常重要的意义和作用。学术界认为，市场情绪是投资者基于对资产未来现金流和投资风险的预期而形成的一种判断，这一判断或多或少反映了当前已有的事实，不同投资者对同一资产可能会有不同的判断。然而，当投资者的情绪或判断具有较大的社会性或普遍性时，投资者的行为就会在互动机制作用下趋于一致，从而影响市场定价。反之，当投资者的情绪分歧较

大时，市场的不确定性和风险将会增大。投资者情绪是行为金融学解释市场异象的主要理论基础之一，例如，当某类风格的资产在某段时间内具有较好的走势时，趋势投资者会对该类风格的资产保持乐观情绪并增加对该类风格资产的投资，使得风格走势延续；但过度反应会使得该类风格积累过多风险，最终发生反转，并使得市场热点转移到其他的风格资产上。

通过用于反映投资者情绪的特征有三类，具体包括：①市场估值水平——市盈率；②市场交易活跃程度——换手率；③市场涨跌幅度——涨跌幅。

1) 市场估值水平——市盈率

市盈率是最常用来评估资产价格水平是否合理的指标之一。市盈率的定义为每股市价除以每股收益的倍数，反映投资人对每元净利润所愿支付的价格，用来评估资产的投资报酬和风险。如果可以把一类股票的所有个股看作一只股票，那么一类股票的平均市盈率就是买下该类股票中所有流通的股票所需的投入与这些股票产出的税后利润之比，而买下所有股票的投入就是该类股票中流通股本的总市值，所以理论平均市盈率的计算公式为

$$\text{理论平均市盈率}=\frac{\text{流通股的总市值}}{\text{流通股产生的税后总利润}} \tag{13-4}$$

2) 市场交易活跃程度——换手率

换手率指在一定时间内市场中资产转手买卖的频率，是反映资产流通性强弱的指标之一。股票的换手率越高，意味着该资产的交易越活跃，流通性越好，人们购买该资产的意愿越高，但往往也是短线资金追逐的对象，投机性较强，资产价格的起伏较大，风险也相对较大；反之，资产的换手率越低，则表明该资产少人关注。一个市场的理论平均换手率为市场中所有资产成交量的总和与该日总的自由流通股本数量之比，计算公式为

$$\text{理论平均换手率}=\left(\frac{\text{指定交易日市场总成交量(手)}\times 100}{\text{截至该日市场总的自由流通股本(股)}}\right)\times 100\% \tag{13-5}$$

3) 市场涨跌幅度——涨跌幅

涨跌幅是对金融资产价格涨跌幅度的描述，用百分比(%)表示。在我国股市证券交易所为了抑制过度投机行为，防止市场出现过分的暴涨暴跌，制定了涨跌停限制制度。制度要求在每天的交易中规定当日的证券交易价格在前一个交易日收盘价的基础上上下波动的幅度，因此有“涨跌停板”的说法。涨跌幅计算公式为

$$\text{涨跌幅}=\left(\frac{\text{今日收盘价}-\text{昨日收盘价}}{\text{昨日收盘价}}\right)\times 100\% \tag{13-6}$$

13.2　动 态 特 征

针对移动平均线等静态特征在表达金融资产价格波动时会滞后的缺点，我们利用自适应 Kalman 滤波器对金融资产价格序列的速度、加速度估计变化特性进行实时建模跟踪，以期更准确、更及时地表达金融标的资产价格的变化趋势。我们使用 1.3 节介绍的基于自适应模型的 Kalman 滤波器，但是由于将其应用于金融时序信号，在状态量的取值、测量方程的构建方面都有些不同，为使读者更容易接受本节的知识，我们在本节中详细介绍使用自适应 Kalman 滤波器提取价格序列的动力学特征的步骤。并且，为了说明与 1.3 节介绍的具有普适性的方法的区别，本节使用了不同的参量，如用 $\Phi(k)$ 表示状态转移矩阵，用 $H(k)$ 表示测量矩阵。

自适应 Kalman 滤波器根据资产价格序列运动中，加速度满足非零均值时间相关随机过程的特性，建立含有系统自适应参数的资产价格序列变化模型；然后，根据建立的资产价格序列变化模型，对资产价格序列变化特性进行预测；之后，利用资产价格序列预测值和实际数据观测值对资产价格序列状态进行更新；最后，根据资产价格加速度估计值修正系统自适应参数，进而更新资产价格序列的变化模型，用于进行下一次预测与估计。具体实现步骤如图 13.3 所示。

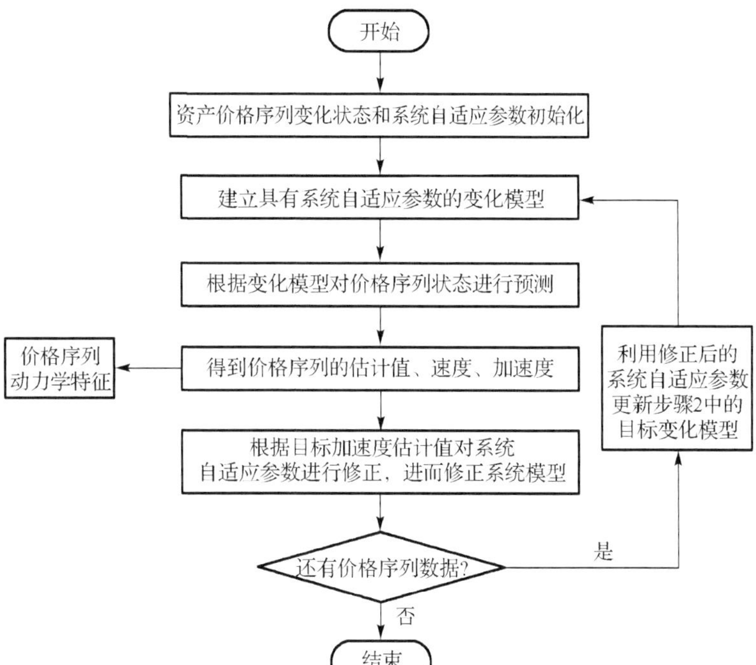

图 13.3　资产价格动力学特征提取步骤图

步骤 1：资产价格序列变化状态和系统自适应参数初始化。

设定状态初值 $\hat{x}(0|0)=x_0$，其为 3 维全 0 列向量，包含真值估计值、速度以及加速度。系统自适应参数初值 δ_a^2 为加速度方差，取任意正数；α 为频率，取 $\alpha=1/20$。自相关函数初值 $r_0(0)$ 和 $r_0(1)$ 的初值取 $r_0(0)=0$，$r_0(1)=0$。

步骤 2：建立估计资产价格序列系统模型，包括具有系统自适应参数的资产价格序列变化模型及价格序列主趋势提取模型。

通过式(13-7)描述资产价格序列的变化特征

$$x(k+1)=\varPhi(k)x(k)+w(k) \tag{13-7}$$

其中，$X=[x,\dot{x},\ddot{x}]^{\mathrm{T}}$ 为 3 维状态列向量，x、$\dot{x}$、$\ddot{x}$ 分别是真值估计值、速度和加速度；$x(k+1)$ 为 $k+1$ 时刻资产价格序列的状态向量；k 为采样时刻；$\varPhi(k)$ 为状态转移矩阵；$x(k)$ 为 k 时刻资产价格序列的状态向量；$w(k)$ 为过程噪声，其均值为 0，方差为 $Q(k)$。$\varPhi(k)$ 及 $Q(k)$ 中含有资产价格序列频率 α 和资产价格序列加速度方差 δ_a^2，且随着系统自适应参数的变化而变化。

利用式(13-8)建立资产价格序列的测量方程

$$y(k)=H(k)x(k)+v(k) \tag{13-8}$$

其中，$y(k)$ 为资产价格序列在 k 时刻的资产价格观测值；$H(k)$ 为测量矩阵，$H(k)=\begin{bmatrix}1 & 0 & 0\end{bmatrix}$；$v(k)$ 为高斯测量白噪声，其方差为 R，本章实验 $R=100$，且与过程噪声 $w(k)$ 相互独立。

步骤 3：根据步骤 2 建立的具有系统自适应参数的变化模型对资产价格序列状态进行预测，得到资产价格序列的预测值。

根据式(13-7)和步骤 1 设定的初始值完成资产价格序列状态的一步预测，预测方程如下

$$\hat{x}(k|k-1)=\varPhi(k-1)\hat{x}(k-1|k-1) \tag{13-9}$$

其中，$\hat{x}(k|k-1)$ 表示 $k-1$ 时刻预测资产价格序列在 k 时刻的状态，$|$表示条件操作符；$\varPhi(k-1)$ 为状态转移矩阵；$\hat{x}(k-1|k-1)$ 表示 $k-1$ 时刻资产价格序列的估计值。

按照式(13-10)完成资产价格序列状态协方差的一步预测

$$P(k|k-1)=\varPhi(k-1)P(k-1|k-1)\varPhi^{\mathrm{T}}(k-1)+Q(k-1) \tag{13-10}$$

其中，$P(k|k-1)$ 表示 $k-1$ 时刻预测资产价格序列在 k 时刻的状态协方差；$P(k-1|k-1)$ 表示 $k-1$ 时刻资产价格序列状态协方差的估计值。

根据资产价格序列状态协方差预测值、测量矩阵及测量噪声方差按照式(13-11)计算滤波器增益

$$K(k)=P(k\mid k-1)H^{\mathrm{T}}(k)[H(k)P(k\mid k-1)H^{\mathrm{T}}(k)+R]^{-1} \tag{13-11}$$

其中，$K(k)$ 为滤波器增益；$H^{\mathrm{T}}(k)$ 为 k 时刻的测量矩阵的转置。

利用资产价格序列预测值和资产价格数据观测值按照式(13-12)计算资产价格序列当前估计值

$$\hat{x}(k\mid k)=\hat{x}(k\mid k-1)+K(k)[y(k)-H(k)\hat{x}(k\mid k-1)] \tag{13-12}$$

其中，$\hat{x}(k\mid k)$ 表示 k 时刻资产价格序列的估计值。

按照式(13-13)计算资产价格序列状态协方差估计值

$$P(k\mid k)=[I-K(k)H(k)]P(k\mid k-1) \tag{13-13}$$

其中，I 是 3 维单位矩阵；$P(k\mid k)$ 表示 k 时刻的资产价格序列状态协方差的估计值。

步骤 4：利用步骤 3 中得到的 k 时刻资产价格序列的估计值 $\hat{x}(k\mid k)$，获得资产价格序列的速度 $\hat{\dot{x}}(k\mid k)$、加速度 $\hat{\ddot{x}}(k|k)$，即为资产价格序列的速度和加速度动力学特征。

步骤 5：对系统自适应参数进行修正，进而更新步骤 2 中的资产价格序列变化模型。

按照式(13-14)获取系统 $k-1$ 时刻和 k 时刻的加速度估计值 $\hat{a}(k-1)$、$\hat{a}(k)$

$$\hat{a}(k-1)=\hat{\ddot{x}}(k-1\mid k-1),\quad \hat{a}(k)=\hat{\ddot{x}}(k\mid k) \tag{13-14}$$

其中，$\hat{\ddot{x}}(k-1\mid k-1)$ 为 $k-1$ 时刻状态估计 $\hat{X}(k-1\mid k-1)$ 的第三行值；$\hat{\ddot{x}}(k\mid k)$ 为 k 时刻状态估计 $\hat{X}(k\mid k)$ 的第三行值。

步骤 6：根据加速度估计值对系统自适应参数进行修正，具体步骤如下。

根据采样时刻 k 值的大小选择修正系统自适应参数 α 和 δ_a^2 的方法，若 k 小于等于 4 则进入步骤 6.1，若 k 大于 4 则进入步骤 6.2。

步骤 6.1：当采样时刻 k 小于等于 4 时，计算系统自适应参数 α 和 δ_a^2，$\alpha=\alpha_0$，其中 α_0 为系统自适应参数 α 的初值。

如果 $\hat{a}(k)>0$，则 $\delta_a^2=\dfrac{4-\pi}{\pi}[a_M-\hat{a}(k)]^2$；

如果 $\hat{a}(k)<0$，则 $\delta_a^2=\dfrac{4-\pi}{\pi}[\hat{a}(k)-a_{-M}]^2$；

如果 $\hat{a}(k)=0$，则 δ_a^2 取 $(0,10]$ 区间的任意数。

其中，π 为圆周率，取 3.14，a_M 为正常数，取 3，a_{-M} 为与 a_M 绝对值相等的负常数，取−3。

步骤 6.2：当采样时刻 k 大于 4 时，按照式(13-17)计算系统自适应参数 α 和 δ_a^2

$$r_k(1) = r_{k-1}(1) + \frac{1}{k}\left[30 \cdot \hat{a}(k)\hat{a}(k-1) - r_{k-1}(1)\right] \tag{13-15}$$

$$r_k(0) = r_{k-1}(0) + \frac{1}{k}\left[30 \cdot \hat{a}(k)\hat{a}(k) - r_{k-1}(0)\right] \tag{13-16}$$

$$\alpha = -\frac{\ln r_k(1) - \ln r_k(0)}{T}, \quad \delta_a^2 = \frac{r_k(0) - \alpha r_k(1)}{1 - \left(\dfrac{r_k(1)}{r_k(0)}\right)^2} \tag{13-17}$$

其中，$r_k(1)$为k时刻资产价格序列加速度向前一步相关函数；$r_{k-1}(1)$为$k-1$时刻资产价格序列加速度向前一步相关函数；$r_k(0)$为k时刻资产价格序列加速度自相关函数；$r_{k-1}(0)$为$k-1$时刻资产价格序列加速度自相关函数；T为采样间隔。

步骤 7：重复步骤 2～步骤 6，直至所有数据全部执行完毕，结束。

13.3　特 征 提 取

根据 13.1 节和 13.2 节的描述，将使用到的多维特征的所属类别、名称、变量名以及计算方法整理统计为表 13.1。为进一步了解特征的统计特性，便于之后建立适当的模型，本节将对各个特征的均值、方差、偏度、峰度以及直方图进行统计。

表 13.1　多维特征描述表

大类	子类	特征名称	变量名	计算方法
静态特征	价格	移动平均线	MA	MA=5 日收盘价的总和/5
		收益动量	logreturn	(t 日收盘价/t–20 日收盘价)求对数
	资金	资金流量	MF	资金流量=成交量×收盘价×(收盘价–前一日收盘价)/(收盘价–前一日收盘价)的绝对值
	情绪	市盈率	pe_ttm	市盈率=(最近交易日收盘价×最新普通股总股数)/归属母公司股东的净利润(TTM)×最近交易日转换汇率
		换手率	Turn	区间日均换手率=[Σ(单个交易日成交量(手)×100/当日股票流通股总股数)×100%]/区间交易日数
		涨跌幅	pct_chg	涨跌幅=(收盘价/前一日收盘价–1)×100%
动态特征	动力学特征	速度	v	Kalman 滤波器估计收盘价时间序列的速度
		加速度	a	Kalman 滤波器估计收盘价时间序列的加速度
		估计值	s	Kalman 滤波器估计收盘价时间序列的真值

在计算动力学特征时，实验使用过去 150 日的时间序列数据，通过自适应 Kalman 滤波器建模并进行估计得到最近一日的速度、加速度以及真值估计值。

13.3.1　特征预处理

很多基于学习机制的非线性时序分析模型的建立都需要前提条件，例如，在高斯隐马尔可夫模型中，需要观测变量服从正态分布的隐马尔可夫模型。朴素贝叶斯模型中也需要输入符合正态分布并且相互独立、互不影响。在支持向量机中，使用高斯核函数进行映射时，也需要输入服从正态分布。同时绝大多数基于学习机制的非线性时序分析算法对输入数据都比较敏感，但是原始数据的特征量纲会出现不一致现象，表 13.2 中上证综合指数静态特征的原始数据，数量级相差很大，无法进行统计分析，也无法直接输入到模型中。因此，需要在统计之前先进行特征的标准化，再进一步观察各个特征的分布特性。在计算特征时还需要注意剔除未来函数，以保证建立测试模型以及量化策略模型回测结果的准确性。

表 13.2　上证综合指数静态特征的原始数据

时间	收盘价	成交量	MA	pe_ttm	pct_chg	Turn	MF
2000/1/5	1409.682	1.06×10^{9}	1377.68	48.94	0.235	1.553	1.49×10^{12}
2000/1/6	1463.942	1.35×10^{9}	1400.70	50.82	3.849	1.843	1.97×10^{12}
2000/1/7	1516.604	3.45×10^{9}	1432.64	52.92	3.597	3.610	5.23×10^{12}
2000/1/10	1545.112	3.13×10^{9}	1468.34	53.60	1.880	3.403	4.83×10^{12}
⋮	⋮	⋮	⋮	⋮	⋮	⋮	⋮
2017/3/28	3252.948	1.62×10^{10}	3256.62	16.40	−0.429	0.548	-5.3×10^{13}
2017/3/29	3241.314	2.16×10^{10}	3255.84	16.43	−0.358	0.732	-7×10^{13}
2017/3/30	3210.237	2.47×10^{10}	3248.18	16.27	−0.959	0.836	-7.9×10^{13}
2017/3/31	3222.514	1.96×10^{10}	3238.79	16.33	0.382	0.665	6.33×10^{13}

1) 特征预处理——特征标准化

由于各个特征的量纲不一致，为方便进行比较，采用均值-标准差方法进行特征标准化。具体计算方法如下

$$\hat{x}_i = \frac{x_i - \bar{x}}{\sigma} \tag{13-18}$$

其中，$\bar{x}$ 为特征序列 x_i 的均值；σ 为特征序列 x_i 的标准差；$\hat{x}_i$ 为特征序列 x_i 标准化之后的值。

2) 特征预处理——剔除未来函数

未来函数是指引用未来数据的函数，在量化投资策略中的表现形式为引用未来

时刻的信息作为判断条件，在现在时刻进行交易。换句话说，未来函数利用现在还不知道的信息产生交易信号。这在量化策略的历史回溯测试中是完全可以实现的，因为在量化交易的历史回溯测试中，从一开始就拥有所有的历史数据。但是在实盘交易中，行情是按时间顺序到达的，在“现在”这个时间点上，只能拥有这个时间点以前的信息，也就是过去的数据，不可能获取这个时间点之后的信息，即未来的行情。未来函数可以带来一条完美的回溯测试曲线和很好的策略评价结果，但是在实盘使用这个策略之后，往往会丧失盈利能力。因此，必须确保在历史回溯测试中避免使用未来函数，使发出的每一个交易信号都是基于该时间点以前的信息，而并不包含该时间点之后的信息，以避免这种“偷窥未来”的上帝视角错误。常见的未来函数包括以下几种。

(1) 利用现在时间点进行复权的价格为前复权价格。例如，上市公司通过送股后，股票数量增多，但股票的实际价值不变，所以股票的价格变低了，显示在 K 线图上会出现一个缺口，这就是除权。前复权价格就是以 K 线图上以除权后的当前价格为基准来测算除权前股票的市场成本价。

(2) 使用当天收盘价计算当日的特征值，作为当日判断交易的条件。在实际交易中，并不能获得当天的收盘价来计算特征值，所以应该获取今日之前的信息，如昨日收盘价计算特征值。

(3) 股票的历史财报数据，例如，公司第一季度的财务报告理论上应该在第一季度末公布，但是有些公司会申请延期到之后的某个时间，所以在第一季度末并不能看到该公司的财务报告信息，只能使用前一季度的财务报告信息。

13.3.2 特征统计表现

为更好地观察特征序列分布特征，常使用特征的统计值，包括均值、方差、峰度、偏度以及直方图等。下面详细描述部分统计指标的计算方法，并给出基于上证综合指数时序数据的统计结果。

1. 统计指标

1) 峰度(四阶矩)

峰度用来描述总体中所有取值分布曲线形态的尖平程度。在统计学中，通常以正态分布曲线作为标准，依据变量值的集中与分散程度将峰度分为三种形态：尖顶峰度、平顶峰度和标准峰度。峰度的具体计算公式为

$$\text{Kurtosis}=\frac{1}{n-1}\sum_{i=1}^{n}(x_i-\overline{x})^4/\sigma^4-3 \tag{13-19}$$

当峰度为 0 时，表示该数据分布曲线与正态分布曲线的尖平程度相同。

当峰度大于 0 时，表示该数据分布曲线比正态分布曲线更为尖峭，为尖顶峰。

当峰度小于 0 时，表示该数据分布曲线比正态分布曲线更为平坦，为平顶峰。

峰度的绝对值数值越大，表示其数据分布曲线形态的尖平程度与正态分布曲线形态的差异程度越大。

2) 偏度(三阶矩)

偏度与峰度类似，也是描述数据分布曲线形态的统计量。偏度用来描述数据分布的偏斜方向和程度，即数据分布的非对称程度。偏度同样需要与正态分布作比较，依据变量值的对称程度将偏度分为三种形态：左偏、右偏和标准偏度。偏度的具体计算公式为

$$\text{Skewness} = \frac{1}{n-1}\sum_{i=1}^{n}(x_i - \overline{x})^3 / \sigma^3 \tag{13-20}$$

当偏度为 0 时，表示该数据分布曲线形态与正态分布曲线的偏斜程度相同。

当偏度大于 0 时，表示该数据分布曲线形态与正态分布曲线相比为右偏，即有一条长尾巴拖在右边，数据右端有较多的极端值。

当偏度小于 0 时，表示该数据分布曲线形态与正态分布曲线相比为左偏，即有一条长尾巴拖在左边，数据左端有较多的极端值。

偏度的绝对值数值越大表示其数据分布曲线形态的偏斜程度越大。

2. 统计结果

选取上市时间最长的上证综合指数进行实验。上海证券综合指数简称“上证指数”或“上证综指”，即平时人们所说的大盘指数，其样本股是全部上市股票，包括 A 股和 B 股，反映了上海证券交易所上市股票价格的变动情况，自 1991 年 7 月 15 日起正式发布。

实验中，选取 2000 年 1 月 1 日～2017 年 3 月 31 日时间段的上证指数数据，根据表 13.1 计算出每个特征序列然后进行标准化。在计算特征序列时，为验证建模的有效性，需要避免使用未来数据。设想当前日为 2000 年 8 月 24 日早上，在计算特征时使用到的数据只能是 2000 年 8 月 24 日早上可以看到的历史数据，不能包含诸如当日的收盘价等未来数据。

在计算特征时，移动平均线采用 5 日均线，涨跌幅度为前一日的涨跌幅，收益动量以过去 20 日收盘价格计算，动力学特征为避免结果发散使用之前 150 天的数据计算，并取最近一日的估计值作为特征值。按照上述要求计算出上证指数时序数据在 2000 年 8 月 24 日～2017 年 3 月 31 日区间内的特征值，经过标准化后如表 13.3 所示。根据表 13.3 所示的特征矩阵可以建立模型，并预测上证指数在当日的涨跌状态。

表 13.3　上证综指多维特征标准化后值

时间	MA	pe_ttm	pct_chg	Turn	MF	v	a	s	logreturn
2000/8/24	−0.312	2.24	−0.519	1.912	−0.161	−0.107	0.054	−0.244	0.022
2000/8/25	−0.316	2.265	0.376	1.011	−0.032	−0.074	0.048	−0.205	0.029
2000/8/28	−0.317	2.371	0.442	0.47	−0.046	0.048	−0.015	−0.287	0.036
2000/8/29	−0.319	2.294	0.389	0.696	−0.041	0.246	−0.059	−0.403	0.037
⋮	⋮	⋮	⋮	⋮	⋮	⋮	⋮	⋮	⋮
2017/3/28	0.969	−0.666	−0.068	−0.574	−1.351	−0.162	0.049	0.996	0.012
2017/3/29	0.967	−0.673	−0.285	−0.698	−1.095	−0.216	0.057	1.026	0.003
2017/3/30	0.966	−0.671	−0.241	−0.531	−1.429	0.054	−0.011	0.98	−0.002
2017/3/31	0.958	−0.681	−0.612	−0.436	−1.607	0.079	−0.02	0.961	−0.006

下面对上证指数在 2000 年 8 月 24 日～2017 年 3 月 31 日时间区间的每日特征序列值计算统计特性，得到表 13.4，进而绘制如图 13.4 所示的多维特征统计图。

表 13.4　多维特征统计特性

变量名	平均值	标准差	偏度(三阶矩)	峰度(四阶矩)
MA	0.025	1.012	1.073	1.355
v	−0.062	0.255	0.611	1.140
MF	0.003	1.021	0.502	13.557
pe_ttm	−0.086	0.926	0.910	−0.243
Turn	−0.042	0.982	2.229	6.195
pct_chg	−0.005	1.002	−0.220	4.482
logreturn	0.002	0.080	−0.267	1.076
a	0.017	0.057	−0.597	−0.566
s	0.045	1.008	1.205	1.823

结合图 13.4 和表 13.4 可以看出各个特征的平均值均在 0 值附近，并且标准差在 1 附近或者小于 1，说明特征序列值的波动不是很大。资金流量的峰度值为 13.557，明显较大，说明资金流量比正态分布曲线更尖峭；换手率的峰度值为 6.195，偏度为 2.229，可知曲线比正态分布曲线偏右并且更尖峭。从统计指标值可以分析得出，在使用资金流量和换手率这两个特征建立模型时效果可能比其他特征效果差。

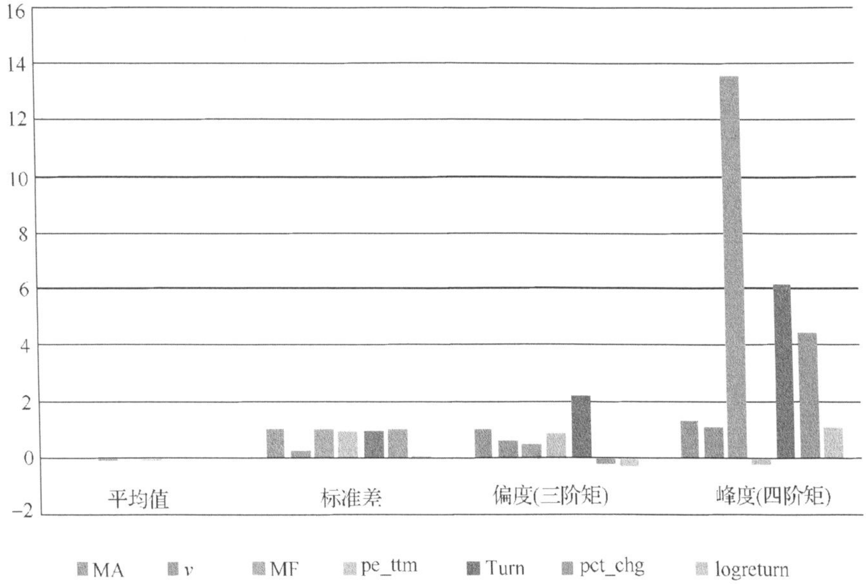

图 13.4　多维特征统计特性图(见彩图)

图 13.5～图 13.13 展示了上证指数在特定时间区间内各个特征序列的分布直方图，通过观察各特征分布直方图，可以更加直观地看出均线、市盈率、估计值和加速度的直方图分布较分散，偏离标准的正态分布。速度、资金流量、换手率、涨跌幅、收益动量的直方图大体符合正态分布，但是仍需注意资金流量的峰值过大，换手率的偏度值过大。综上，根据特征统计特性的分析可以得出，速度、涨跌幅、收益动量更符合正态分布，建模效果可能更好。

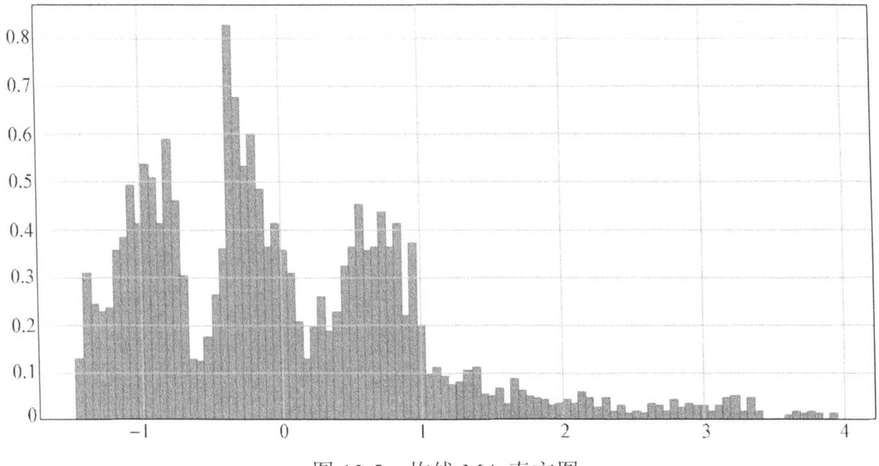

图 13.5　均线 MA 直方图

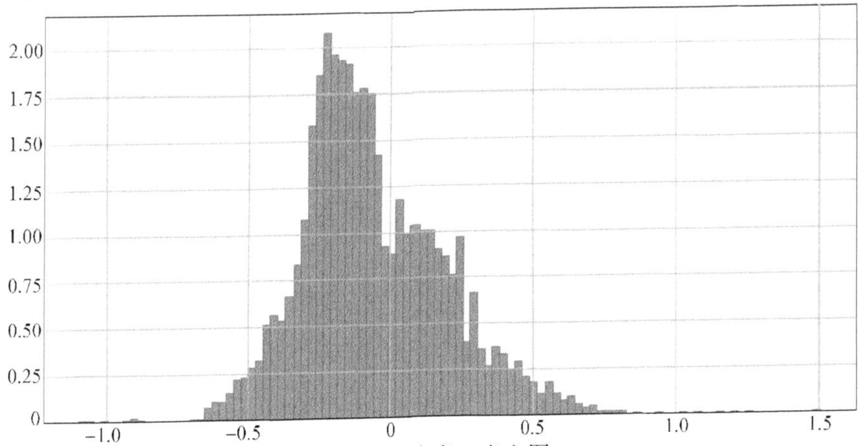

图 13.6　速度 v 直方图

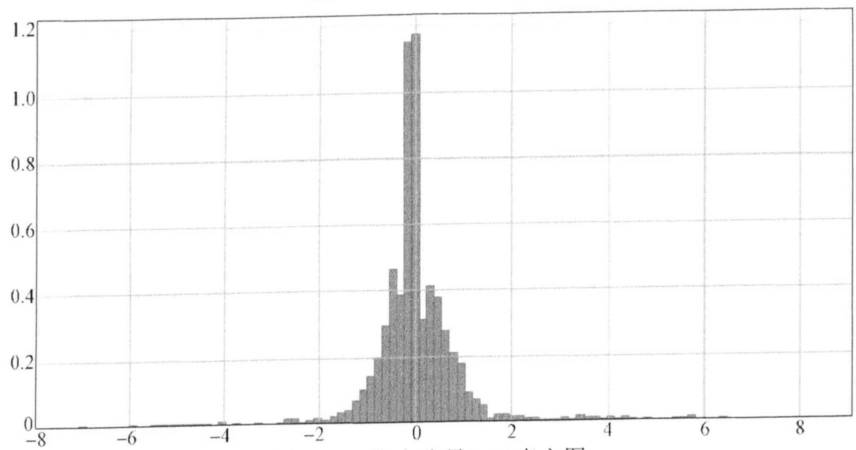

图 13.7　资金流量 MF 直方图

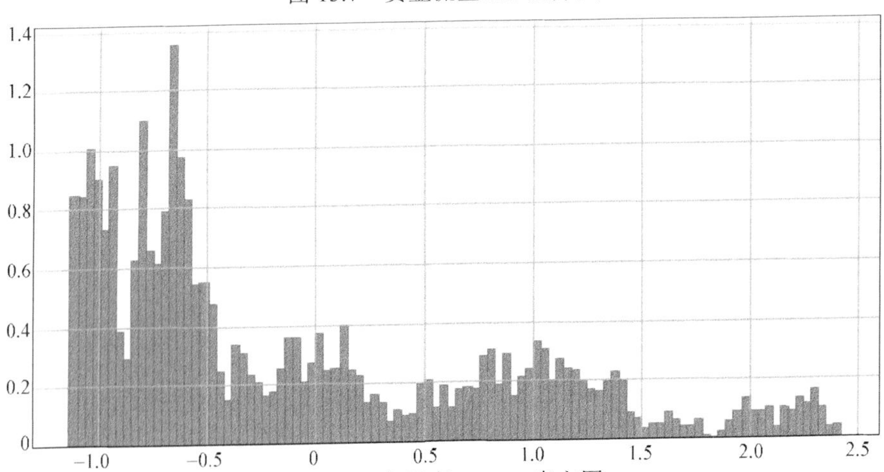

图 13.8　市盈率 pe_ttm 直方图

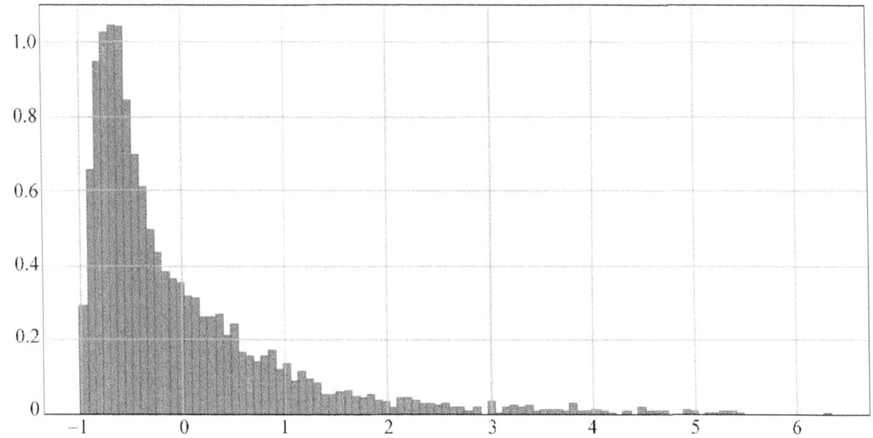

图 13.9　换手率 Turn 直方图

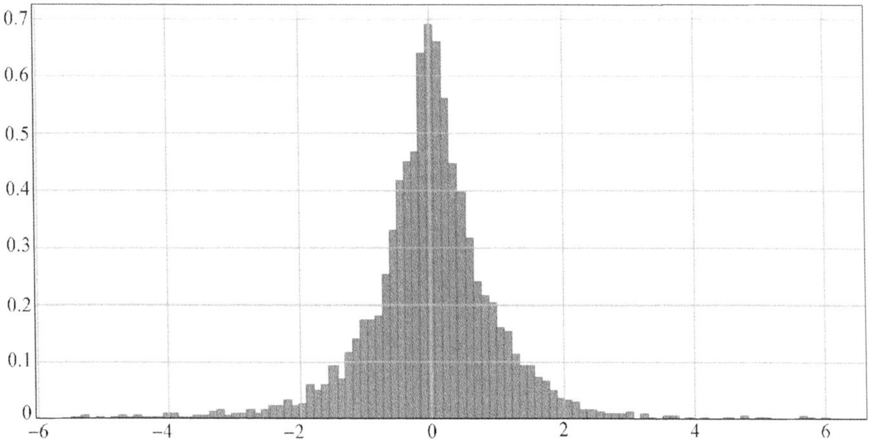

图 13.10　涨跌幅 pct_chg 直方图

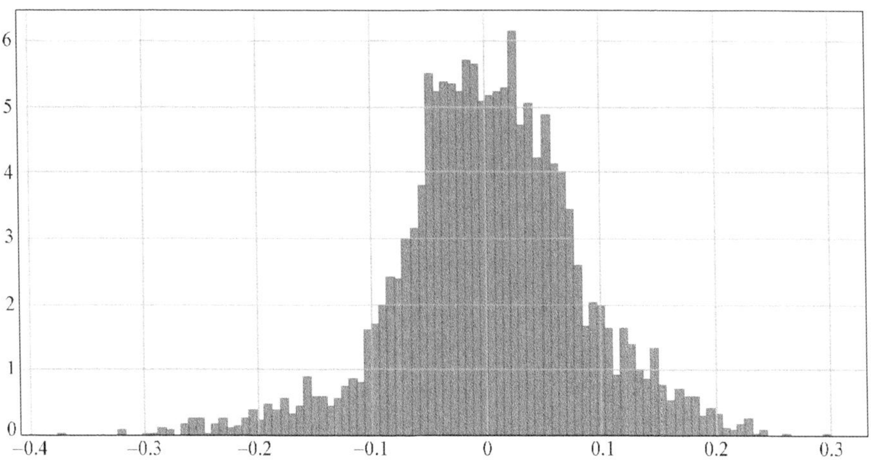

图 13.11　动量收益 logreturn 直方图

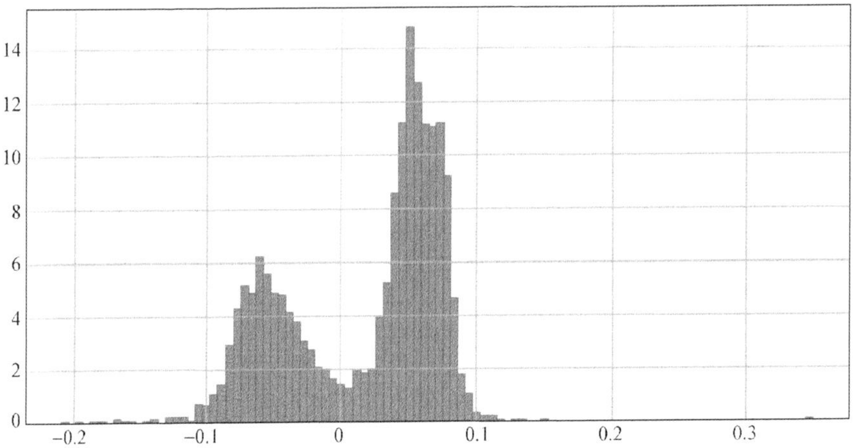

图 13.12　加速度 a 直方图

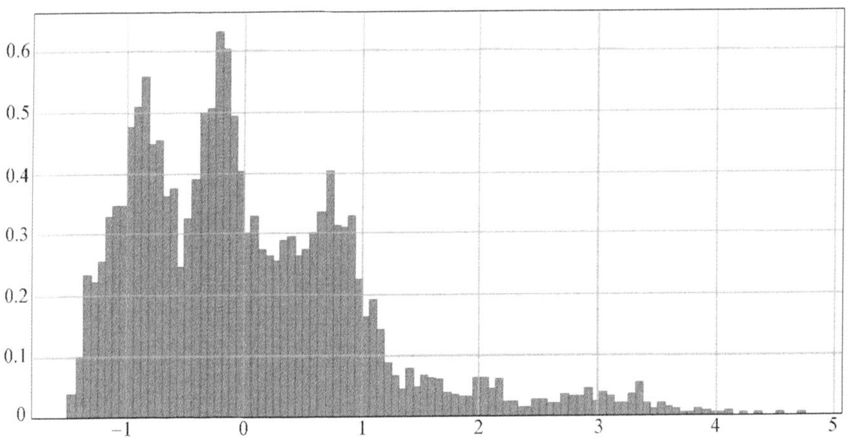

图 13.13　真值估计值 s 直方图

同样都是对金融资产时间序列数据趋势特征的提取，对比均线和速度的统计特性值可以看出，速度的标准差 0.225 明显比均线的标准差 1.012 小，并且速度的偏度值 0.611 也明显比均线的偏度值 1.073 小很多，从两者的直方图也可以看出，速度的分布明显比均线的分布更接近标准正态分布，建模时可能效果更好。同样，加速度特征偏度、峰度为均线的 1/2 左右，说明加速度具有更好的正态分布性。

13.4　小　　结

本章主要介绍了金融时间序列数据的多维特征提取、特征预处理方法、特征的统计特性计算以及特征统计结果分析方法。

本章所述的多维特征包括静态特征和动态特征，静态特征侧重提取具有金融逻辑解释的特征，从价格、资金、情绪三个维度进行特征提取。动态特征则提取可以及时表达金融资产价格序列趋势变化的特征，其中创新地使用自适应 Kalman 滤波器对金融资产价格序列的速度、加速度、估计值变化特性进行实时建模跟踪。

本章基于上证指数的历史数据计算出剔除未来函数以及进行标准化后的各个维度的特征。然后对各个特征计算其统计特性，画出特征序列的分布直方图。通过观察各个特征时序数据的分布直方图，可以分析得出均线、市盈率、估计值和加速度的直方图分布较分散，偏离标准正态分布。速度、资金流量、换手率、涨跌幅、收益动量的直方图大体符合正态分布，但是仍需注意资金流量特征的峰度值过大，也就是相比正态分布曲线更尖峭。换手率特征的偏度值过大，相较正态分布曲线更偏右。同样从直方图可以看出，速度特征时序数据的分布明显比均线更接近标准正态分布，加速度特征偏度、峰度为均线的 1/2 左右，说明速度、加速度具有更好的正态分布性。

第 14 章　HMM 建模方法

14.1　基于单一特征训练集的 HMM 建模方法

本节主要介绍隐马尔可夫模型及评价方法，并建立基于单一特征训练集的 HMM 策略模型，实验中对比了基于不同单特征的实验结果，并将提出的动力学特征与传统均线的结果进行比较分析。通过单特征分析发现有效的单一特征策略，并与第 13 章的特征时序数据得到的统计表现结果相验证。同时，进一步将基于单一特征与多维特征的 HMM 策略进行比较，我们发现，基于多维特征的模型在预测时表现得更好。图 14.1 给出了上证指数从 2000 年 1 月 1 日～2017 年 3 月 31 日的变化。我们使用其在 2000 年 8 月 24 日～2017 年 3 月 31 日时间区间的数据进行实验，其中划分的训练集和测试集分界点如图 14.1 中虚线所示。

图 14.1　训练集和测试集说明图

训练集数据：上证指数在 2000 年 8 月 24 日～2015 年 12 月 31 日时间区间的数据，在此时间区间内出现了两次大的牛熊市场转换，时间区间内出现的市场状态分类情况会显著影响建模的优劣，本章中使用较长时间的数据进行训练集的单特征检验，并测试在训练集中的效果，分析特征、模型适应的市场状态。

测试集数据：上证指数在 2016 年 1 月 1 日～2017 年 3 月 31 日时间区间的数据，后面将在训练集选取较优的单特征构成训练集和测试集的多维特征模型策略。

14.1.1　HMM 原理

1. 马尔可夫过程

隐马尔可夫模型(hidden Markov model，HMM)是马尔可夫过程衍生出的概率图模型，最早由 Baum 和 Egon 于 1967 年提出，常被用于人脸识别、语音识别、基因工程测序、金融时间序列的建模等。该模型假设一组观测序列是由一些隐藏的状态生成的，这些隐状态的转移过程是一个马尔可夫过程，每一个隐状态对应一个或几个可观测到的变量。通常隐状态的转移概率矩阵未知，观测序列是由哪个隐状态序列生成也是未知的，需要将观测值序列作为隐马尔可夫模型的输入变量来推测。

数据分析实践中的一个重要任务是对数据进行分类，因此可以利用观测数据对感兴趣的变量进行估计和推断。概率模型(probabilistic model)提供了一种描述框架，将学习任务归结于计算变量的概率分布。具体来说，假设所关心的变量集合为 Y，可观测集合为 O，其他变量的集合为 R，那么需要求出的是条件概率分布 $P(Y|O)$，即给定一组观测值，要由 $P(Y,R|O)$ 推断得到条件概率分布 $P(Y|O)$。然而直接利用概率方法消去 R 显然是不可行的，即使每个变量只有两种取值，复杂度也至少达到了 $O(2^{|Y|+|R|})$。为此，人们研究出概率图模型(probabilistic graphical model)，这是一类用图来表达变量相关关系的概率模型。概率图模型大致可以分为两类：第一类是使用有向无环图表示变量间的依赖关系，称为有向图模型或者贝叶斯网(Bayesian network)；第二类是使用无向图表示变量间的相关关系，称为无向图模型或者马尔可夫网(Markov network)。隐马尔可夫模型是结构最简单的动态贝叶斯网，主要用于时间序列建模、语音识别、自然语言处理等领域。

隐马尔可夫模型作了两个基本假设：

第一是马尔可夫性，即当前状态只与前一时刻的状态有关，而与其他时刻的状态无关。

第二是各观测变量的分布是相互独立的，即任意时刻观测到的变量，其分布只依赖于该时刻的状态，与其他时刻的状态和观测值无关。

如果一个随机过程未来的状态只与现在的状态有关，而与过去的状态无关，则称为具有马尔可夫性。具有马尔可夫性的随机过程称为马尔可夫过程(Markov process)。某系统有 N 种状态 $S_1,S_2,\cdots,S_N$，随着时间的推移状态发生转移。假设系统在 t 时刻所处的状态为 S_t，如果系统在 t 时刻所处的状态只与其在 $t-1$ 时刻的状态相关，则其状态随时间 S_i 变化的过程是一个马尔可夫过程。若记其状态序列为 $Q_1,Q_2,\cdots,Q_t,\cdots,Q_n$，则

$$P\left(Q_t=S_i \mid Q_{t-1},Q_{t-2},\cdots,Q_1\right)=P\left(Q_t=S_i \mid Q_{t-1}\right)$$

2. HMM 三要素

HMM 是由内外两层随机过程组成的，如图 14.2 所示，内层是不可观测的马尔可夫链，状态变量为$\{Q_1,Q_2,\cdots,Q_t,\cdots,Q_n\}$，$Q_t$表示$t$时刻系统的状态，$n$表示长度，其中每个状态的取值范围是$S_1,S_2,\cdots,S_N$。通常假定状态变量是隐藏的、不可观测的，因此状态变量也称为隐变量。外层由一个或多个可观测的变量$\{O_1,O_2,\cdots,O_t,\cdots,O_n\}$组成，且受到内层状态影响，$O_t$表示$t$时刻的观测值，每个观测变量的取值可以是离散型或者连续型的。另外，从图 14.2 中的箭头方向还可以看出变量之间的依赖关系。在任一时刻，观测变量O_t的取值仅依赖于状态变量Q_t，与其他状态变量和观测变量的取值无关。同时，t时刻状态变量Q_t只依赖于$t-1$时刻的状态变量Q_{t-1}，与之前$t-2$个状态变量均无关，这也就是马尔可夫过程。基于此，可以得到所有变量的联合概率分布为

$$P(O_1,O_2,\cdots,O_n,Q_1,Q_2,\cdots,Q_n)=P(Q_1)P(O_1 \mid Q_1)\prod_{t=2}^{n}P(Q_t \mid Q_{t-1})P(O_t \mid Q_t) \quad (14\text{-}1)$$

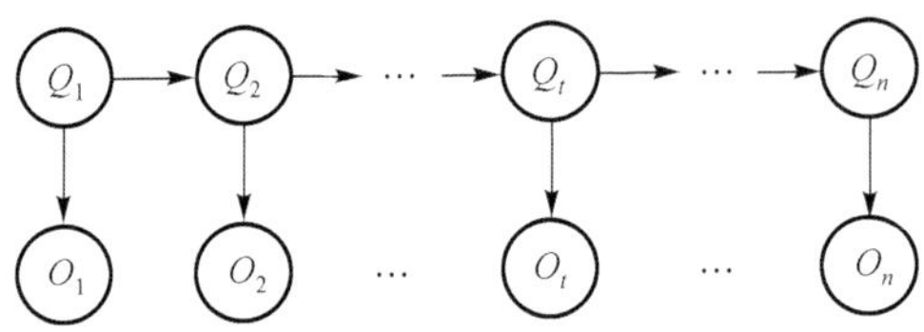

图 14.2　隐马尔可夫模型

HMM 是由状态转移概率矩阵A、观测概率矩阵B及初始概率分布Π共同决定的，用参数$\lambda=(A,B,\Pi)$表示，通常将A、B、Π称为 HMM 的三要素。

状态转移概率矩阵：由从状态S_i转移到状态S_j的概率a_{ij}构成，记为

$$A=[a_{ij}]_{N\times N},\quad a_{ij}=P(Q_{t+1}=S_j \mid Q_t=S_i),\quad 1\leqslant i,j\leqslant N$$

观测概率矩阵：由在状态S_i下观测变量取值O_j的观测概率b_{ij}构成，记为

$$B=[b_{ij}]_{N\times M},\quad b_{ij}=P(O_t=O_j \mid Q_t=S_i),\quad 1\leqslant i\leqslant N,\quad 1\leqslant j\leqslant M$$

初始概率分布：由初始时刻状态S_i出现的概率π_i构成，记为

$$\Pi=(\Pi_1,\Pi_2,\cdots,\Pi_N),\quad \Pi_i=P(Q_1=S_i),\quad 1\leqslant i\leqslant N$$

选择隐马尔可夫模型建立时序因果关系模型有以下三个原因。

第一，HMM 被广泛应用于时序数据建模中，其模型参数少，只需要确定隐状态的个数。因此，可以避免其他模型常出现的过拟合情形，模型的稳定性和可拓展

性比较高。一般的时间序列模型或者学习机制模型，需要对参数进行拟合，当参数过多时经常会出现过拟合的情形，会大大影响模型的稳定性。

第二，HMM 的唯一参数状态个数在某种程度上具有可解释性。基于 HMM 建立的金融时序因果关系模型中的隐状态虽然是系统的抽象状态，但可以根据金融逻辑经验进行后验解释。例如，可以把证券市场分成{涨，跌}两种或者{涨，跌，振荡}三种，还可以再细分为{大涨，小涨，振荡，小跌，大跌}等状态。不同状态个数均可以有一定的金融逻辑解释力。状态分得越少，平均每个状态包含的样本数越多，模型稳定性越高，但模型对极端情况的刻画越弱；状态分得越多，平均每个状态包含的样本数越少，模型稳定性降低，但模型对极端情况的刻画越好。本章取中间值，选择将状态分为三类，即{涨，跌，振荡}。

第三，HMM 的优点在于可以将随机过程和不同的状态量有机地结合起来。不同状态下的漂移项和波动率都不同(通常在牛市的漂移项正值较大，熊市漂移项负值较大，而振荡市则绝对值小)，或者说每个状态都是一个独立的随机过程或者分布，那么对实际情况的解释度更强。但是在传统的时序广义自回归条件异方差(generalized auto regressive conditional heteroskedasticity，GARCH)模型中，通常赋予近期的数值较高的权重，对远期数据赋予较低的权重，忽略了时序数据的长期趋势。而 HMM 着眼于历史统计规律，是一个概率模型，可以兼顾长期和短期的趋势特征。

14.1.2　评价指标

使用特征前，应深入了解每个特征背后的金融逻辑及特点，需要进行特征的有效性评价分析。如统计特征信号发出的频率，一天一个信号还是一年一个信号，以此判断特征适合短期还是长期，以及特征的历史胜率如何等评价指标。实验中建立完整的量化投资策略，使用交易换手天数、胜率、策略收益、夏普比率、最大回撤等指标评估量化投资策略的收益风险，这样的评价更具有实际意义。这里我们使用以下几种指标评估量化投资策略的收益风险。

(1) 交易换手天数=总交易天数/总交易次数。

(2) 胜率=盈利交易次数/总交易次数。

(3) 策略总收益(total returns)。

假设策略开始时间为 T_1，初始资产总权益为 P_{start}，策略结束时间为 T_2，结束时的资产总权益为 P_{end}，则策略的总收益为

$$\text{total returns} = P = P_{\text{end}} - P_{\text{start}} \tag{14-2}$$

(4) 策略年化收益率(total annualized returns)。

仅评估总收益并不能说明投资策略的好坏，因为总收益与投资期限也有很大的关系，理论上讲，投资期限越长获得的收益应该越高，所以判断一个投资策略的好坏用年化收益率更合适。策略的年化收益率计算公式为

$$\text{total annualized returns} = R_p = \left[(1+P)^{\frac{250}{n}} - 1 \right] \times 100\% \tag{14-3}$$

其中，P 表示策略总收益；n 为策略期限，也就是策略总的执行天数。

(5) 基准收益 (benchmark returns)。

基准收益用来对比投资策略的收益相对好坏，业绩基准收益率主要有沪深 300 指数、上证指数、行业指数等。根据基准收益计算出来的超额收益率(策略收益率减去基准收益率)用于量化对冲策略的构建。假设策略开始时间为 T_1，基准的初始资产总权益为 M_{start}，结束时间为 T_2，结束时的资产总权益为 M_{end}，则基准的总收益为

$$\text{benchmark returns} = P_M = M_{\text{end}} - M_{\text{start}} \tag{14-4}$$

基准的年化收益率为

$$\text{benchmark total annualized returns} = R_{pm} = \left[(1+P_M)^{\frac{250}{n}} - 1 \right] \times 100\% \tag{14-5}$$

(6) 夏普比率 (Sharpe ratio)。

夏普比率用来反映投资策略每承受 1 单位总风险，会产生多少超额报酬，同时对策略的收益与风险进行了综合考虑，计算方法为

$$\text{Sharpe ratio} = \frac{R_p - R_f}{\sigma_p} \tag{14-6}$$

其中，R_p 为策略的年化收益率；R_f 为无风险利率，一般为银行利率，默认为年化 4%；σ_p 为策略收益波动率，也就是策略每日总权益曲线的标准差。

如果夏普比率为正值，则说明投资策略的年化收益率超过了无风险利率。在以同期存款利率作为无风险利率的情况下，说明该投资策略比银行存款收益更好。夏普比率越大，说明该投资策略单位风险所获得的风险回报越高，策略越具有投资价值。

(7) 最大回撤 (max drawdown)。

最大回撤描述的是策略中可能出现的最糟糕的情况、最极端可能的亏损情况，是投资者，尤其是机构，如公募基金、私募基金等管理人需要密切关注的一个重要指标。最大回撤往往代表了投资者所能容忍亏损的极限。很多基金产品都会有一个止损线，一旦跌破该止损线，产品将被强制清盘。所以即使基金产品管理人对投资策略有很大的信心，短期回撤一旦超过止损线，将会被强制出局，再没有挽回的余地。因此从实战角度来说，最大回撤往往比收益率和夏普比率更加重要。国内外机构投资者使用量最大的策略为中低风险的资产配置型策略，以及量化对冲型策略，目的就是减少最大回撤的出现。最大回撤的计算公式为

$$\text{max drawdown} = \max(P_j - P_i) \tag{14-7}$$

其中，P_j、P_i为策略某日股票和现金的总价值，且$i > j$，即 i 日期在 j 日期之后。

计算最大回撤的伪代码如下：

```
for j=1 to n-1
  for i=j+1 to n
    Recall(i)=(Pi-Pj)/Pj //第 i 日收益率
  end
  Max-Recall(j)=min(Recall(i))//以 j 为起始点的最大回撤
end
Max-Recall=min(Max-Recall(j))//最终的最大回撤
```

14.1.3　模型建立及结果分析

从前面关于 HMM 优点的分析可以看出模型的外部参数只有一个隐状态的个数，不同的隐状态反映的不仅仅是表面的涨跌情况，而且可能反映了市场环境的不同，如果仅仅知道其交易价格，实际上仍然无法知道所处的隐状态。实际上交易价格、成交量等特征信息序列都是在交易时观察到的表象。那么在建立 HMM 时需要选择合适的观测变量，也就是特征数据，实验中通过遍历所有提取的特征，在训练集评价特征的优劣。实际上，对 HMM 的应用不仅限于建模时，亦可以用于特征的识别和提取。

1. 建模流程

建模的目的是在给定训练集(2000 年 8 月 24 日～2015 年 12 月 31 日)寻找表现较好的单一特征值，训练 HMM 模型使其最好地匹配这段时间的样本数据。并与第 13 章中通过统计指标和直方图分析得出的较好特征进行比较。然后将选择的较好的特征应用于上证综指在 2016 年 1 月 1 日～2017 年 3 月 31 日时间区间的模型建立。

首先，定义一个量化多头策略，也就是先买后卖的策略，不考虑做空。实验中，设定隐马尔可夫模型有 3 个隐状态，即{涨，跌，振荡}，每个交易日模型都输出一个隐状态为{1,2,3}，从而形成一个 3 个状态的马尔可夫链。

在表 14.1 中把对上证综指建立的 HMM 建模得到的状态序列用{1,–1,0}标注出来表示{买，卖，不操作}3 个状态，标注方法为在 1 状态买入，非 1 状态卖出，就可以得到交易买卖点序列(注意区别这里的 1 为买入和隐状态 1 是不同的含义)，根据买卖点构建的策略即为量化多头策略，本章策略中初始资金设为 100 万元，交易无手续费，以每日收盘价进行交易。在进行回测时，仓位只允许全仓和空仓。当日收盘发出信号(1、–1 和 0)后，以第二个交易日的收盘价进行交易。

表 14.1　3 个隐状态量化多头策略示例

状态序列	1	1	1	2	2	3	1	1	1	1	1	3	3	3	2	2
交易序列	1	0	0	−1	0	0	1	0	0	0	0	−1	0	0	0	0

选取上证指数在 2000 年 8 月 24 日～2015 年 12 月 31 日建立训练集，根据评价较好的 HMM，即寻找表现较好的单一特征值，具体步骤如下。

步骤 1：选择隐状态个数 n=3。

步骤 2：选取单个预处理后的标准化特征，作为 HMM 模型输入变量。

步骤 3：确定训练集隐状态 1～n 对应的隐状态类别{涨，跌，振荡}，并形成交易信号。首先，对于每个数字 $i \in \{1,2,\cdots,n\}$，计算对应的多头策略。然后，将对应的多头策略按照收益率由高到低排序并分成 3 组，分别代表“涨”、“振荡”和“跌”状态集合。最后，将所有数字替换成数字 1、2、3，其中 1、2、3 分别代表数字所属于的类别“涨”、“振荡”和“跌”，然后根据表 14.1 转换成最终的交易信号。

步骤 4：计算策略训练集的评价指标，如交易换手天数、胜率、年化收益率、最大回撤、夏普比率等。

步骤 5：重复步骤 2～步骤 4，挑选最大回撤相对较小和夏普比率相对较大的特征。

2. 实验结果

按照前面介绍的建模步骤，统计单特征策略在上证指数训练集的策略评价指标，得到表 14.2，为了更直观地观察不同特征的评价指标的优劣画出了图 14.3。

表 14.2　不同单特征策略评价指标

训练集 2000/8/24～2015/12/31	特征	交易换手天数/(天/次)	胜率/%	年化收益率/%	最大回撤/%	夏普比率	基准年化收益/%
单特征	logreturn	41	47.96	14.83	37.47	0.702	3.90
	v	144	42.86	2.37	44.41	−0.125	3.90
	MA	575	42.85	0.11	64.89	−0.206	3.90
	PE	335	66.67	0.98	41.13	−0.211	3.90
	pct_chg	96	52.38	10.38	37.05	0.399	3.90
	Turn	101	60.00	12.03	32.11	0.575	3.90
	MF	575	28.57	3.65	43.31	−0.029	3.90
	a	6	52.68	7.15	61.67	0.201	3.90
	s	287	57.14	2.21	34.78	−0.147	3.90

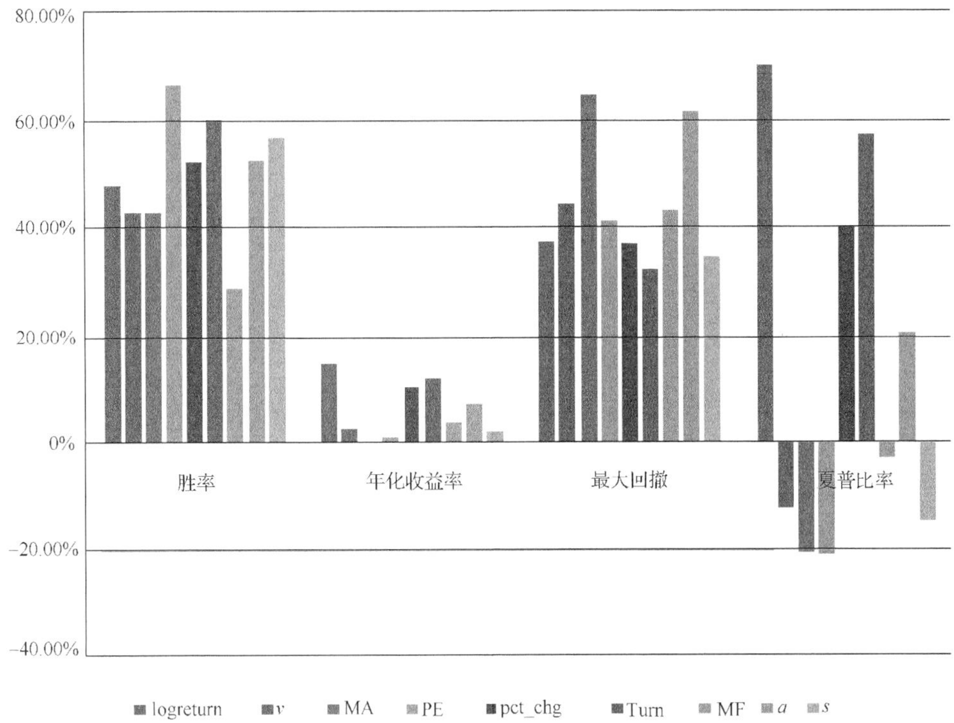

图 14.3　单特征策略评价指标(见彩图)

从图 14.3 可以看出，收益动量、涨跌幅、换手率、加速度的夏普比率大于 0，说明比同期银行存款 4%的利息收益更好。具体来说，可以看到收益动量特征的夏普比率最高为 0.702，并且最大回撤维持在众数水平 37.47%，交易频率为 41 天交易一次，约两个月交易一次，约四个月完成一次买卖交易，年化收益率可以达到 14.83%，远远高于同期指数 3.9%的年化收益率。

涨跌幅的夏普比率为 0.399，年化收益率 10.38%也远超基准收益，平均每 96 天交易一次。

换手率的夏普比率为 0.575，年化收益率为 12.03%，胜率可以达到 60%，平均每 101 天交易一次。

加速度的夏普比率是 0.201，年化收益率为 7.15%，虽然相较另外三个特征有一定差距，但是加速度的交易频率为 6 天交易一次，远比另外三个指标更加频繁，但是同时最大回撤高达 61.67%。

另外，通过图 14.3 和表 14.2 可以明显看出均线和动力学特征速度、加速度，同时可以很明显地看到胜率、年化收益、最大回撤、夏普比率指标值都远远不如动力学特征。具体来说，均线平均每 575 天交易一次，即大约两年才交易一次，并且其年化收益率 0.11%远低于同期指数 3.9%的年化收益率。与之相比，估计值和速度的指标值虽然有了提高，但仍不如同期指数。而加速度的表现如前面所述明显比均线强很多。这说明提出的动力学特征加速度是有效的，因此在之后构建策略时，使用动力学特征代替均线特征。

综上，收益动量、涨跌幅、换手率、加速度四个特征表现较好，与第 13 章得到的结论大致符合，但是特征加速度的分布不太符合正态分布，这一点仍然需要引起重视。

接下来分析在特征的统计指标分析中和利用 HMM 建立的策略中，表现最好的基于收益动量特征的策略详细结果，以便进一步了解策略的细节，并为多维特征的构建做准备。

根据之前的建模步骤建立基于收益动量特征的隐马尔可夫量化多头策略，具体的策略评价指标从表 14.2 可以得到收益动量特征的夏普比率为 0.702，意味着相较同期银行存款 4%的利息收益更好。该特征的交易频率为 41 天交易一次，约两个月交易一次，约四个月完成一次买卖。其最大回撤为 37.47%，年化收益率为 14.83%，远高于同期指数年化收益率 3.9%，通过对冲可以获得可观的超额收益的同时最大回撤得到了大幅降低。

接下来对策略的结果进行详细分析。图 14.4 展示了模型在上证指数训练集“涨”、“跌”和“振荡”对应的散点图，可以很直观地看出红色散点表示市场状态为涨，蓝色为跌，绿色为振荡。通过计算每个状态的净值曲线可以更直观地看出不同颜色代表的市场状态。每个状态净值的计算方法为：该状态下对应日期的日对数收益率的每日累加和即为该状态的每日净值。

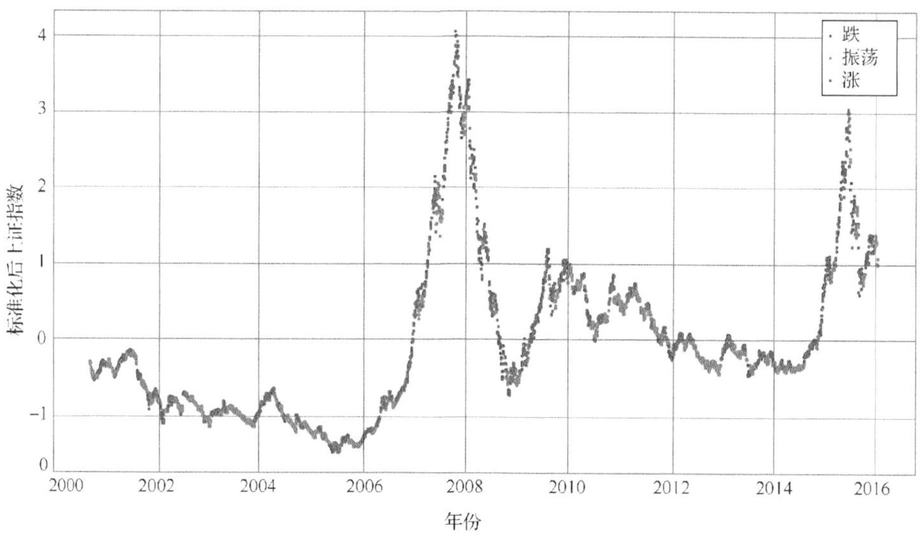

图 14.4　上证指数训练集“涨”、“跌”和“振荡”对应的散点图(见彩图)

如图 14.5 所示为上证指数“涨”、“跌”和“振荡”状态对应的净值曲线，同样可以得出红色表示上涨，但是蓝色和绿色的区分度并不是很大。然后据此得到图 14.6 所示的上证指数训练集交易买卖点图，可以看到策略可以很好地抓住趋势市场，但在振荡市场中由于信号发出过于频繁会导致交易收益下降。

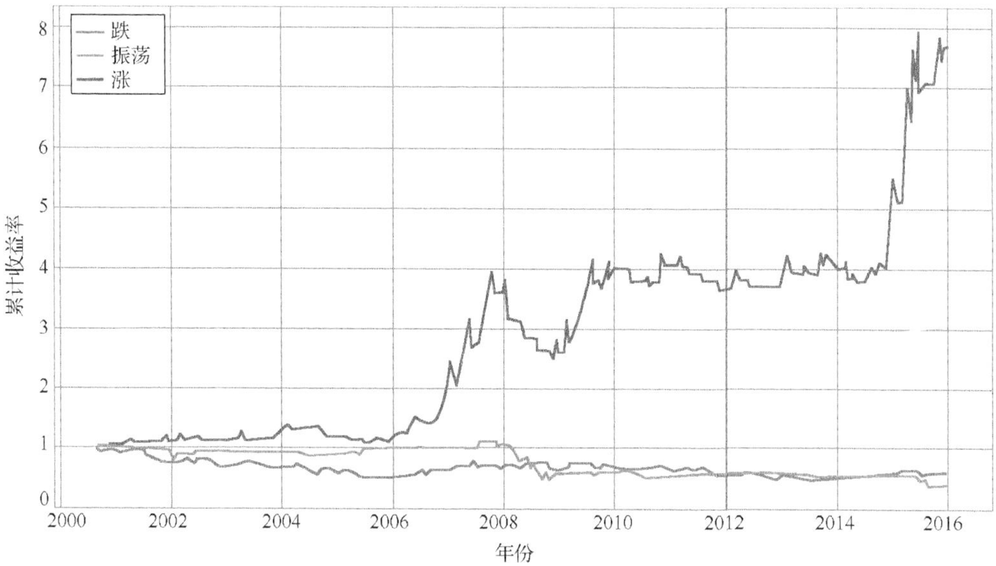

图 14.5　上证指数“涨”、“跌”和“振荡”状态对应的净值曲线(见彩图)

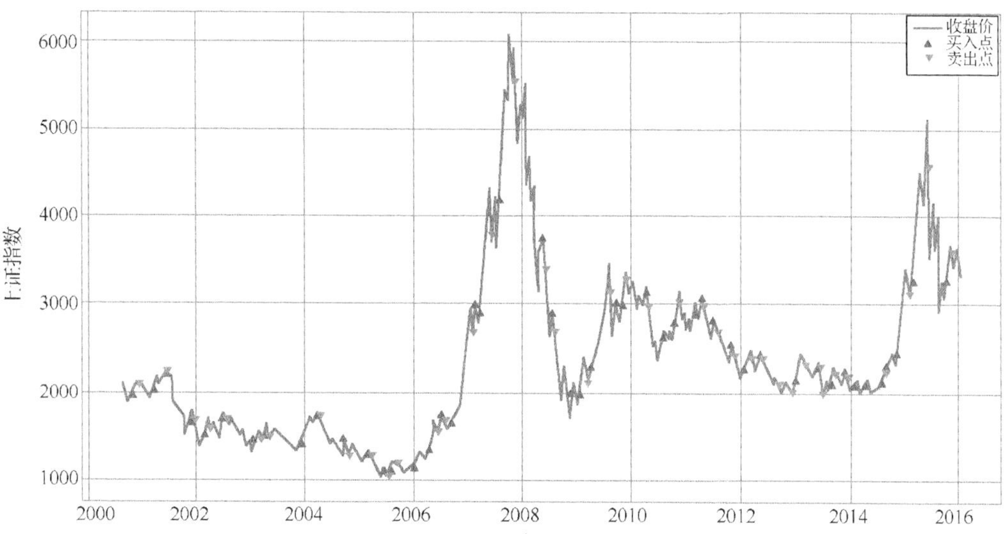

图 14.6　上证指数训练集交易买卖点(见彩图)

根据图 14.6 的交易买卖点创建完整的量化多头策略，由表 14.2 可以看到策略的结果为最大回撤 37.47%，年化收益率为 14.83%，为更好地观察策略效果，画出了图 14.7 所示的位于最上方的上证指数策略收益曲线、位于最下方的基准收益曲线以及位于中部的超额收益曲线，其中超额收益为策略收益减去基准收益，在实际投资过程中可以通过卖空股指期货实现，这样可以得到一个较稳定的超额收益，同样需要注意的是，这里并没有考虑对冲股指期货时出现的贴水导致的交易损失，以及期货交易手续费保证金等交易层面的细节问题。

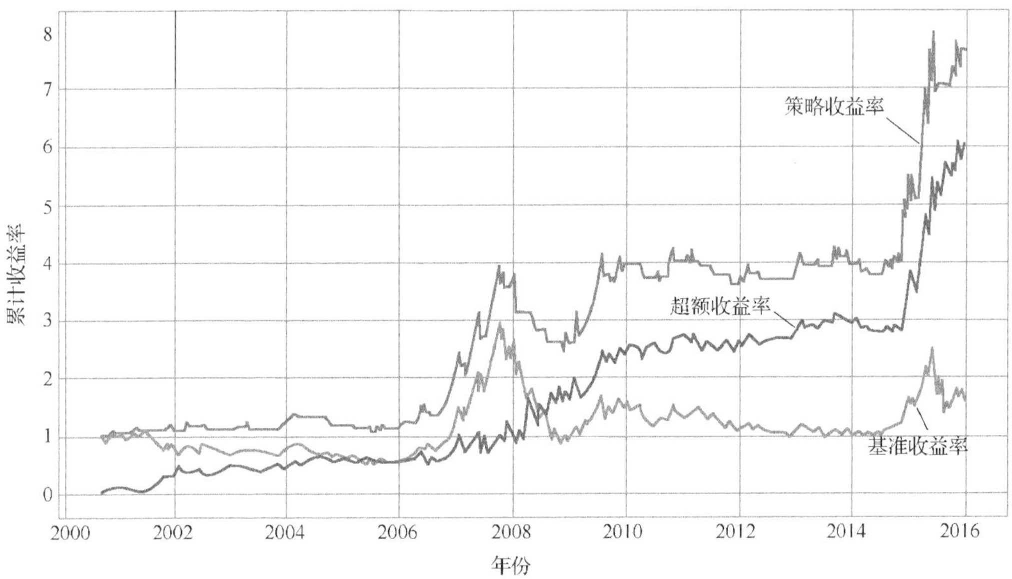

图 14.7　上证指数策略收益、基准收益以及超额收益图

在 2000～2015 年，策略平均每 41 天交易一次，即大约 82 天完成一次买卖。其中，交易胜率为 47.96%，但是年化收益率为 14.83%，夏普比率为 0.702，最大回撤为 37.47%。但指数同期收益 3.9%。期间，大部分时候模型给出的信号仍是快进快出，通过多次交易但抓住微薄利润的方式盈利。不过策略还是抓住了为数不多的几个趋势，2005 年 6 月～2007 年 10 月的大牛市、2008 年 12 月～2009 年 11 月的小牛市、2014 年 6 月～2015 年 5 月的大牛市，以及在 2015 年下跌，在 9 月的短期反弹中也顺利地抓住这一个拐点，从而基本上收获了这一波反弹带来的收益。将策略每年的收益率画在图 14.8 中，12 个年度策略的收益为正，4 个年度策略的收益为负。长期来看收益策略有 12 / 16 = 75% 的概率是正向收益。

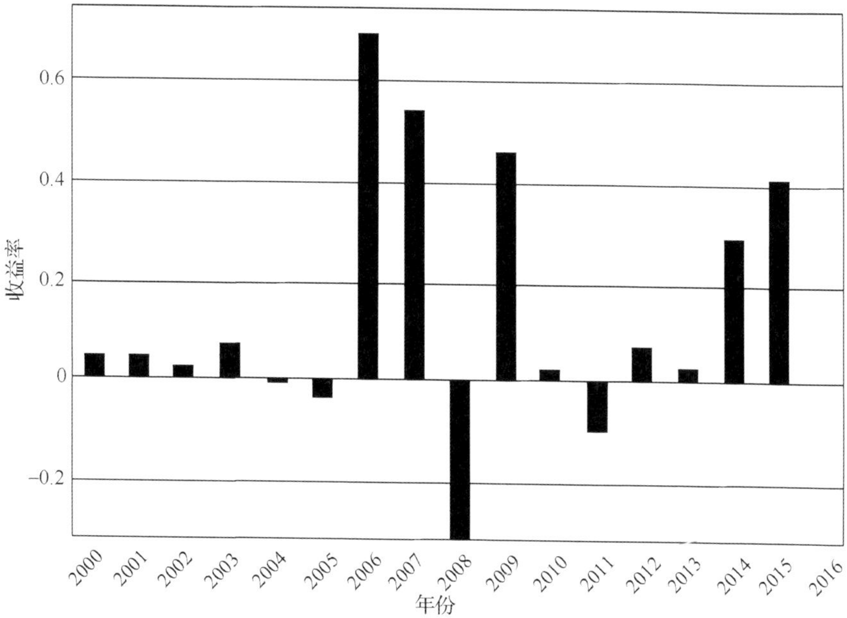

图 14.8　策略每年收益率统计

综上所述，收益动量具有很好的金融逻辑，即动量效应也称为惯性效应，指资产价格收益率具有延续原来运动方向的趋势。同时从统计指标和直方图也可以分析得出收益动量更符合正态分布，利用 HMM 建立的基于收益动量特征的策略模型表现也较好。

14.2　基于多维特征测试集 HMM 建模方法

本节将基于 14.1 节得出的单特征策略评价结果，在训练集进行多维特征模型的建立及评价，并将表现最好的应用于测试集检验。为说明提出的基于多维特征方法的有效性，实验结果还包括了决策树、支持向量机、Adaboost 方法。

14.2.1　基于多维特征的 HMM 建模流程

根据 14.1 节的实验结果，基于单一特征构建的策略模型，分析认为特征收益动量、涨跌幅、换手率、加速度四个特征表现较好。本节将在训练集建立基于不同多维特征的 HMM，使其最好地匹配这段时间的样本数据，并将表现最好的应用于测试集检验。

步骤 1：选择隐状态个数 n=3。

步骤 2：选取多个单特征组合成多维特征，作为模型输入变量。

步骤 3：确定训练集隐状态 1～n 对应的隐状态类别{涨，跌，振荡}，并形成交易信号。首先，对于每个数字 $i \in \{1,2,\cdots,n\}$，计算对应的多头策略。然后，将对应的多头策略按照收益率由高到低排序并分成 3 组，分别代表“涨”、“振荡”和“跌”状态集合。最后，将所有数字替换成数字 1、2、3，其中 1、2、3 分别代表数字所属的类别“涨”、“振荡”和“跌”，然后根据表 14.1 转换成最终的交易信号。

步骤 4：计算策略训练集的评价指标，如交易换手天数、胜率、年化收益率、最大回撤、夏普比率等。

步骤 5：重复步骤 2～步骤 4，挑选回撤相对较小和夏普比率相对较大的多维特征。

步骤 6：将挑出的特征用于测试集检测。

14.2.2 实验结果

1. 基于 HMM 方法的实验结果及分析

本节将构建基于多维度特征建立的 HMM 模型来提高策略收益率、夏普比率，降低最大回撤。实验选取在特征统计结果分析和单特征分析中都表现较好的收益动量特征作为基础特征，分别加入其他维度的特征，以期优化基础特征的策略表现，得到表 14.3。

表 14.3 训练集基于多维特征的策略表现

训练集 2000/8/23～2015/12/31	特征	交易换手天数/(天/次)	胜率/%	年化收益率/%	最大回撤/%	夏普比率	基准年化收益/%
多特征	Turn,logreturn	96	64.28	14.50	22.60	0.781	3.90
	a,logreturn	46	51.14	18.41	28.41	0.960	3.90
	a,v	6	52.93	7.49	61.32	0.207	3.90
	v,logreturn	53	52.63	16.04	32.53	0.852	3.90
	Turn,v,logreturn	91	61.36	16.75	29.47	0.916	3.90
	v,logreturn,Turn,pct_chg	91	61.36	16.57	27.18	0.911	3.90
	v,logreturn,Turn,pct_chg,pe_ttm	74	57.41	18.38	30.17	0.926	3.90
	MA,pe_ttm,pct_chg,Turn,MF	126	53.13	4.53	64.56	0.028	3.90
	a,logreturn,Turn,pct_chg,pe_ttm	74	57.41	18.17	25.50	0.941	3.90

在基础特征上加入换手率特征构建双维度特征，在保证 14.83%收益率的情况下，最大回撤由 37.47%大幅降到 22.60%，夏普比率由 0.702 提高到了 0.781，胜率大幅提高到 64.28%，但是也提高了交易换手天数，使得策略由 41 天交易一次提高到了 96 天交易一次。

在基础特征上加入速度 v，年化收益率由 14.83%提高到了 16.04%，最大回撤由

37.47%降到 32.53%，夏普比率提高到了 0.852。在基础特征上加入加速度，年化收益率提高到了 18.41%，最大回撤由 37.47%降到 28.41%，夏普比率提高到了 0.960。说明速度和加速度分别叠加基础特征可以提高其策略表现。

构建基于速度、加速度的模型策略，可以看到策略几乎完全吸取了加速度的策略表现，说明这两个特征同时使用时并不能显著提高策略表现。因为这两个指标都是由 Kalman 滤波器估计收盘价序列得到的，具有很大的相关性，而加速度为速度更高维度的特征，可以提取更多时序数据的信息。

逐步将特征加入到基础特征中，多维特征加速度、收益动量、换手率、涨跌幅构建而成的策略年化收益率为 18.17%，最大回撤为 25.50%，夏普比率提高到 0.941。

再进一步添加特征，构建出市盈率、速度、收益动量、换手率、涨跌幅多维度特征构成的策略年化收益率为 18.38%，最大回撤上升到 30.17%。

同时可以看到，多维度特征均线、市盈率、涨跌幅、收益动量、换手率、资金流量构成的策略年化收益率降到 4.53%，最大回撤大幅升高到 64.56%。

综合分析，除均线、资金流量外的特征均对策略的收益具有不同的解释力度，但是速度和加速度同时叠加后对策略并没有明显的改善效果，可以基于市盈率、收益动量、换手率、涨跌幅、速度或加速度构建多维特征模型。图 14.9 展示出了加速度、收益动量、换手率、涨跌幅、市盈率多维特征策略结果，图 14.10 展示了多维特征策略每年的收益率，可以看到策略在振荡市场中 2001 年、2011 年、2012 年、2013 年没有发出交易信号，在剩下的 10 年间只有 2008 年金融危机期间，策略的收益为负，其他时间均可以稳定获得收益。

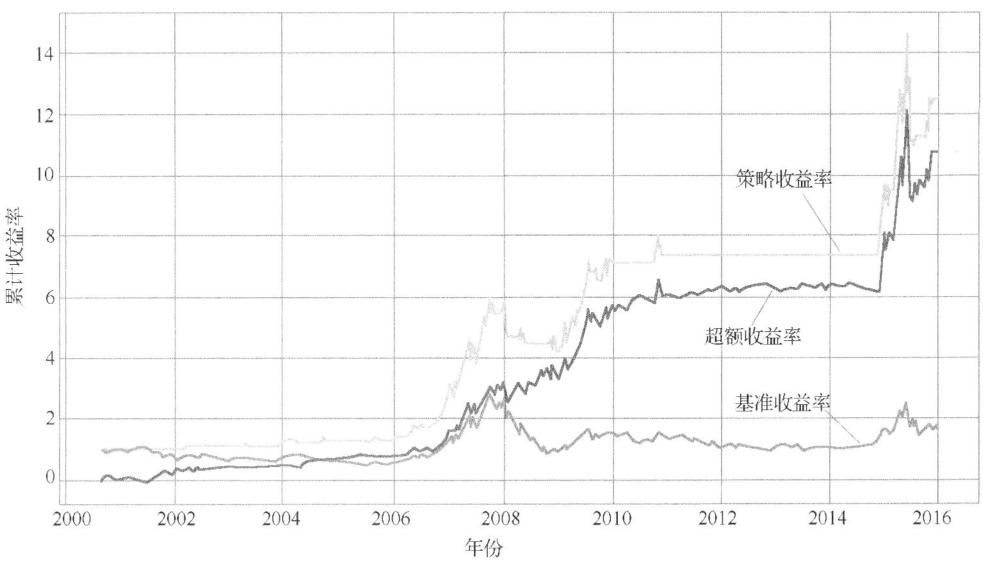

图 14.9　加速度、收益动量、换手率、涨跌幅、市盈率多维特征策略结果图

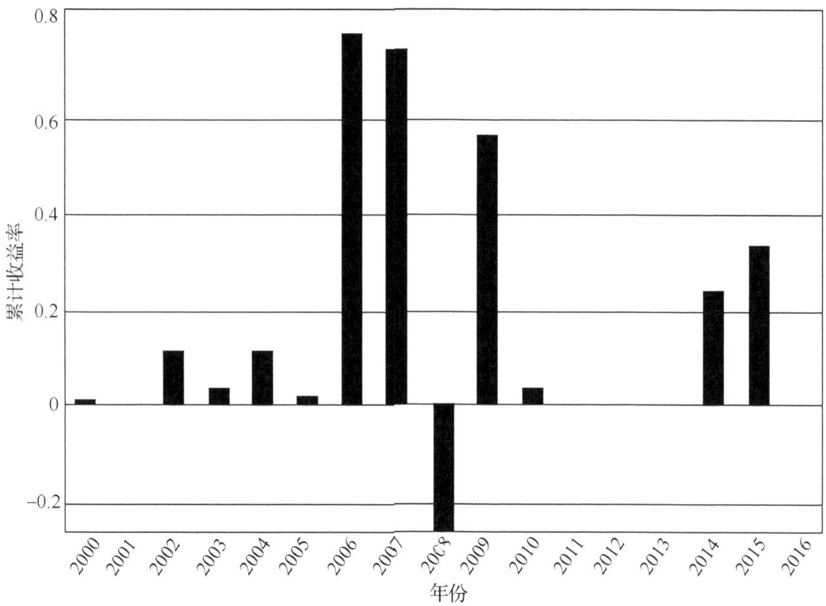

图 14.10　加速度、收益动量、换手率、涨跌幅、市盈率多维特征策略年收益率

2. 基于其他非线性时序模型的实验结果及分析

基于学习机制的非线性时间序列分析模型具有很强的非线性逼近能力，因此成为解决非线性、非平稳复杂时间序列预测问题的主要方法。为说明所提出方法的有效性，我们除了使用 HMM 方法之外，还使用在量化投资中应用广泛的非线性学习机制模型决策树、支持向量机以及 Adaboost 方法，对同一数据进行实验。下面分别基于决策树、支持向量机、Adaboost 方法建构基于多维特征的学习机制建模预测方法，也就是将给定特征数据作为输入，以未来金融时序数据走势的{涨、跌、振荡}三种状态作为判断依据，从而预测是否值得投资。基于多维特征的学习机制建模预测方法的一般流程如图 14.11 所示，具体建模步骤如下。

步骤 1：定义涨跌标识。实验中以 20 日对数收益率大于 0.01 为涨标记 1。小于 −0.01 为跌标记−1，在−0.01 和 0.01 之间为振荡标记 0。

步骤 2：输入训练样本的特征及对应的涨跌标识构建学习机制分类器。

步骤 3：将从新数据提取出的特征输入到训练好的学习模型进行涨跌预测。

步骤 4：输入训练集数据，计算策略在训练集的评价指标，如胜率、年化收益率、最大回撤、夏普比率等。

步骤 5：输入测试集数据，计算策略测试集的评价指标，如胜率、年化收益率、最大回撤、夏普比率等。

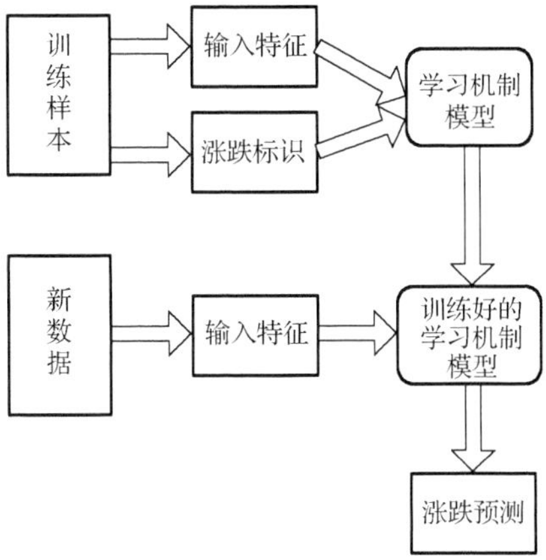

图 14.11　基于学习机制的预测方法流程图

实验采用前面得到的结论，市盈率、收益动量、换手率、涨跌幅、加速度多维特征建立不同时序模型的量化多头策略，学习模型的具体参数选择为：HMM 的隐状态个数取 3；决策树采用基尼系数作为定义节点之间差异的方法；支持向量机采用高斯核函数，惩罚系数为 1.0；Adaboost 的基分类器采用决策树。

测试基于多维特征的时序因果关系模型策略在训练集和测试集的表现得到表 14.4。依据表 14.4 中的数据画出图 14.12 训练集策略表现以及图 14.13 在测试集的策略表现。从图 14.12 可以很直观地看出，在训练集基于 HMM 建立的策略夏普比率均远远高于其他三个模型的结果，收益率和最大回撤指标也优于其他三个模型。三个模型中支持向量机的策略表现最差，年化收益率只有 11.02%，但也远高于基准年化收益率 3.90%，但是其最大回撤过大，达到 56.35%，策略平均 10 天交易一次，相对其他模型较频繁。Adaboost 和决策树模型的策略表现相差不多，因为本实验中的 Adaboost 的弱分类器设定的是决策树模型。

表 14.4　不同模型的策略指标评价

	模型	交易换手天数/(天/次)	胜率/%	基准年化收益率/%	年化收益率/%	最大回撤/%	夏普比率
训练集 2000/8/23～2015/12/31	决策树	15	50.74	3.90	13.67	32.79	−0.0062
	支持向量机	10	47.85	3.90	11.02	56.35	−0.0056
	Adaboost	14	49.66	3.90	13.35	36.33	−0.0059
	HMM	74	57.41	3.90	18.38	30.17	0.9256
测试集 2016/1/1～2017/3/31	决策树	1	58.46	0.94	−1.30	9.13	−0.3510
	支持向量机	1	58.70	0.94	−2.25	11.37	−0.3305
	Adaboost	2	60.71	0.94	2.50	7.80	−0.3330
	HMM	7	62.50	0.94	10.75	8.21	0.5373

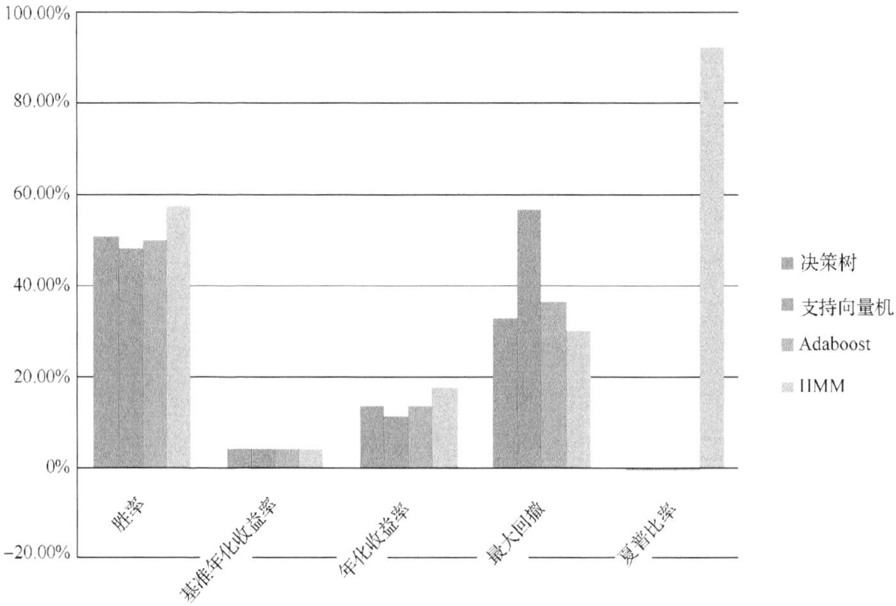

图 14.12　不同策略在训练集的评价指标(见彩图)

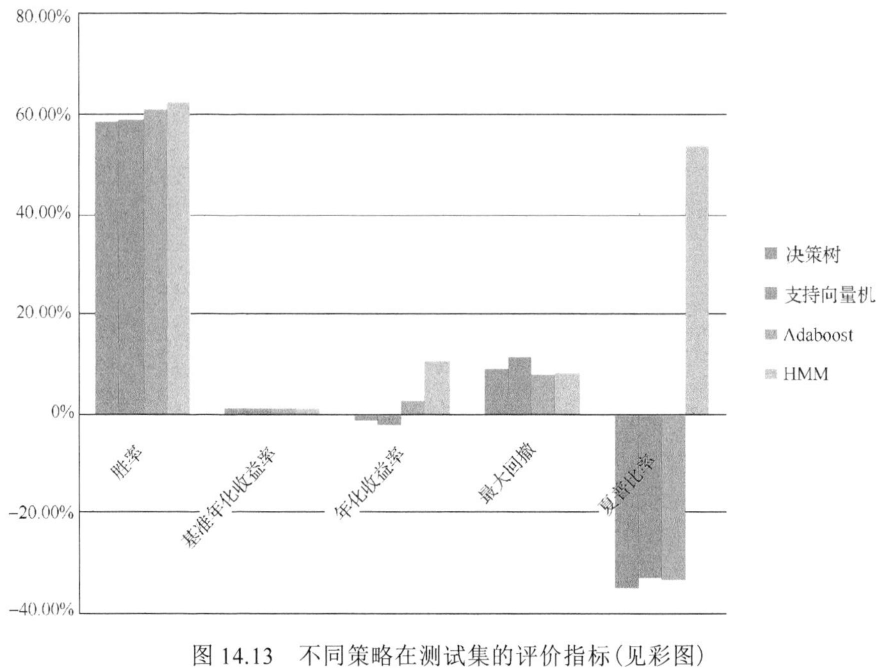

图 14.13　不同策略在测试集的评价指标(见彩图)

从图 14.12 也可以很直观地看出，在测试集 HMM 建立的策略无论夏普比率、年化收益率还是最大回撤均优于其他三个模型，年化收益为 10.75%，比其他三个模型中最好的 2.50%还高 8.25%，并且最大回撤为 8.21%，仅比 Adaboost 的最大回撤高 0.41%，而夏普比率为 0.5373，其他三个模型均比零值小。三个模型中依旧是支持向量机的策略表现最差，Adaboost 的策略表现最好，比决策树的效果更好，年化收益率高了约 3%，最大回撤低了约 1.3%。

基于多维特征的 HMM 之所以比其他三个模型策略的收益更高，是因为模型策略具备形态识别和自动切换特征的能力。HMM 的训练集交易换手天数为 74 天，远远高于其他模型 10 多天的交易换手天数，这样的结果表明，对于趋势市场，HMM 在抓住趋势的同时降低了交易频率，尽可能地分享整个趋势带来的收益。在振荡市场中，HMM 也会靠提高交易次数博取短期甚至超短期的收益。多维特征的 HMM 兼顾了趋势和振荡，在振荡市里可以通过提高换手率赚取短期收益，但同时又有足够的耐心等待机会抓住真正的反弹机会，从而赢得更大的收益。

14.3　小　　结

本章建立了 HMM 及评价方法，并建立了基于训练集的特征策略模型，实验中对比了不同单特征的实验结果，可以看出本章提出的动力学特征明显比同样表达时序趋势特征的均线更优秀，表示动力学特征可以更及时地抓住趋势特征。通过单一特征分析发现收益动量、涨跌幅、换手率、加速度四个单一特征策略的夏普比率均大于 0，说明比同期银行存款 4%的利息收益更好，基于这四个单一特征的量化策略的表现更好。同时，本章还深入分析了效果最好的基于收益动量特征策略结果。

在 14.1 节的基础上，为提高策略的表现，又分析了不同特征叠加对策略的影响效果，得出基于市盈率、收益动量、换手率、涨跌幅、速度或加速度组合构建的基于多维特征训练集的 HMM 效果比单一特征有了一定程度的提高。取表现最好的多维特征组合市盈率、收益动量、换手率、涨跌幅和加速度构建 HMM 策略模型并应用于测试集检验。

为说明本章提出的基于多维特征方法的有效性，实验结果还包括了另外三种常用的非线性学习机制模型，即决策树、支持向量机和 Adaboost 方法。结果表明：无论在训练集还是在测试集基于多维特征建立的 HMM 策略的夏普比率、收益率和最大回撤均优于另外三个模型策略的结果。测试集 HMM 建立的策略在夏普比率、年化收益率和最大回撤方面也均优于其他三个模型。

第五部分　基于 Kalman 滤波器的信号去噪及参数辨识方法研究

在 20 世纪 60 年代初，数字滤波、反滤波等多种技术被用来改善信号的质量；60～70 年代，除了一维、二维数字滤波与最小平方滤波之外，递归滤波、快速傅里叶变换技术等得到了长足发展；到了 80 年代，针对信号滤波的三维处理技术也有了相应的发展。今天，基于传统的去噪方法提出了许多新方法，可以获得更好的滤波效果。

去噪，顾名思义，也就是从含有噪声的数据中提取人们感兴趣的或希望得到的有用信号。传统的去噪方法，如平滑滤波、指数平滑滤波、小波去噪及低通滤波等都存在很多局限性。其中，平滑滤波方法是一种窗口大小即窗口面积固定，但窗口形状、时间窗和频率窗都可变的时域局部分析方法，适用于探测信号中的非突变成分。而前面提到的其他滤波方法主要是基于频域的处理方法，在实际过程中有很多局限性，因此，限制了它们的应用范围。

信息采集过程具有的不同程度的“不确定性”，有时表现在过程的“内部”，有时表现在过程的“外部”。在过程的内部，描述信息动态过程的数学模型结构及其参数是无法确切预知的。而外部环境对信息过程的影响来源于扰动。这些扰动一般是不可测的，并且它们可能是具有某一确定值的干扰，也可能是具有随机性的噪声。此外，还有一些测量噪声通过不同的途径来影响信息过程。这些扰动和噪声的统计特性通常是未知的。这些客观存在的各式各样的不确定性对我们获取真实信息具有不可预知的影响。所以，如何综合处理这些信息过程，并使得某些指定的性能指标达到最优或近似最优，就成为自适应滤波所要解决的迫切问题。自适应滤波算法的研究是目前自适应信号处理中最为活跃的研究课题之一。寻求计算复杂度低、收敛速度快、数值稳定性好的自适应滤波算法是研究人员不断努力追求的目标。

本部分研究基于自适应滤波的在线去噪方法。目前，自适应滤波已经应用于信号处理、图像处理、控制等多个不同领域。自适应滤波的研究对象具有不确定的系统或信息过程，“不确定性”就是指所研究的信息处理过程及其环境的数学模型不是事先完全确定的，其中包含一些未知因素和随机因素。

第 15 章　基于 SHAKF 去噪方法的研究与实现

15.1　SHAKF 的简要介绍

SHAKF 是由 Sage 和 Husa 提出的一种自适应 Kalman 滤波算法[1]，适用于噪声统计特性具有不确定性的情况。它将时变噪声估计器添加到 Kalman 滤波器框架中，可以实时估计噪声的统计特性并减轻滤波器的发散。

我们的实验数据是陀螺仪在静止状态下的仿真数据。陀螺仪是惯性导航系统的重要组成部分，在测量过程中，由于某种随机误差会引起陀螺仪性能下降。尽管 Kalman 滤波器及基于 Kalman 滤波器改进的方法，如 SHAKF 都被用于陀螺仪信号去噪，但是 Kalman 滤波器的性能还是会受到测量与过程噪声协方差矩阵及转换初值的限制。为解决此问题，本章使用一种改进的 SHAKF 方法来给陀螺仪静止状态下的仿真数据去噪。在本章中，陀螺仪的随机误差使用 6 维的自动回归(auto regressive，AR)模型，采用改进的 AR 模型对陀螺仪的仿真数据进行建模，并用模型的系数初始化 SHAKF 算法的转换矩阵，然后直接使用改进的 SHAKF 算法对陀螺仪信号进行滤波。最后对测量信号与去噪信号求取方差。将所提算法的性能与传统 Kalman 滤波算法进行比较，仿真结果显示，当给陀螺仪信号去噪时，改进的 SHAKF 算法的效果明显优于传统 Kalman 滤波算法。

15.2　陀螺仪测量数据的在线建模

15.2.1　AR 模型

时间序列分析方法通常用于陀螺仪随机漂移误差的建模，自动回归滑动平均(auto regressive moving average，ARMA)模型[2,3]是观测随机数据的一种时间序列分析方法，该建模方法要求很好地拟合 ARMA 模型与观测时间序列。除此之外，ARMA 模型参数的估计过程是一个非线性回归过程，计算复杂。所以这里为了避免计算的复杂性，采用足够高维度的 AR 模型来代替 ARMA 模型，AR 模型可以使用线性估计来获得参数，计算简单快捷。

AR 模型在线建模结构

$$x(k)=\varphi(1)x(k-1)+\varphi(2)x(k-2)+\cdots+\varphi(n)x(k-n)+a(k) \tag{15-1}$$

其中，k 是序列号，取值范围是 $[1,+\infty]$；n 是 AR 的顺序，取值范围是 $n\geqslant 1$，k 和 n 是整数；$x(k)$ 是观察时间序列；$\varphi(1)$～$\varphi(n)$ 是要估计的参数；$a(k)$ 是白噪声。假设收集的陀螺仪数据 $z(1),z(2),\cdots,z(k),z(k+1),\cdots$ 是稳定正常序列。可以使用序列的平均值 $\bar{z}$ 表示观测时间序列

$$\begin{cases}x(k)=z(k)-\bar{z}\\x(k-1)=z(k-1)-\bar{z}\\x(k-2)=z(k-2)-\bar{z}\\\qquad\vdots\\x(k-n)=z(k-n)-\bar{z}\end{cases} \tag{15-2}$$

将式(15-2)代入式(15-1)，得到

$$\begin{aligned}z(k)=&\varphi(1)z(k-1)+\varphi(2)z(k-2)+\cdots+\varphi(n)z(k-n)\\&+(1-\varphi(1)-\varphi(2)-\cdots-\varphi(n))\cdot\bar{z}+a(k)\end{aligned} \tag{15-3}$$

启动陀螺仪并稳定后，陀螺仪静态输出数据的平均值 $\bar{z}$ 应保持不变。模型建立后，$\varphi(1)$～$\varphi(n)$ 也是常数，所以我们表示 $c=(1-\varphi(1)-\varphi(2)-\cdots-\varphi(n))\cdot\bar{z}$，则式(15-3)可重写为

$$z(k)=\varphi(1)z(k-1)+\varphi(2)z(k-2)+\cdots+\varphi(n)z(k-n)+c+a(k) \tag{15-4}$$

该式描述了 AR 模型，本章用递归最小二乘法(recursive least square，RLS)实时估计未知参数。

15.2.2　基于 RLS 对 AR 模型参数进行估计

AR模型参数的估计方法可以分为两类：直接估计方法和递归估计方法。前者从经验上选择时间窗口的长度。当窗口长度过小时，参数估计的结果不够准确；而当窗口过长时，会产生时间滞后的现象，使得这些方法仅能够在离线建模中使用。因此，我们选择使用递归估计方法来实时估计模型参数。

将输出 $\{z(k),k=1,2,\cdots,N\}$ 代入式(15-4)，可以得到以下线性方程[4,5]

$$\begin{cases}z(n+1)=\varphi(1)z(n)+\varphi(2)z(n-1)+\cdots+\varphi(n)z(1)+c+a(n+1)\\z(n+2)=\varphi(1)z(n+1)+\varphi(2)z(n)+\cdots+\varphi(n)z(2)+c+a(n+2)\\\qquad\vdots\\z(N)=\varphi(1)z(N-1)+\varphi(2)z(N-2)+\cdots+\varphi(n)z(N-n)+c+a(N)\end{cases} \tag{15-5}$$

其中，n 是 AR 的阶数。

上述公式可以写成

$$Y(N)=Z(N)\theta(N)+a'(N) \tag{15-6}$$

其中

$$Y(N)=\begin{bmatrix} z(n+1) & z(n+2) & \cdots & z(N) \end{bmatrix}_{1\times(N-n)}^{\mathrm{T}}$$

$$\theta(N)=\begin{bmatrix} \varphi(1) & \varphi(2) & \cdots & \varphi(n) & c \end{bmatrix}_{1\times(n+1)}^{\mathrm{T}}$$

$$a'(N)=\begin{bmatrix} a(n+1) & a(n+2) & \cdots & a(N) \end{bmatrix}_{1\times(N-n)}^{\mathrm{T}}$$

$$Z(N)=\begin{bmatrix} z(n) & z(n-1) & \dots & z(1) & 1 \\ z(n+1) & z(n) & \dots & z(2) & 1 \\ \vdots & \vdots & & \vdots & \vdots \\ z(N-1) & z(N-2) & \dots & z(N-n) & 1 \end{bmatrix}_{(N-n)\times(n+1)}$$

根据多元回归理论，参数矩阵的最小二乘估计 $\theta(N)$ 是

$$\theta(N)=(Z^{\mathrm{T}}(N)Z(N))^{-1}Z^{\mathrm{T}}(N)Y(N) \tag{15-7}$$

假设当前观测序列的模型参数为 $\theta(N)$，并且随着新数据 $Z(N+1)$ 的到来，可以基于序列 $\{z(t),t=1,2,\cdots,N,N+1\}$ 获得 $\theta(N)$ 的更新估计。根据上述矩阵的形式，基于 $N+1$ 数据的最小二乘估计为

$$\theta(N+1)=p(N+1)Z^{\mathrm{T}}(N+1),\quad p(N+1)=(Z^{\mathrm{T}}(N+1)Z(N+1))^{-1} \tag{15-8}$$

令

$$Z(N+1)=\begin{bmatrix} Z(N) \\ Z_h \end{bmatrix}_{(N-n+1)\times(n+1)}$$

$$Y(N+1)=\begin{bmatrix} Y(N) \\ z(N+1) \end{bmatrix}_{(N-n+1)\times 1}$$

$$Z_h=\begin{bmatrix} z(N) & z(N-1) & \cdots & z(N-n+1) & 1 \end{bmatrix}_{1\times(n+1)}$$

根据块矩阵的乘积可以得到

$$\begin{cases} Z^{\mathrm{T}}(N+1)Y(N+1)=Z^{\mathrm{T}}(N)Y(N)+Z_h^{\mathrm{T}}z(N+1) \\ p(N+1)=[p^{-1}(N)+Z_h^{\mathrm{T}}Z_h]^{-1} \end{cases} \tag{15-9}$$

通过矩阵求逆公式，我们可以得到

$$p(N+1)=(I+p(N)\frac{Z_h^{\mathrm{T}}Z_h}{1+Z_h p(N)Z_h^{\mathrm{T}}})p(N) \tag{15-10}$$

其中，$I_{(n+1)\times(n+1)}$ 是一个单位矩阵。

将式(15-9)和式(15-10)代入式(15-8)，得到参数的递归估计公式

$$\theta(N+1)=\theta(N)+K(N+1)[z(N+1)-Z_h\theta(N)] \tag{15-11}$$

其中

$$K(N+1)=\frac{1}{1+Z_h p(N)Z_h^{\mathrm{T}}}p(N)Z_h^{\mathrm{T}}$$

以上 AR 模型参数估计式(15-11)即为递推最小二乘法估计，最小二乘法参数的递推估计算法是系统参数辨识中最基本的方法，其基本思想可概括为

$$\text{新估计值}\ \hat{\theta}(k)\ =\text{旧估计值}\ \hat{\theta}(k-1)\ +\text{修正项}$$

根据该新旧估计值的关系等式，依据观测序列的递推算法，每获得一次新的观测数据就修正一次参数估计值，获得测量数据后及时进行处理，而不必等到所有的测量数据都获得以后再进行估计，并且在估计当前时刻的参数时，可以利用前一次的估计结果，而不必将数据全部重新计算。

15.3 实 时 滤 波

15.3.1 滤波器的选择

在获得陀螺仪随机漂移的 AR 模型之后，传统的方法是采用 Kalman 滤波器进行滤波，此方法通常认为测量噪声是白噪声，但对于陀螺仪来说，这种条件并不满足。因此，本节基于改进的 AR(5)模型采用 Sage 和 Husa 提出的 Sage-Husa 自适应 Kalman 滤波器。

15.3.2 SHAKF 算法

为表示本章讨论的系统的特殊性，并与本章前面内容具有连贯性，我们没有延续 1.3 节中的具有一般意义的系统的描述方法。我们将本章需要研究的系统描述为如下随机线性离散系统

$$\begin{cases}X(k)=\Phi(k)X(k-1)+W(k-1)\\Z(k)=H(k)X(k)+V(k)\end{cases} \tag{15-12}$$

其中，$X(k)$ 是 k 时刻的状态向量；$\Phi(k)$ 是状态转移矩阵；$W(k-1)$ 是系统过程噪声序列；$Z(k)$ 是 k 时刻的观测向量；$H(k)$ 是观测矩阵；$V(k)$ 是测量噪声序列，都是高斯白噪声，它们的时变均值和协方差矩阵相互独立，且符合

$$\begin{cases} E\left[W(k)\right]=q(k) \\ E\left[(W(k)-q(k))(W^{\mathrm{T}}(k)-q_j)\right]=Q(k)\delta(kj) \\ E\left[V(k)\right]=r(k) \\ E\left[(V(k)-r(k))(V_k^{\mathrm{T}}-r(k))\right]=R(k)\delta(kj) \\ E\left[(W(k)-q(k))(V^{\mathrm{T}}(k)-r(k))\right]=0 \end{cases} \tag{15-13}$$

其中，$\delta(kj)$ 表示狄拉克函数，且

$$\delta(kj)=\begin{cases}1, & k=1 \\ 0, & 其他\end{cases}$$

$Q(k)$ 是过程噪声协方差矩阵；$R(k)$ 是测量噪声协方差矩阵。

因为过程噪声和测量噪声具有非零均值，所以系统不能直接使用 Kalman 滤波器。 下面我们将简要推导 SHAKF 算法。

式(15-12)重写为

$$\begin{cases} X(k)=\Phi(k)X(k-1)+q(k-1)+W(k-1) \\ Z(k)=H(k)X(k)+r(k)+V(k) \end{cases} \tag{15-14}$$

其中，$W(k-1)$ 和 $V(k)$ 都是零均值的白噪声。

根据式(15-14)可以得到如下估计结果

$$\begin{cases} \hat{X}(k\,|\,k-1)=\Phi(k)\hat{X}(k-1\,|\,k-1)+q(k-1) \\ v(k)=Z(k)-H(k)\hat{X}(k\,|\,k-1)-r(k) \\ \hat{X}(k\,|\,k)=\hat{X}(k\,|\,k-1)+K(k)v(k) \end{cases} \tag{15-15}$$

其中，$\hat{X}(k\,|\,k-1)$ 是预测状态向量；$\hat{X}(k\,|\,k)$ 是状态估计向量；$v(k)$ 是残差误差序列向量；$K(k)$ 是滤波增益。

式(15-14)减去式(15-15)可以得到

$$X(k)-\hat{X}(k\,|\,k)=\Phi(k)(X(k-1)-\hat{X}(k-1\,|\,k-1))-K(k)v(k)+W(k-1) \tag{15-16}$$

$$v(k)=H(k)(X(k)-\hat{X}(k\,|\,k-1))+V(k) \tag{15-17}$$

首先，我们将推导测量噪声的统计特性的估计公式。将方程(15-17)两边进行转置，可以得到

$$v^{\mathrm{T}}(k)=(X(k)-\hat{X}(k\mid k-1))H^{\mathrm{T}}(k)+V^{\mathrm{T}}(k) \tag{15-18}$$

此外，考虑到测量噪声和估计误差不相关，我们可以得到

$$\begin{aligned}E[v(k)v^{\mathrm{T}}(k)]=&E[H(k)(X(k)-\hat{X}(k\mid k-1))(X(k)-\hat{X}(k\mid k-1))^{\mathrm{T}}H^{\mathrm{T}}(k)]\\&+E[V(k)V^{\mathrm{T}}(k)]\end{aligned} \tag{15-19}$$

上述公式可以简化为

$$E[v(k)v^{\mathrm{T}}(k)]=H(k)P(k\mid k-1)H^{\mathrm{T}}(k)+R(k) \tag{15-20}$$

其中，$P(k\mid k-1)$ 是预测状态向量的协方差矩阵。

式(15-20)以递归估计形式可写成

$$\hat{R}(k)=(1-d(k))\hat{R}(k-1)+d(k)[v(k)v^{\mathrm{T}}(k)-H(k)P(k\mid k-1)H^{\mathrm{T}}(k)] \tag{15-21}$$

其中，$d(k)$ 是校正因子，取为 $d(k)=\dfrac{1-b}{1-b^{k+1}}$，$b$ 是遗忘因子，$0<b<1$。式(15-21)即 SHAKF 算法中测量噪声中 $\hat{R}(k)$ 的递归估计公式。

然后，我们推导过程噪声的统计特性的估计公式。将式(15-16)两边进行转置，可以得到

$$(X(k)-\hat{X}(k\mid k))^{\mathrm{T}}+v^{\mathrm{T}}(k)K^{\mathrm{T}}(k)=(X(k-1)-\hat{X}(k-1\mid k-1))^{\mathrm{T}}\varPhi^{\mathrm{T}}(k-1)+W^{\mathrm{T}}(k-1) \tag{15-22}$$

式(15-16)两边分别乘以式(15-22)的两边，然后取数学期望。此外，考虑到过程噪声和估计误差不相关，估计残差与估计误差不相关，过程噪声和估计残差具有零期望，因此可以得到

$$\begin{aligned}&E[W(k-1)W^{\mathrm{T}}(k-1)]+\varPhi(k-1)E[(X(k-1)\\&-\hat{X}(k-1\mid k-1))(X(k-1)-\hat{X}(k-1\mid k-1))^{\mathrm{T}}]\varPhi^{\mathrm{T}}(k-1)\\=&E[K(k)v(k)v^{\mathrm{T}}(k)K^{\mathrm{T}}(k)]+E[(X(k)-\hat{X}(k\mid k))(X(k)-\hat{X}(k\mid k))^{\mathrm{T}}]\end{aligned} \tag{15-23}$$

上述公式可以简化为

$$\hat{Q}(k)=K(k)v(k)v^{\mathrm{T}}(k)K^{\mathrm{T}}(k)+P(k\mid k)-\varPhi(k-1)P(k-1\mid k-1)\varPhi^{\mathrm{T}}(k-1) \tag{15-24}$$

其中，$P(k\mid k)$ 是 k 时刻的预测状态协方差矩阵。

上式以递归估计的形式写成

$$\begin{aligned}\hat{Q}(k)=&(1-d(k))\hat{Q}(k-1)+d(k)[K(k)v(k)v^{\mathrm{T}}(k)K^{\mathrm{T}}(k)\\&+P(k\mid k)-\varPhi(k-1)P(k-1\mid k-1)\varPhi^{\mathrm{T}}(k-1)]\end{aligned} \tag{15-25}$$

式(15-25)是 SHAKF 算法中过程噪声 $\hat{Q}(k)$ 的递推估计公式。

SHAKF 算法流程图如图 15.1 所示，可以看出，SHAKF 算法由噪声估计器和常规 Kalman 滤波算法组成。噪声估计器用于实时估计噪声统计，并采用 Kalman 滤波算法实现滤波状态估计。

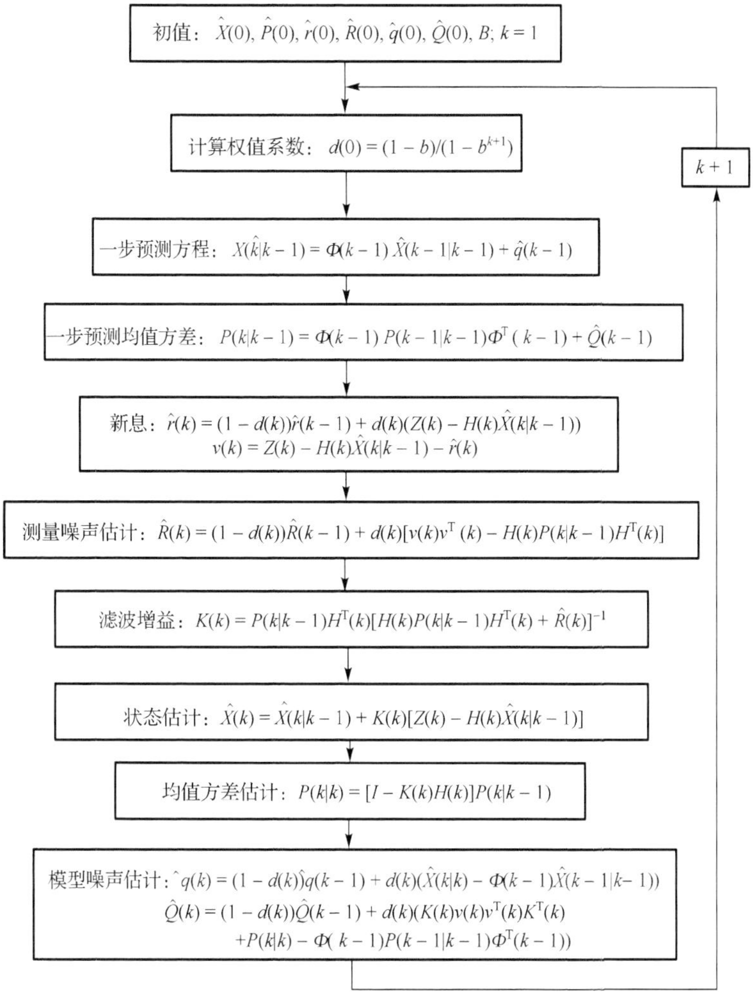

图 15.1　SHAKF 算法流程图

15.3.3　SHAKF 算法分析

噪声估计器不能同时估计过程噪声和测量噪声的统计特性。我们注意到系统噪声和测量噪声的估计都取决于更新，尤其决定于 $v(k)v^{\mathrm{T}}(k)$ 。因为 $v(k)v^{\mathrm{T}}(k)$ 同时反映了两种噪声统计特性的变化，但实际上，$v(k)v^{\mathrm{T}}(k)$ 并没有准确地反映哪种噪声已经发生了变化。假设某一时刻测量噪声变化而过程噪声保持不变，则可以通过式(15-21)来准确估计测量噪声的协方差矩阵，但通过式(15-25)获得的过程噪声的协方差矩阵估计显然是不准确的。

假设测量噪声的期望值为 $\hat{r}(k)$，则观测方程可以表示为

$$Z(k)=H(k)X(k)+\hat{r}(k)+V(k) \tag{15-26}$$

则基于状态 $\hat{X}(k|k)$ 的估计值可以得到 $\hat{r}(k)$ 为

$$\hat{r}(k)=Z(k)-H(k)\hat{X}(k|k)-V(k) \tag{15-27}$$

与图 15.1 相比，可以看出，在估计测量噪声期望期间，最终估计值 $\widehat{X}(k|k)$ 被一步预测 $\hat{X}(k|k-1)$ 代替，这是一种次优算法。

由于系统过程噪声期望和测量噪声期望的估计是次优估计，可能导致预期的估计误差逐渐积累，在递归过程中产生大的偏差，甚至干扰测量噪声或过程噪声方差的估计。

这里，我们将测量噪声协方差矩阵 $R(k)$ 的递归公式重写为

$$\begin{aligned}\hat{R}(k)=&\frac{b^k(1-b)}{1-b^{k+1}}\hat{R}(0)+\frac{b^{k-1}(1-b)}{1-b^{k+1}}(v(1)v^{\mathrm{T}}(1)-H(1)P(1|0)H^{\mathrm{T}}(1))\\&+\frac{b^{k-2}(1-b)}{1-b^{k+1}}[v(2)v^{\mathrm{T}}(2)-H(2)P(2|1)H^{\mathrm{T}}(2)]\\&+\cdots+\frac{1-b}{1-b^{k+1}}[v(k)v^{\mathrm{T}}(k)-H(k)P(k|k-1)H^{\mathrm{T}}(k)]\end{aligned} \tag{15-28}$$

在 $R(k)$ 的估计过程中，当前时刻的校正权重是最大的。此外，随着时间的增加，权重逐渐趋向于 $1-b$ 的恒定值。类似地，随着 k 的增加，初始值 $R(0)$ 分布在 $R(k)$ 上的分布权重逐渐衰减并趋于零。这表明随着滤波的进行，估计器的自适应程度逐渐降低。

$R(k)$ 的递归公式也可以重写为

$$\hat{R}(k)=\hat{R}(k-1)+\frac{1-b}{1-b^{k+1}}[v(k)v^{\mathrm{T}}(k)-(H(k)P(k|k-1)H^{\mathrm{T}}(k)+\hat{R}(k-1))] \tag{15-29}$$

众所周知

$$E[v(k)v^{\mathrm{T}}(k)]=H(k)P(k|k-1)H^{\mathrm{T}}(k)+\hat{R}(k) \tag{15-30}$$

可以看出，一方面，在测量噪声的递归估计期间，使用了当前测量值的自协方差。实际上，在自协方差的计算中，$\hat{R}(k)$ 被 $\hat{R}(k-1)$ 代替了，这证实了测量噪声估计器是次优噪声估计器。另一方面，随着计算差值后的噪声估计使 $R(k)$矩阵的新估计失去正定值，递归准则要求滤波器趋于稳定。这不是因为估计方差矩阵 P 较大，事实上，我们通常会给矩阵 P 选一个较大的初值，在滤波过程中可能会出现较大的偏差，这会导致较大误差。由于矩阵 P 较大，所以当估计值 $R(k)$为负值时，很有可能导致滤波发散。

15.3.4　SHAKF 算法的改进

针对滤波算法中的权重问题和滤波发散问题，我们可以对 SHAKF 算法作如下改进。

（1）给估计器引入滤波收敛的准则，用于判断测量噪声是否有大的变化。标准如下

$$v^{\mathrm{T}}(k)v(k) \leqslant \gamma^2 \mathrm{Tr}\{E[v(k)v^{\mathrm{T}}(k)]\} \tag{15-31}$$

其中，$\mathrm{Tr}(A)$ 表示矩阵 A 的秩；γ 用于控制标准的严格程度，$\gamma \geqslant 1$。具体使用方法是：用新的信息更新上述标准；如果符合标准，则进行滤波；如果不符合，表示测量噪声方差变化很大，则从初始值开始计算权值 $d(k)$，其中 k 值变为零。

在 $R(k)$ 的估计中，滤波开始时，当前时刻更新的使用程度是最大的，随着时间的推移，$d(k)$ 减小；$R(k)$ 更多地依赖于 $R(k-1)$ 而不是更新。通过上述方法提高了测量噪声的跟踪能力。

（2）估计器的 $R(k)$ 重写为

$$\hat{R}(k) = (1-d(k))\hat{R}(k-1) + d(k)v(k)v^{\mathrm{T}}(k) \tag{15-32}$$

其中，基于式（15-29）去除了一步预测误差协方差矩阵的相关项。虽然这种变化失去了某种滤波精度，但是滤波器的稳定性得到了改善。

15.4　基于 AR 模型自适应滤波的实验与分析

15.4.1　系统方程

本小节通过使用改进的 AR 模型，对不同环境下某种类型的陀螺仪静态数据进行离线分析，找到了最佳拟合模型。结果表明，改进的 AR（5）模型（式（15-5）中 AR 模型的阶数为 5）可以很好地拟合陀螺仪的随机漂移，因此改进的 AR（5）模型可用于在线建模。

具体的实验过程为：在静态条件下，我们记录陀螺仪单轴（x 轴）的实时数据。根据式（15-4）可以在线建立改进的 AR（5）模型。然后，我们采用 RLS 实时估计模型参数。最后，我们直接对陀螺仪信号进行自适应滤波。改进的 AR 模型具有常数 c。在本章中，c 也被认为是一个状态变量。

系统状态方程可以表示为

$$X(k) = AX(k-1) + BW(k) \tag{15-33}$$

其中，状态向量为

$$X(k) = \begin{bmatrix} z(k) & z(k-1) & z(k-2) & z(k-3) & z(k-4) & c \end{bmatrix}_{1\times 6}^{\mathrm{T}}$$

过程噪声

$$W(k) = \begin{bmatrix} a(k) & 0 & 0 & 0 & 0 & 0 \end{bmatrix}_{1\times 6}^{\mathrm{T}}$$

$$A=\begin{bmatrix}\varphi(1) & \varphi(2) & \varphi(3) & \varphi(4) & \varphi(5) & 1\\ 1 & 0 & 0 & 0 & 0 & 0\\ 0 & 1 & 0 & 0 & 0 & 0\\ 0 & 0 & 1 & 0 & 0 & 0\\ 0 & 0 & 0 & 1 & 0 & 0\\ 0 & 0 & 0 & 0 & 0 & 1\end{bmatrix}_{6\times 6},\quad B=\begin{bmatrix}1 & 0 & 0 & 0 & 0 & 0\\ 0 & 0 & 0 & 0 & 0 & 0\\ 0 & 0 & 0 & 0 & 0 & 0\\ 0 & 0 & 0 & 0 & 0 & 0\\ 0 & 0 & 0 & 0 & 0 & 0\\ 0 & 0 & 0 & 0 & 0 & 0\end{bmatrix}_{6\times 6}$$

假设陀螺仪输出为 $Z(k)$，则系统的测量方程为

$$Z(k)=HX(k)+V(k) \tag{15-34}$$

其中，$H=\begin{bmatrix}1 & 0 & 0 & 0 & 0 & 0\end{bmatrix}_{1\times 6}$；$V(k)$ 是测量噪声。

通过基于 AR 模型估计未知参数，在没有干扰的情况下，估计的参数逐渐趋于稳定，得到的估计值为

$$\begin{aligned}&\varphi(1)=0.0071,\quad \varphi(2)=0.0160,\quad \varphi(3)=-0.0597\\ &\varphi(4)=-0.0602,\quad \varphi(5)=-0.0113,\quad c=5.5432\end{aligned} \tag{15-35}$$

因此，改进的 AR(5) 模型是

$$\begin{aligned}z(k)=&0.0071z(k-1)+0.0160z(k-2)-0.0597z(k-3)-0.0602z(k-4)\\ &-0.0113z(k-5)+0.0048+a(k)\end{aligned} \tag{15-36}$$

则系统方程为

$$\begin{cases}\begin{bmatrix}z(k)\\ z(k-1)\\ z(k-2)\\ z(k-3)\\ z(k-4)\\ c\end{bmatrix}=\begin{bmatrix}\varphi(1) & \varphi(2) & \varphi(3) & \varphi(4) & \varphi(5) & 1\\ 1 & 0 & 0 & 0 & 0 & 0\\ 0 & 1 & 0 & 0 & 0 & 0\\ 0 & 0 & 1 & 0 & 0 & 0\\ 0 & 0 & 0 & 1 & 0 & 0\\ 0 & 0 & 0 & 0 & 0 & 1\end{bmatrix}\begin{bmatrix}z(k-1)\\ z(k-2)\\ z(k-3)\\ z(k-4)\\ z(k-5)\\ c\end{bmatrix}+\begin{bmatrix}1 & 0 & 0 & 0 & 0 & 0\\ 0 & 0 & 0 & 0 & 0 & 0\\ 0 & 0 & 0 & 0 & 0 & 0\\ 0 & 0 & 0 & 0 & 0 & 0\\ 0 & 0 & 0 & 0 & 0 & 0\\ 0 & 0 & 0 & 0 & 0 & 0\end{bmatrix}\begin{bmatrix}a(k)\\ 0\\ 0\\ 0\\ 0\\ 0\end{bmatrix}\\ z(k)=\begin{bmatrix}1 & 0 & 0 & 0 & 0 & 0\end{bmatrix}\begin{bmatrix}z(k-1)\\ z(k-2)\\ z(k-3)\\ z(k-4)\\ z(k-5)\\ c\end{bmatrix}+V(k)\end{cases} \tag{15-37}$$

根据上述系统方程，可以使用 SHAKF 算法对陀螺仪的随机漂移误差进行滤波。

15.4.2　实验结果

在静态条件下，我们记录陀螺仪单轴(x 轴)的实时数据。陀螺仪(x 轴)的原始输出如图 15.2 所示，Kalman 滤波器和 SHAKF 的处理结果分别如图 15.3、图 15.4 和图 15.5、图 15.6 所示。

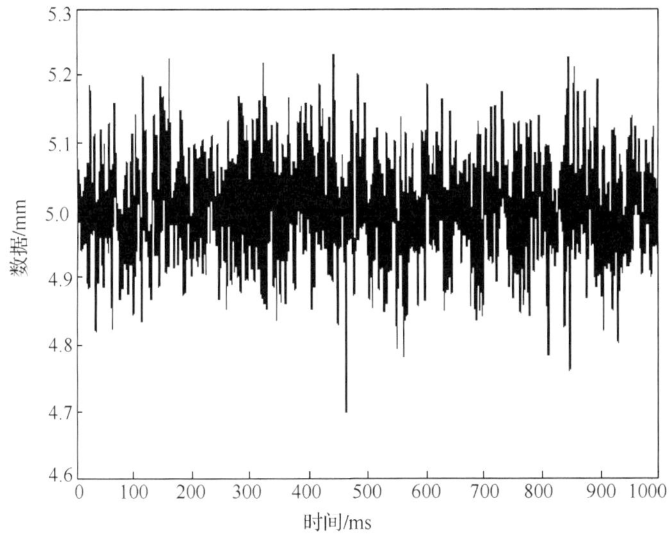

图 15.2　陀螺仪原始输出数据

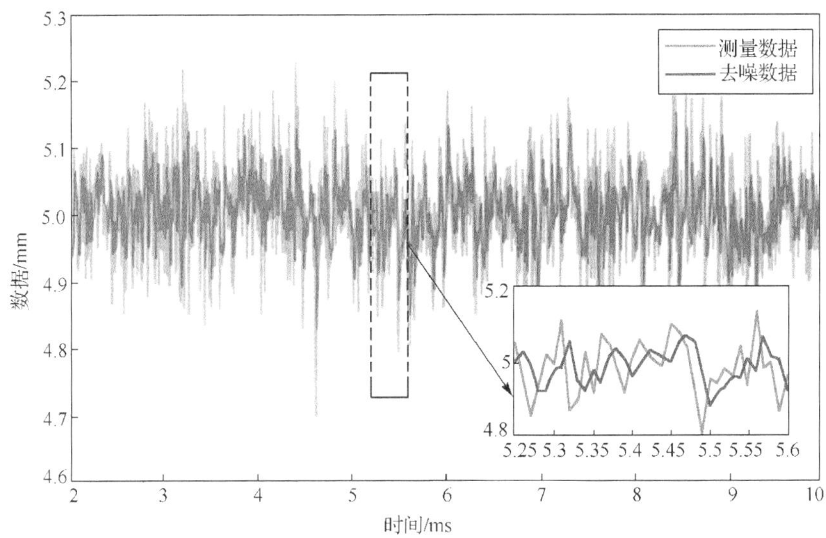

图 15.3　Kalman 滤波器的滤波结果

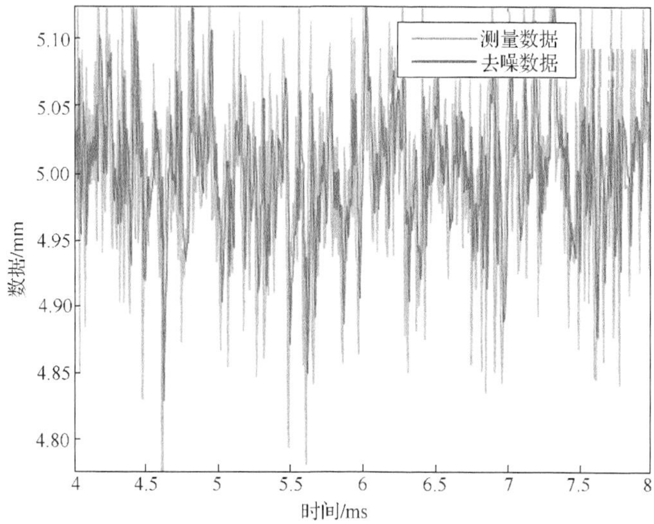

图 15.4　Kalman 滤波器的滤波结果局部放大图

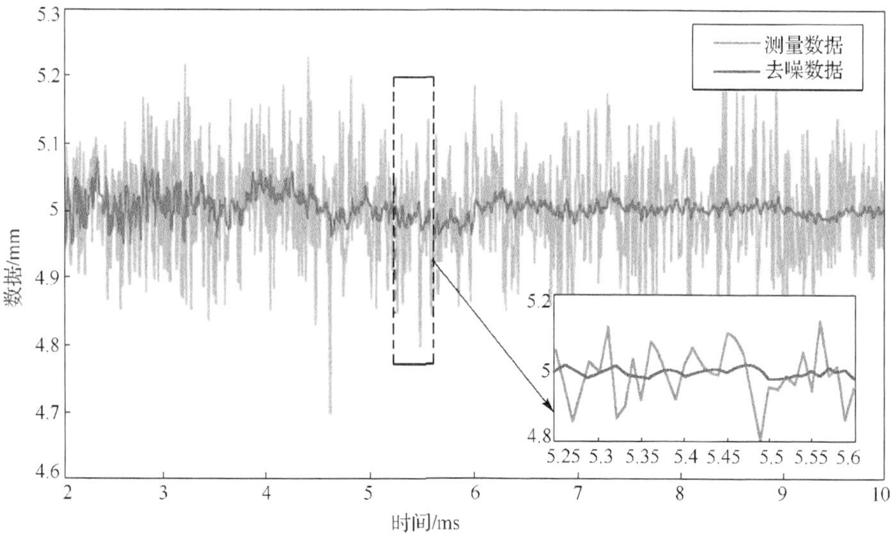

图 15.5　SHAKF 滤波结果

从图中可以看出，在通过 SHAKF 滤波后，噪声明显降低，而平均值保持不变，SHAKF 的滤波效果比 Kalman 滤波器更好。根据滤波结果，一方面，可以看出，用改进的 AR 模型对陀螺仪进行建模可以有效地减小陀螺仪的随机漂移误差，验证了去噪方法的有效性。另一方面，使用 Kalman 滤波器的效果没有 SHAKF 好，这表明在处理不确定模型的滤波问题时，自适应滤波算法具有更好的鲁棒性。

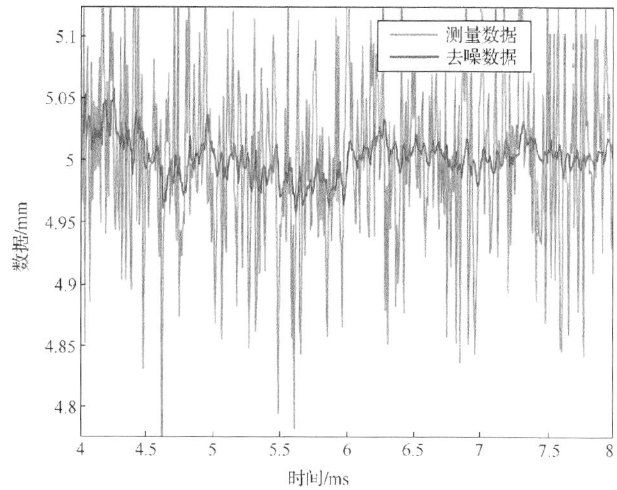

图 15.6　SHAKF 滤波结果局部放大图

15.4.3　性能分析

在本章中，我们采用了改进的 Sage-Husa 自适应 Kalman 滤波算法，并验证了它对陀螺仪信号去噪的有效性，与传统 Kalman 滤波算法作比较，把去噪信号与实际信号的差值均值和方差作为算法的性能指标。通过仿真实验证明，相对于传统的 Kalman 滤波，SHAKF 的噪声方差明显下降，提高了去噪性能。传统 Kalman 滤波器算法和 SHAKF 算法去噪信号与实际信号的差值分别如图 15.7 和图 15.8 所示，Kalman 滤波器的差值一直较大，SHAKF 的差值最后趋近于 0 。其中，传统 Kalman 滤波的噪声均值为 0.0399 ，方差为 2.6×10^{-3} ，SHAKF 的噪声均值为 0.0164 ，方差为 4.6×10^{-4}，有效地说明了 SHAKF 算法适用于对陀螺仪信号去噪。

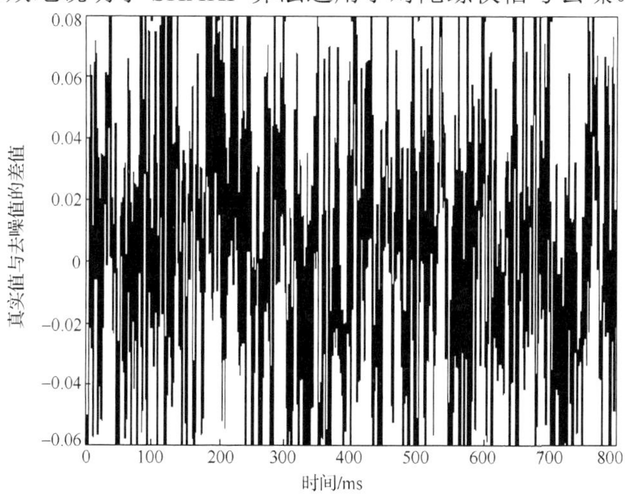

图 15.7　Kalman 滤波器去噪信号与实际信号差值

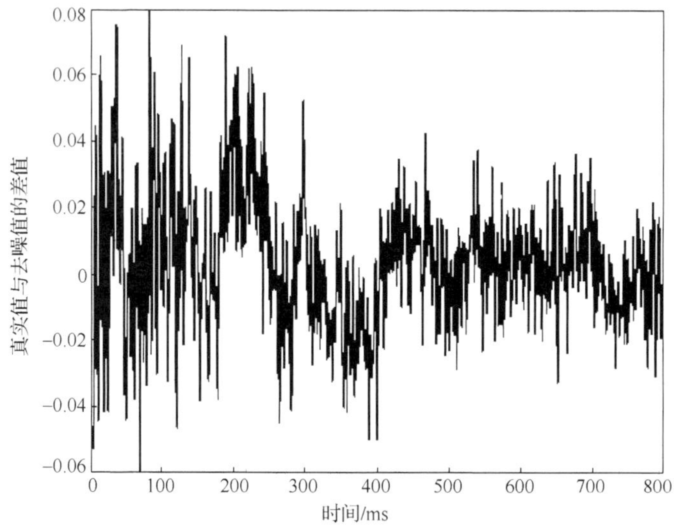

图 15.8　SHAKF 去噪信号与实际信号差值

15.4.4　实验仿真结果总结

本章采用了改进的 AR(5)模型，实验结果显示陀螺仪静态输出信号的模型可以直接用陀螺仪在静态下的仿真数据在线建立。除此之外，在 AR(5)模型的基础上引用了改进的 SHAKF 算法对陀螺仪随机漂移误差进行实时滤波，该算法有效减小了陀螺仪的误差并提高了陀螺仪的精度。在静态条件下，将改进的 SHAKF 的滤波性能与 Kalman 滤波器进行对比，证明了 SHAKF 算法优于 Kalman 滤波器算法，体现了本章研究在工程应用上的重大意义。

15.5　小　　结

本章主要研究并实现基于自适应滤波的去噪方法，并详细推导了 AR 模型对未知参数的估计方程，给出了 SHAKF 算法的推导过程以及对 SHAKF 算法的改进，通过仿真实验与传统的 Kalman 滤波进行比较，验证了去噪方法的有效性及实用性。

SHAKF 算法的研究基本上实现了我们对滤波性能的要求，但去噪的方法很多，应用范围广泛，所以可扩展性依然很大，我们还可以从以下几方面进行深入的研究。

(1)本章所提出的 SHAKF 算法仅是对陀螺仪在静止状态下的仿真数据进行了实验与分析，我们可以在接下来的工作中用同样的 AR 模型及相同的参数初值，对陀螺仪处于移动条件下的输出信号进行去噪，验证该方法在动态实验中是否具有相同的效果。

(2)这个方法的实验使用的是陀螺仪的数据，可以尝试将该方法引入其他数据来源的应用中。

本章程序

RLS 求特征参数：

```
clear
clc
d=xlsread('data2');
s=d(:,3);
y_n=[s(6)];
z_n=[s(5) s(4) s(3) s(2) s(1) 1];
for k=7:50
    z_n=[z_n;s(k-1) s(k-2) s(k-3) s(k-4) s(k-5) 1];
    y_n=[y_n;s(k)];
end
ea=inv(z_n'*z_n)*z_n'*y_n;
estimate=[];
p_n=inv(z_n'*z_n);
for k=51:length(s)
    z_h=[s(k-1) s(k-2) s(k-3) s(k-4) s(k-5) 1];
    z_n=[z_n;z_h];
    y_n=[y_n;s(k)];
    p_n=inv(inv(p_n)+z_h'*z_h);
    K=1/(1+z_h*p_n*z_h')*p_n*z_h';
    ea=ea+K*(s(k)-z_h*ea);
    estimate=[estimate,ea];
end
res=zeros(1,length(s));
err=res;
for k=7:length(s)
   z_h=[s(k-1) s(k-2) s(k-3) s(k-4) s(k-5) 1];
   res(k)=ea'*z_h';
   err(k)=res(k)-s(k);
end
res(1:6)=s(1:6);
figure;plot(d(:,2),s,'b'); hold on, plot(d(:,2),res,'r');
figure;plot(d(:,2),err);
```

改进的 SHAKF 算法：

```
clc
clear
d=xlsread('data2');
```

```
s=d(:,3);
xe=zeros(6,1);
p=10*eye(6);
A=[0.0071 0.0160 -0.0597 -0.0602 -0.0113 1;
1 0 0 0 0 0;0 1 0 0 0 0; 0 0 1 0 0 0;0 0 0 1 0 0;0 0 0 0 0 1];
B=[1 0 0 0 0 0;0 0 0 0 0 0;0 0 0 0 0 0;0 0 0 0 0 0;0 0 0 0 0 0;0
  0 0 0 0 0];
C=[1 0 0 0 0 0];
W=[1 0 0 0 0 0]';
QQ=0.1;
q=1;
RR=1;
r=1;
bb=0.96;
xx=[];
RRR=[];
QQQ=[];
pp=[];
xxx=[];
rr=[];
qq=[];
for i=1:length(s);
  dd=(1-bb)/(1-bb^(i+1));
  xee=A*xe+B*W+q;
  pk=A*p*A'+QQ;
  r=(1-dd)*r+dd*(s(i)-C*xee);
  vv=s(i)-C*xee-r;
  RR=(1-dd)*RR+dd*vv*vv';
  K=pk*C'*inv(C*pk*C'+RR);
  xe=xee+K*(s(i)-C*xee);
  ppp=p;
  p=(eye(6)-K*C)*pk;
  q=(1-dd)*q+dd*(xe-xee);
  QQ=(1-dd)*QQ+dd*(K*vv*vv'*K'+p-A*ppp*A');
  xx=[xx xe];
  RRR=[RRR RR];
  QQQ=[QQQ QQ];
  pp=[pp pk];
```

```
   xxx=[xxx xee];
   rr=[rr r];
   qq=[qq q];
end
figure
d1=xlsread('data2');
s1=d1(:,1);
s2=d1(:,2);
t1=s2(200:length(s2));
denoise=C*xxx(:,200:length(s));
real1=s1';
real=real1(200:1000);
e=denoise-real;
m=mean(abs(e));
coverance=cov(e);
plot(e);

axis([0 800 -0.06 0.08])
ylabel('real and denoise difference value');
xlabel('time/ms');

figure
plot(t1,s(200:length(s),:),'g-'),
hold on,
plot(t1,C*xxx(:,200:length(s)),'r-')

ylabel('data/mm');
xlabel('time/ms');
legend('the measurement data','the denoise data')
axis([2 10 4.6 5.3])
axes('Position',[0.18,0.62,0.28,0.25]);
plot(t1,s(200:length(s),:),'g-'),
hold on,
plot(t1,C*xxx(:,200:length(s)),'r-')

xlim([5.25,5.6]);
ylim([4.8,5.2]);
```

参 考 文 献

[1] Lu P, Zhao L, Chen Z. Improved Sage-Husa adaptive filtering and its application[J]. Journal System Simulation, 2007, 19(15): 3503-3505.

[2] Huang L. Auto regressive moving average (ARMA) modeling method for gyro random drift error using a robust Kalman filter[J]. Sensors, 2015, 15(10): 25277-25286.

[3] Wang X L, Chen T, Du Y. The drift method of fiber optic gyros based on the ARMA model[J]. Journal of Projectiles Rockets Missiles and Guidance, 2006, 26(1): 5-7.

[4] Chen J J, Yang M X. On-line modeling and real-time filtering of the FOG's random drift[J]. Optical Technique, 2011, 37(4): 446-450.

[5] Wu F M, Yang Y X. Gyroscope random drift model based on the higher-order AR model[J]. Acta Geodaetica et Cartographica Sinica, 2007, 36(4): 389-394.

第 16 章　基于二阶自适应统计模型的信号在线去噪

工业过程中的实时应用推动了在线去噪的发展，数据必须在收集后尽快得到利用。由于实际过程中的噪声通常是有色的，所以对于去噪技术来说是一个很大的挑战。本章提出一种在线去噪方法来实现带有色噪声的实际测量数据的处理，该方法通过自适应参数考虑了在动态模型中有色噪声的特性。

我们提出的方法由闭环中的两部分组成：一部分是基于二阶自适应统计模型来估计系统状态，另一部分是通过 Yule-Walker 算法来更新模型中的自适应参数。具体来说，通过 Kalman 滤波器递归地实现状态估计过程，从而达到在线去噪的目的。我们将该方法用在了钢筋混凝土结构实验中的采集数据的去噪，验证了所提方法的有效性。结果表明，该方法不仅可以处理具有有色噪声的信号，而且可以在效率和精度之间进行折中。

16.1　基于 Kalman 滤波和自适应统计模型的在线去噪算法

Kalman 滤波是一种有效在线消除噪声的方法，本节介绍一个描述状态变化的二阶自适应统计模型，并详细介绍利用该模型求取自适应参数，并滤除噪声的方法。

本节中的模型为带有输入向量的系统，因此将系统模型表示为

$$\begin{cases} X(k+1)=\Phi(k)X(k)+U(k)u(k)+w(k) \\ z(k)=H(k)X(k)+v(k) \end{cases} \tag{16-1}$$

其中，$x(k)$ 是要估计的系统状态向量，初始值和协方差分别为 x_0 和 P_0；$\Phi(k)$ 是状态转换矩阵；$u(k)$ 是系统输入；$U(k)$ 是相应的输入矩阵；$w(k)$ 和 $v(k)$ 分别为过程噪声和测量噪声，$v(k)$ 的方差已知(为 R)，与初始状态无关；$z(k)$ 是观测向量；$H(k)$ 是观测矩阵。

16.1.1　在线去噪的自适应统计模型

考虑到数据的强非线性和有色噪声的存在，时不变线性模型可能不适合描述这种数据。因此，我们提出一种二阶自适应统计模型来应对这些挑战。x、$\dot{x}$ 分别是

数据本身和数据波动的梯度。除非另有明确说明，否则状态向量在本章中用 $X=[x,\dot{x}]^{\mathrm{T}}$ 表示。

当数据随时间变化时，其变化速度遵循一定的规则：下一时刻的速度值始终在当前预测的速度值附近。因此，速度的变化规则可以表示为 $\dot{x}(t)=\overline{g}(t)+g(t)$，其中，$\dot{x}(t)$ 表示 X 的速度。$\overline{g}(t)$ 是当前时间段 $\dot{x}(t)$ 的平均值。$\dot{g}(t)$ 代表从时间 $t(k-1)$ 到 $t(k)$ 的机动变化，并对应于一阶时间相关过程 $\dot{g}(t)=-\alpha g(t)+w(t)$，$\alpha$ 是机动频率，$w(t)$ 是具有零均值和方差为 δ_w^2 的高斯白噪声。使用上述两个方程，梯度的变化可以写成

$$\dot{x}(t)=-\alpha x(t)+\alpha\overline{g}(t)+w(t)$$

因此，连续自适应模型的状态空间表示为

$$\dot{X}(t)=\begin{bmatrix}0 & 1\\ 0 & -\alpha\end{bmatrix}X(t)+\begin{bmatrix}0\\ \alpha\end{bmatrix}\overline{g}(t)+\begin{bmatrix}0\\ 1\end{bmatrix}w(t) \tag{16-2}$$

设

$$A=\begin{bmatrix}0 & 1\\ 0 & -\alpha\end{bmatrix},\quad B=\begin{bmatrix}0\\ \alpha\end{bmatrix},\quad C=\begin{bmatrix}0\\ 1\end{bmatrix}$$

方程(16-2)的解为

$$X(t)=\mathrm{e}^{At}X(t_0)+\int_{t_0}^{t}\mathrm{e}^{A(t-\lambda)}B\overline{g}(\lambda)\mathrm{d}\lambda+\int_{t_0}^{t}\mathrm{e}^{A(t-\lambda)}Cw(\lambda)\mathrm{d}\lambda \tag{16-3}$$

接着我们得到离散方程

$$X(k+1)=\Phi(k)X(k)+U(k)\overline{g}(k)+w(k) \tag{16-4}$$

矩阵 $\Phi(k)$ 可以表示为

$$\Phi(k)=\mathrm{e}^{AT}=\begin{bmatrix}1 & \dfrac{(1-\mathrm{e}^{-\alpha T})}{\alpha}\\ 0 & \mathrm{e}^{-\alpha T}\end{bmatrix} \tag{16-5}$$

矩阵 $U(k)$ 可描述为

$$U(k)=\int_0^T\mathrm{e}^{A(T-\lambda)}B\mathrm{d}\lambda=\begin{bmatrix}T\\ 1\end{bmatrix}-\begin{bmatrix}\dfrac{(1-\mathrm{e}^{-\alpha T})}{\alpha}\\ \mathrm{e}^{-\alpha T}\end{bmatrix}=\begin{bmatrix}T-\dfrac{1-\mathrm{e}^{-\alpha T}}{\alpha}\\ 1-\mathrm{e}^{-\alpha T}\end{bmatrix} \tag{16-6}$$

$w(k)$ 方差的计算公式为

$$Q(k)=E[w(k)w^{\mathrm{T}}(k)]=\delta_w^2\begin{bmatrix} q_{11} & q_{12} \\ q_{12} & q_{22} \end{bmatrix} \tag{16-7}$$

其中

$$\begin{cases} q_{11}=\dfrac{1}{2\alpha^3}(4\mathrm{e}^{-\alpha T}-3-\mathrm{e}^{-2\alpha T}+2\alpha T) \\ q_{12}=\dfrac{1}{2\alpha^2}(\mathrm{e}^{-2\alpha T}+1-2\alpha T) \\ q_{22}=\dfrac{1}{2\alpha}(1-\mathrm{e}^{-2\alpha T}) \end{cases} \tag{16-8}$$

16.1.2　通过 Yule-Walker 算法进行自适应参数调整

我们参考 16.1.1 节使用非零平均速度，其中数据的梯度满足方差为 δ_g^2 的零均值一阶马尔可夫过程，且过程噪声是方差为 $\delta_w^2=2\alpha\delta_g^2$ 的零均值白噪声。离散时间的速度方程为

$$g(k+1)=\beta g(k)+w^g(k) \tag{16-9}$$

其中，$w^g(k)$ 是有方差的零均值白噪声序列；β 是 α 的离散化

$$\delta_{gw}^2=\delta_g^2(1-\beta^2) \tag{16-10}$$

$$\beta=\mathrm{e}^{-\alpha T} \tag{16-11}$$

模型(16-10)可以捕获测量数据中的波动特征，需要指出的是，在提出的模型中，自适应参数不仅是未知的，而且是随着时间变换的。

基于 Yule-Walker 估计算法引用如下方法更新参数[1]。

(1) 初始化

$$\alpha(0)=\alpha_0,\quad \delta_w^2(0)=\delta_{w0}^2,\quad r_0(0)=\dot{x}_0\cdot\dot{x}_0,\quad r_0(1)=\dot{x}_0 \tag{16-12}$$

(2) 设置梯度 $\hat{g}(k)$ 的估计为

$$\hat{g}(k)=\hat{\dot{x}}(k\mid k) \tag{16-13}$$

(3) 参数更新

$$\begin{cases} r_k(1)=r_{k-1}(1)+\dfrac{1}{k}\left[\hat{g}(k)\hat{g}(k-1)-r_{k-1}(1)\right] \\ r_k(0)=r_{k-1}(0)+\dfrac{1}{k}\left[\hat{g}(k)\hat{g}(k)-r_{k-1}(0)\right] \end{cases} \tag{16-14}$$

且

$$\begin{cases} \alpha = -\dfrac{\ln r_k(1) - \ln r_k(0)}{T} \\ \delta_g^2 = \dfrac{r_k(0) - \alpha r_k(1)}{1 - \left(\dfrac{r_k(1)}{r_k(0)}\right)^2} \end{cases} \tag{16-15}$$

根据方程(16-15)得到的α和δ_g^2，进而通过式(16-5)～式(16-8)即可以实现系统参数更新的目的。自适应模型流程图如图 16.1 所示。

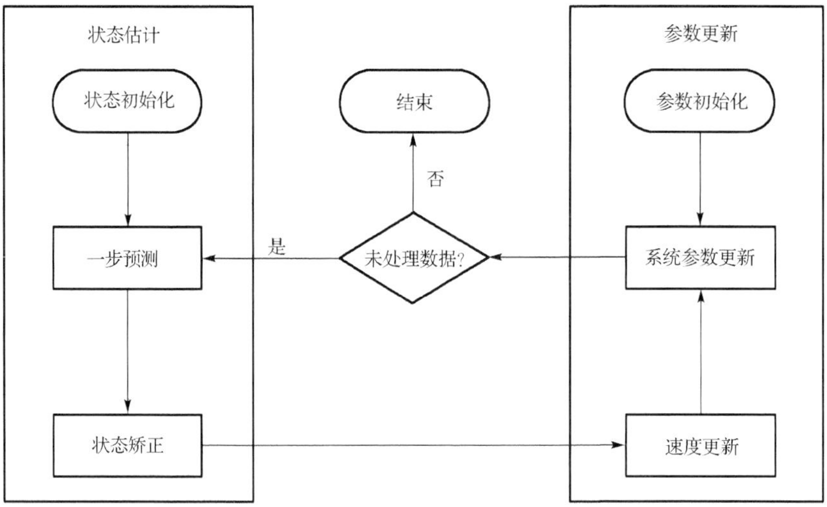

图 16.1 二阶自适应统计模型流程图

可以看出与 1.3 节相似，该方法也由闭环中的两部分组成：基于二阶自适应统计模型使用 Kalman 滤波器来估计系统状态，并通过 Yule-Walker 算法更新模型中的自适应参数。但不同的是，本节的方法是二阶的。在 16.2 节中，该方法的有效性将通过钢筋混凝土结构实验的实验数据进行评估，结果也将与其他一些具有代表性的在线去噪方法进行比较。

16.2 实 验 研 究

为了验证所提算法的有效性，选取土木结构变形实验中测量的位移数据进行在线去噪处理[2]。虽然整个数据在去噪之前都已经准备就绪，但是该过程是以“在线”模型实现的，即仅在计算中使用“当前”采样时间的测量和先前结果。在这种背景下，在线模式的必要性在于，测量状态的实际值对结构安全性的辨识有很大的影响，并且要求在监控过程中是已知的。在本实验中，采样时间设定为 0.001s。

图 16.2 给出了测量和实际数据，用于测试所提方法的性能。从图中可以明显地看出，测量数据具有很强的非线性且存在有色噪声。

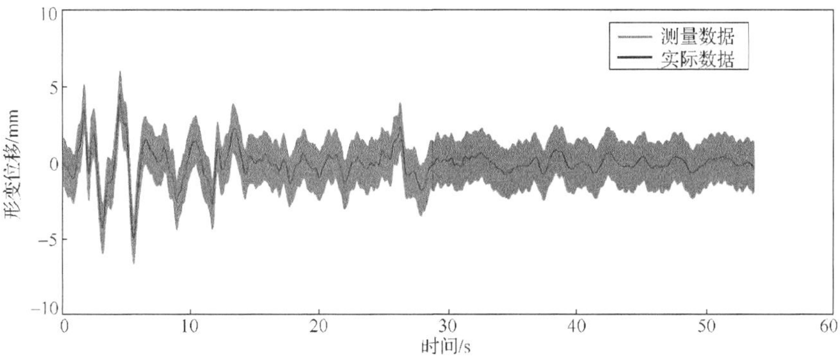

图 16.2　实际数据和测量数据

在本章中，我们将二阶自适应统计模型与一阶指数滤波、Holt 指数滤波三阶自适应统计模型等各种方法进行比较，来处理实时变形位移数据的去噪问题。为了评估这些方法，比较了误差的平均值和协方差。另外，考虑到延迟也是降噪性能的重要指标，也记录了该方法的运行时间。具体来说，这里的“平均值”表示实际数据和去噪数据之间差值绝对值的平均，即

$$\text{mean} = \frac{\sum_{i=1}^{n} |r_i - d_i|}{n} \tag{16-16}$$

其中，n 是测量的数量；r_i 是第 i 个的真实数据；d_i 是对应的去噪数据。接着，协方差定义为

$$\text{COV} = \frac{\sum_{i=1}^{n} (\text{mean} - |r_i - d_i|)^2}{n} \tag{16-17}$$

下面的内容实现了三种情况的去噪。前两种情况描绘了不同去噪方法的比较，第三种情况将用于讨论初始值对去噪性能的影响。在情况 1 中，使用包括二阶模型和三阶模型在内的自适应统计模型来处理数据；在情况 2 中，我们分别比较了所提方法与一阶指数滤波和 Holt 指数滤波；在情况 3 中，通过消除调整过程中的数据并保留后面收敛的数据，去噪效果明显提高。

情况 1：自适应统计模型的去噪效果。

本实验研究了线性去噪的二阶和三阶自适应方法的性能。降噪结果如图 16.3 所示。由于差异太小，我们在小图中提供了曲线的详细部分，这里显示了 6.3～6.8s 的 500 个点。实验验证了该算法是可行的，具有精度高和可靠性高的特点。此外，通过比较实际数据和去噪数据可以看出，二阶自适应统计模型具有令人满意的去噪效果。

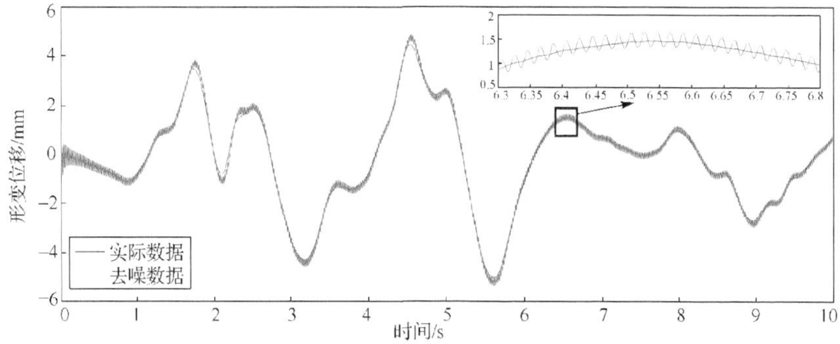

(a) 二阶自适应统计模型的去噪结果

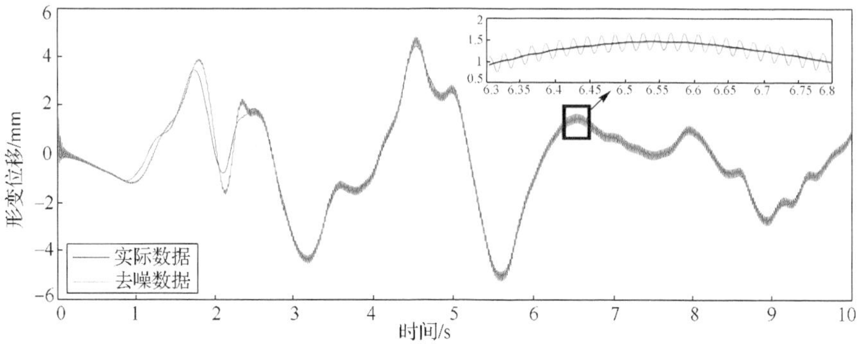

(b) 三阶自适应统计模型的去噪结果

图 16.3　自适应统计模型的去噪效果

比较二阶和三阶自适应统计模型，可以发现在 3s 之前的三阶自适应统计模型执行的精度较差。因此，二阶自适应统计模型在准确度方面有优势。同时，为了更好地描述误差并比较去噪精度，图 16.4 给出了二阶自适应统计模型(图 16.4(a))和三阶自适应统计模型(图 16.4(b))的误差，这里的误差是指实际数据和去噪数据之间的差值，即 $r_i - d_i$，其中 r_i 和 d_i 与其在式(16-16)和式(16-17)中的含义相同。

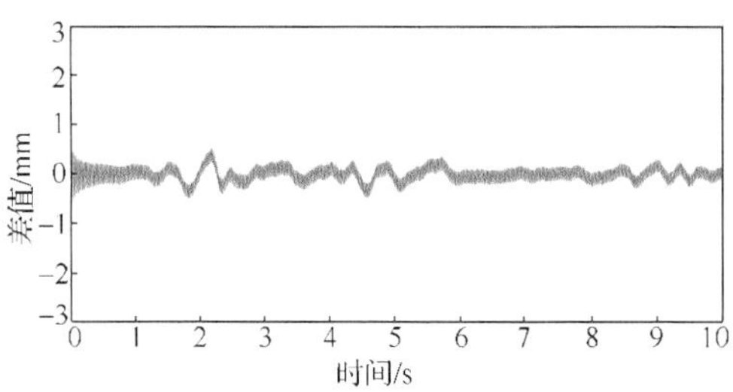

(a) 二阶自适应统计模型的误差

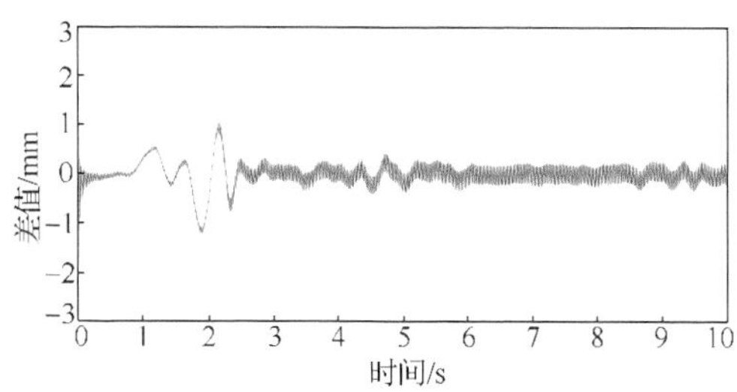

(b) 三阶自适应统计模型的误差

图 16.4　自适应统计模型在线去噪的误差比较

图 16.4 的结果表明，二阶自适应统计模型具有较小的误差，所以我们在五组中进行了测试，每组我们获得了 10000 个点。这里的符号 $mean_m$ 表示整个数据集的平均值。测试结果如表 16.1 所示。显然，对于每个组，来自二阶模型的结果在均值和协方差上都显示出更好的性能。总体而言，二阶模型的方差仅为 0.0223，优于三阶模型(0.1407)。另外，二阶模型的延迟比三阶模型大约减少 1s。我们的采样时间为 0.001s，每轮计算的二阶自适应统计模型所需的时间最多为 0.0005s。因此，结果表明，二阶自适应统计模型不仅可以实时处理带有色噪声的信号，还可以实现效率和精度之间的折中。

表 16.1　不同自适应统计模型之间的性能比较

	二阶自适应统计模型			三阶自适应统计模型		
	均值/mm	协方差	运行时间/s	均值/mm	协方差	运行时间/s
第一组	0.1301	0.0269	4.952968	0.1762	0.0675	5.946343
第二组	0.1130	0.0241	4.813537	0.4852	0.5179	5.929037
第三组	0.1375	0.0355	4.965482	0.1757	0.0607	5.979181
第四组	0.0930	0.0153	4.909109	0.1107	0.0287	6.141678
第五组	0.0721	0.0098	5.029308	0.1179	0.0286	6.014213
$mean_m$	0.1091	0.0223	4.934080	0.2131	0.1407	6.002090

基于表 16.1 的结果，可以清楚地看出，二阶自适应统计模型优于三阶自适应统计模型，因为它提供了更好的精度和更快的在线去噪速度。同时，如图 16.5 所示，二阶自适应统计模型可以提供更稳定的去噪效果和更小的误差。

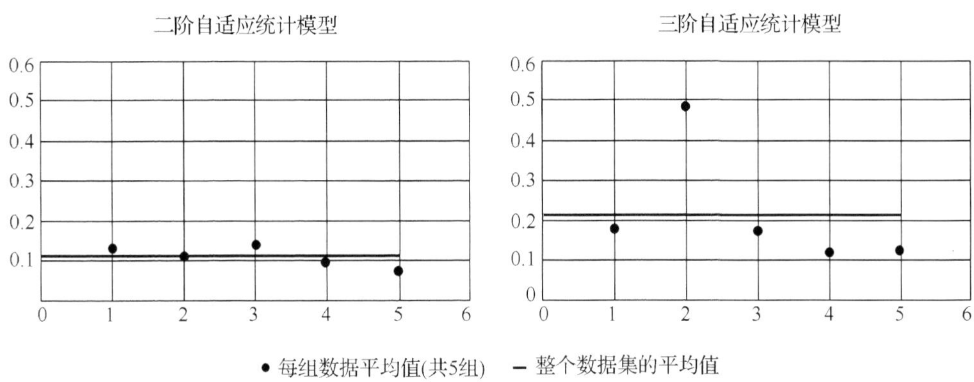

(a) 二阶模型均值　　(b) 三阶模型均值

图 16.5　自适应统计模型的均值

情况 2：比较所提出的方法与指数平滑之间的去噪效果。

以前，指数平滑通常用于预测。同时，它可以应用于在线去噪[3]。在指数平滑的应用中，参数选择非常重要，用于调整数据的发展趋势。然而，它通常受到主观影响。如今，参数选择的主要方法有两种：一种是经验方法，另一种是实验方法。我们采用了实验方法。最后，我们决定使用一阶指数平滑和 Holt 指数平滑来与情况 1 作比较。

1) 一阶指数平滑的去噪效果

我们使用先验知识来确定参数取值分别为 0.2、0.5、0.8，并将使用不同参数的一阶指数平滑用于处理五组实验数据。

为了进一步验证方法，与情况 1 类似，我们用一阶指数平滑进行了重复测试，如表 16.2 所示。根据这些测试结果，我们可以得出一阶指数平滑参数为 0.2[4]时具有最佳去噪效果。

表 16.2　一阶指数平滑在不同参数下的性能比较

	参数为 0.2		参数为 0.5		参数为 0.8	
	均值/mm	协方差	均值/mm	协方差	均值/mm	协方差
第一组	0.5864	0.4352	0.9282	1.0813	1.0112	1.2645
第二组	0.5867	0.4351	0.9284	1.0814	1.0113	1.2642
第三组	0.5870	0.4353	0.9287	1.0813	1.0118	1.2637
第四组	0.5861	0.4340	0.9279	1.0794	1.0108	1.2617
第五组	0.5864	0.4340	0.9282	1.0802	1.0112	1.2625
mean_m	0.5865	0.4347	0.9283	1.0807	1.0113	1.2633

2) Holt 指数平滑的去噪效果

Holt 指数平滑可以保留趋势的详细信息，即更新两种状态，一种是水平分量的信号，另一种是趋势的斜率。因此，我们引入两个参数 a 和 b。b 依据经验值设定为 0.8，同时参数 a 与一阶指数平滑法相同，分别取 0.2、0.5 和 0.8。再次进行重复实验，结果在表 16.3 中显示，各组有 10000 个点。

表 16.3　Holt 指数平滑在不同参数 a 下的性能比较

	参数 a 为 0.2		参数 a 为 0.5		参数 a 为 0.8	
	均值/mm	协方差	均值/mm	协方差	均值/mm	协方差
第一组	0.3832	0.1891	0.5978	0.4679	0.9326	1.0542
第二组	0.3824	0.1870	0.5973	0.4669	0.9329	1.0532
第三组	0.3824	0.1870	0.5975	0.4667	0.9326	1.0532
第四组	0.3816	0.1861	0.5965	0.4655	0.9321	1.0505
第五组	0.3818	0.1857	0.5968	0.4657	0.9324	1.0512
mean_m	03823	0.1870	0.5972	0.4665	0.9325	1.0525

从表 16.3 可以清楚地看出，最佳去噪效果当参数 a 为 0.2 和 b 为 0.8 时获得。然而，与自适应统计模型相反，均值或协方差是大于前者的。表 16.4 是不同方法的均值和协方差的总结。

表 16.4　几种在线去噪方法的比较

各模型	阶数/参数	均值的 $mean_m$	协方差的 $mean_m$
自适应统计模型	二阶	0.10914	0.02232
	三阶	0.21314	0.14068
一阶指数平滑	参数为 0.2	0.58652	0.43470
	参数为 0.5	0.92828	1.08070
	参数为 0.8	1.01126	1.26332
Holt 指数平滑	参数 a 为 0.2	0.38228	0.18698
	参数 a 为 0.5	0.59718	0.46654
	参数 a 为 0.8	0.93252	1.05246

在这三种在线去噪方法中，自适应统计模型的均值和协方差显然是最小的。结果表明，通过自适应统计模型可以更好地实现在线去噪。因为在进行去噪时系统参数可以不断调整。此外，通过对比二阶自适应统计模型和三阶自适应统计模型，我们得出了二阶自适应统计模型的效果更加突出的初步结论。

情况 3：初始值对去噪性能的影响。

在这种情况下，我们将分析去噪获得的信号值与真实值之间的误差，如图 16.6 所示。

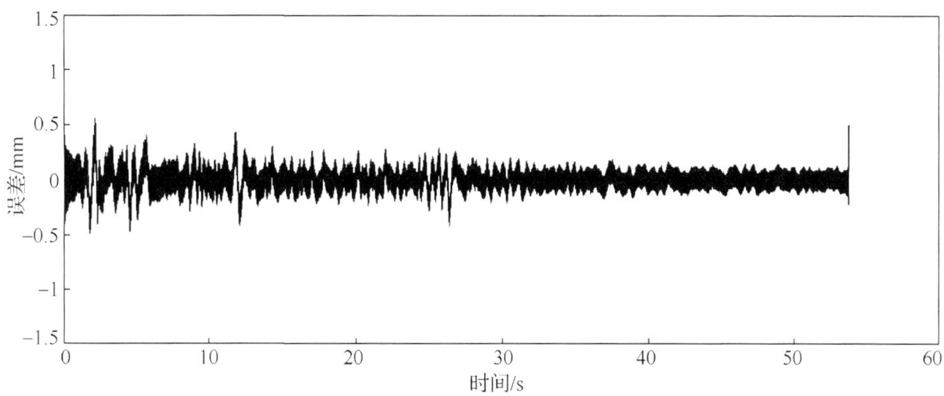

图 16.6　二阶自适应统计模型的误差

从图 16.6 可以清楚地看出，基于自适应统计模型的在线去噪在开始时具有调整过程。这是因为初始值 x_0 为零，P_0 非常大。所以，我们可以通过选择适当的 P_0

获得更精确的过滤结果。实际上，需要强调的是，自适应模型中存在收敛过程，即随着时间的推移，去噪效果会更好。最后，我们选择了最后的 5000 个点来计算协方差和均值。

从表 16.5 和图 16.7 可以明显看出，均值和协方差有效下降。通过评估数据，二阶自适应统计模型的协方差仅为 0.0171，三阶自适应统计模型为 0.0345。相反，指数平滑的最佳滤波效应约为 0.2。可以让人们相信自适应统计模型优于指数平滑，即二阶自适应统计模型的平均值为 0.0948，而指数平滑的最小误差为 0.3823。同时，我们比较了自适应统计模型可以发现二阶自适应统计模型的去噪效果优于三阶自适应统计模型，这是因为数据的总体趋势似乎与二阶比较一致。

表 16.5　由自适应统计模型导出的最后 5000 个点的均值和协方差

	二阶自适应统计模型		三阶自适应统计模型	
	均值/mm	协方差	均值/mm	协方差
第一组	0.1106	0.0178	0.1333	0.0235
第二组	0.0888	0.0120	0.2301	0.0808
第三组	0.1528	0.0454	0.1343	0.0304
第四组	0.0682	0.0064	0.1260	0.0269
第五组	0.0536	0.0041	0.0842	0.0109
$mean_m$	0.0948	0.0171	0.1416	0.0345

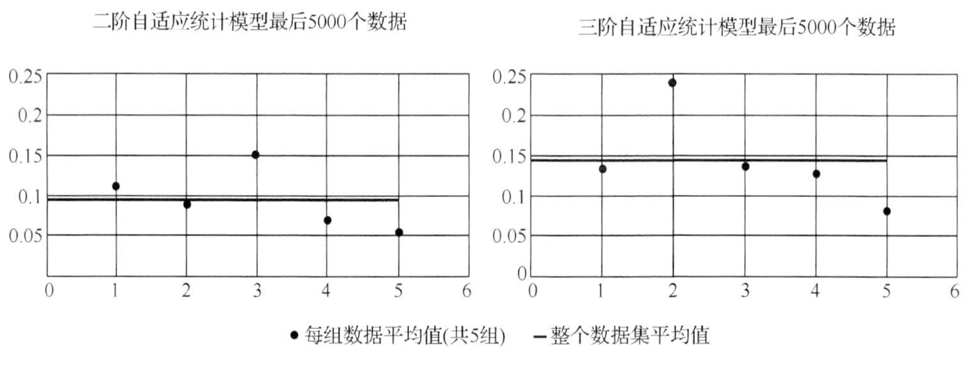

(a) 二阶模型的最后5000个点的均值　　(b) 三阶模型的最后5000个点的均值

图 16.7　自适应统计模型最后 5000 个点的均值

事实上，除了精度之外，二阶自适应统计模型还有一个优势：它具有较小的计算量。我们计算每个去噪过程的运行时间，可以发现二阶自适应统计模型比平滑滤波器和三阶自适应统计模型更快。如果我们对 52741 个数据进行去噪，二阶自适应统计模型的消耗时间为 9.142300s，而三阶自适应统计模型需要 13.124500s。

通过以上分析，我们可以得出结论：二阶自适应统计模型是一种解决数据在线去噪问题的更准确、更有效的方法。

16.3 小　　结

实际传感器系统时时刻刻都会收集到大量的实时数据。然而，不完善的测量和数据采集机制，各种噪声和不稳定性会使实时数据失真。因此，含有噪声的时间序列数据的处理具有十分重要的意义。在过去几十年中，对实时数据分析的需求大幅增长，如一阶指数平滑[4]和 Holt 指数平滑[5]。

本章所提方法由闭环内的两部分组成，一部分是基于二阶自适应统计模型来估计状态，另一部分是通过 Yule-Walker 算法更新模型中的自适应参数。通过实验证明了该方法的有效性，不仅可以处理具有有色噪声的信号，还可以实现延迟和精度之间的折中。此外，将所提方法的性能与一些现有的方法进行比较。结果表明，采用 Kalman 滤波器进行在线去噪的二阶自适应统计模型可以实现更准确、更有效的去噪效果。

参 考 文 献

[1] Jin X B, Du J J, Bao J. Maneuvering target tracking by adaptive statistics model[J]. The Journal of China Universities of Posts and Telecommunications, 2013, 20(1): 108-114.

[2] Tang Z Y, Ma H, Guo J, et al. Experimental research on the propagation of plastic hinge 305 length for multi-scale reinforced concrete columns under cyclic loading[J]. Earthquakes and Structures, 2016, 306(11): 823-840.

[3] Mukherjee S, Saha G, Ghosh K, et al. Explicit formulation of double exponential smoothing and its consequences in the memory of the linear homoscedastic signals[J]. Progress in Nonlinear Dynamics and Chaos, 2016, 4(2): 51-57.

[4] Athanasopoulos G, Silva A D. Multivariate exponential smoothing for forecasting tourist arrivals to Australia and New Zealand[J]. Monash Econometrics & Business Statistics Working Papers, 2010, 22: 1737-1739.

[5] Jere S, Siyanga M. Forecasting inflation rate of Zambia using Holt's exponential smoothing[J]. Open Journal of Statistics, 2016, 6(2): 363-372.

第 17 章　基于 EKF 算法的系统参数辨识

17.1　相关技术介绍

自 1962 年美国学者 Zadeh[1]引入“辨识”这一定义开始的半个多世纪以来，随着计算机科学的进步，系统辨识作为现代控制理论的一个重要分支得到了充分发展，并广泛应用于工业、农业、经济、气象等各个科学领域。与此同时，作为系统辨识中重要方面之一的系统模型参数辨识也随之迅速发展，其辨识方法更是层出不穷且效果显著。

系统辨识是根据系统的输入/输出来确定系统的数学模型。它主要包括系统的结构辨识和参数辨识两方面。系统的结构辨识就是确定系统模型的具体表达形式，而参数辨识则是在模型结构已知的前提下对模型中的未知参数进行估计，从而确定模型中参数的值。

通过系统辨识，我们可以建立一个能够模拟真实系统的模型，并应用该模型对真实系统进行输入/输出数据的测试或预测等。系统辨识在实际应用中有着十分重大的意义，具体来说可以分为以下几个方面。

(1) 仿真研究。通过系统辨识，我们可以建立真实系统的仿真模型，从而实现对真实系统的模拟，同时可以观测不同的控制方法、不同的因素对系统的影响程度，为一些不能进行真实实验的系统提供研究方法。

(2) 控制器设计。通过系统辨识得到系统数学模型后，为了改善系统的特征、性能，我们可以针对其模型设计特定的控制器，从而达到期望的效果。对于现代控制而言，在已知系统数学模型的前提下，可以进行自适应控制、模糊控制等。

(3) 预测。利用系统辨识获得系统模型后，通过可以测量的系统输入，对系统的输出进行短期甚至长期的预测，如气象预报、人口预测等。这在经济、社会等多个方面都具有重要意义。

(4) 特殊参数估计。利用应用系统辨识中的参数估计方法，可以对我们关心的某些特定参数进行估计，如生物体内的一些参数、矿藏储量等。这些参数一般都具有难以直接测量的特点，但通过系统辨识可以对其进行估计。

参数辨识作为系统辨识中极为重要的部分之一，对它的研究发展是不可忽视的。参数辨识的效果往往依赖于系统本身的特性以及辨识方法的选择。系统几乎存在于世界的每个角落，而大多数系统都是具有非线性特性的，因此，对非线性系统的参数辨识方法的研究更是具有重大意义。只有通过这些非线性估计方法来估计系统中的未知参数，才能够更好地利用系统。

在大量科研人员及学者的共同努力下，系统辨识自 20 世纪中期起源至今的几十年里得到了充分发展。自 20 世纪 60 年代起，国际自动控制联合会更是每三年召开一次国际讨论会，探讨有关系统辨识与参数估计的问题，吸引了大量的资深工程师和科学家，极大地推动了系统辨识的发展，使其成为活跃且迅速发展的学科之一。通过对系统辨识的深入研究，其已经在各个领域发挥作用，如建筑业、工业、商业等。

系统辨识的发展在一定程度上可以认为是辨识方法的发展。在几十年的发展过程中，各类辨识方法层出不穷，不同程度上解决了系统辨识中遇到的问题。如今，经典的系统辨识方法已经发展得比较成熟和完善，包括脉冲响应法、频率响应法、阶跃响应法、最小二乘法和极大似然法等。其中，最小二乘法是最基本也是应用最广泛的一种辨识方法。然而由于该算法非一致、有偏差的缺陷，促生了一系列以最小二乘法为基础的算法，用以克服上述缺陷，如辅助模型最小二乘法、增广最小二乘法、广义最小二乘法等。

经典辨识方法虽然能够在一定程度上解决系统辨识中的问题，但仍存在一定的不足，在系统复杂程度增加的情况下，这种不足尤为明显，举例如下。

(1) 应用最小二乘法进行系统辨识一般要求输入信号已知，同时需要输入信号具有较为丰富的变化，然而在某些系统中，系统的输入通常无法保证。

(2) 应用极大似然法的辨识方法计算量大，并且得到的可能是损失函数的局部极小值。

(3) 利用经典辨识方法无法解决某些复杂系统，如非线性系统等在一些特定情况下的辨识问题。

随着系统复杂程度的提高和计算机科学的发展，通过对系统辨识更加深刻的理解和研究，近些年来产生了一些现代系统辨识方法。这些现代系统辨识方法能够更好地解决一些非线性系统的辨识问题，如神经网络系统辨识方法、模糊逻辑系统辨识方法、遗传算法等。同时，非线性系统的处理方式也从最初使用线性化模型发展为使用非线性模型逼近，但随之而来的是算法复杂程度的提高、运行时间的增加，这也为某些系统的辨识增加了成本。

因此，对于某些非线性程度不高的系统，通过线性化模型近似的方式既可以达到令人满意的效果，也可以降低系统辨识的时间成本，如 EKF 算法[2]等。

EKF 发展的历史几乎与 Kalman 滤波发展的历史一样长，解决了工程中大量的实际问题。因其主要思想是将非线性系统进行局部线性化，所以在非线性很强的时候会出现误差较大的情况，为此有学者开始研究针对 EKF 的改进方法，如二阶 EKF[3]，即在泰勒展开的过程中考虑二次项，从而减小在线性化过程中的误差，然而这样的方法大大增加了算法的计算量，在实际中反而不如一阶 EKF 应用范围广。

虽然 EKF 在应用中存在不可避免的缺点，但因其结构简单、物理意义明确，仍是一种重要的非线性估计方法。

17.2　应用 EKF 进行系统参数辨识

EKF 作为改进型 Kalman 滤波，不仅可以应用于动态非线性系统状态估计、系统目标跟踪等，还可以用于非线性系统参数的在线辨识领域。这种参数辨识方法在物理学、经济学领域都得到了广泛应用，如利用 EKF 对动态负荷参数的辨识[4]、对异步电机参数的辨识[5]等。

事实上，滤波算法本身是一种从含有噪声的系统测量信息，对系统状态进行较为准确的估计或预测的算法。因此，实际上，相对于系统参数辨识而言，滤波是一个逆问题。以 EKF 为例，它本身作为一种系统状态估计器，如果要利用它来解决系统辨识问题，就需要对系统模型的形式作些改变。主要思路是，构建不能够直接测量的状态量和未知参数的增广状态向量矩阵，并对其进行状态估计，从而对系统进行状态估计和未知参数辨识。

设一个系统可用以下非线性方程描述

$$\dot{x}=f(x,u) \tag{17-1}$$

$$y=h(x,v) \tag{17-2}$$

其中，非线性函数 f 和 h 都含有未知参数，以函数 f 为例，设其含有未知参数 a，且 a 为常数，则构建包含参数 a 的增广状态矩阵方式为

$$\dot{x}=f(x,u)\Rightarrow\begin{bmatrix}\dot{x}\\ \dot{a}\end{bmatrix}=\begin{bmatrix}f(x,u)\\ 0\end{bmatrix} \tag{17-3}$$

类似地，可将式(17-2)改写为关于增广状态的测量方程。构建增广状态矩阵后直接按照 EKF 算法的步骤进行运算，即可实现对该系统的参数辨识。此时，非线性函数 f 和 h 的雅可比矩阵也会随之变化，在雅可比矩阵中，不仅需要对状态 x 求偏导，还需要分别对未知参数求偏导，从而构成 F、H 矩阵，用于 EKF 算法接下来的计算。

EKF 算法本身是一种递归算法，因此算法将会自回归地运行下去，最终未知参数将会逐渐收敛，从而得到需要辨识的参数的估计值。与此同时，状态估计也在同步进行，所以最终也将实现对系统的状态估计。具体的 EKF 算法请读者参考其他文献，本章不再重述。

17.3　Bouc-Wen 模型实例仿真分析

为了能够详细直观地了解 EKF 在实际系统参数辨识中的计算方式和最终的辨

识效果，本章将以 Bouc-Wen 模型为例，利用 MATLAB 进行计算，并对结果进行分析与比较。

滞回现象广泛存在于土木、机械等众多工程领域，而 Bouc-Wen 模型则是对其进行描述的方法之一。1967 年 Bouc 提出了一种至今仍然广泛应用的由微分方程控制的简洁的光滑滞回模型，1976 年 Wen 等改进了这个模型，由此产生了 Bouc-Wen 模型，通常用来描述工程结构中的非线性特性。这种非线性特性可能来自多种因素，如接触面的摩擦特性、材料本身的非线性特性等。Bouc-Wen 模型可表示为

$$r = \alpha kd + (1-\alpha)kz \tag{17-4}$$

$$\dot{z} = Av - \beta|v||z|^{n-1}z - \gamma v|z|^n \tag{17-5}$$

其中，r 为恢复力；d 为系统输入位移；v 为系统输入速度；z 为滞变位移；k 为初始刚度；α 为第二刚度系数；k、α、A、β、γ、n 为控制滞回环大小和形状的六个参数。某些参数具有约束条件，包括 $k \geqslant 0$，$\beta \geqslant 0$，$\gamma \geqslant -\beta$，$n \geqslant 1$，$0 \leqslant \alpha \leqslant 1$。根据以上约束条件，可以设待辨识参数初值为 $z=0$，$k=276.97$，$\beta=0.55$，$n=1$，$\alpha=0.025$，$\gamma=0.55$，$A=1$，以便之后计算使用。

下面我们对 Bouc-Wen 模型以及模型中的 k、α、A、β、γ、n 六个参数以及中间变量 z 分别进行状态估计和参数辨识。为实现状态估计及参数辨识，需要对 Bouc-Wen 模型进行一定的改变，即构造包含未知参数的增广状态矩阵。在构造未知参数的增广状态矩阵时，应将系统模型中的未知参数作为未知状态，然后对原来的状态矩阵进行增广。

例如，在假设待辨识参数均为常数的前提下，对于描述 Bouc-Wen 模型的方程(17-5)需进行以下形式变换

$$\dot{z} = Av - \beta|v||z|^{n-1}z - \gamma v|z|^n \Rightarrow \begin{bmatrix} \dot{z} \\ \dot{k} \\ \dot{\beta} \\ \dot{n} \\ \dot{\alpha} \\ \dot{\gamma} \\ \dot{A} \end{bmatrix} = \begin{bmatrix} Av - \beta|v||z|^{n-1}z - \gamma v|z|^n \\ 0 \\ 0 \\ 0 \\ 0 \\ 0 \\ 0 \end{bmatrix} \tag{17-6}$$

之后，直接利用 EKF 算法对变换后的增广状态矩阵进行运算，即可得到需要辨识的参数。其中，设置算法初始值时，除了待辨识的 k、α、A、β、γ、n 及中间变量 z 之外，还需设置初始状态协方差，本章将 z、k、β、n、α、γ、A 的初始协方差分别设置为 10^{-6}、10、10、10^{-2}、10^{-2}、10、10。协方差初始值设置时一般

不设为 0，因为设为 0 时，算法将认为所给出的状态估计初始值为最优估计，可能会对结果产生影响。

根据前面所述的 EKF 算法以及 Bouc-Wen 模型，其仿真结果如图 17.1～图 17.9 所示。

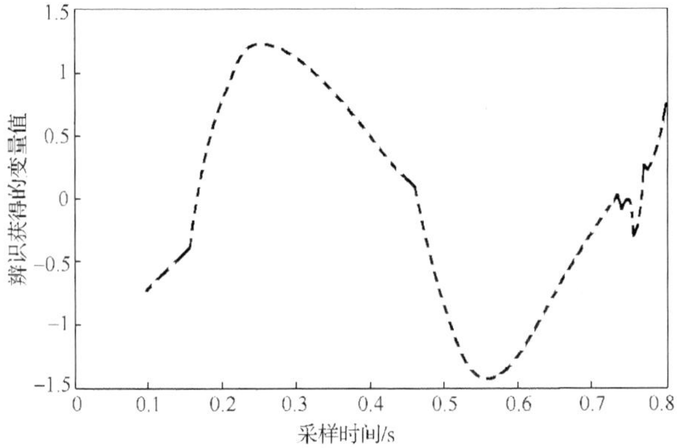

图 17.1　中间变量 z 辨识结果(EKF)

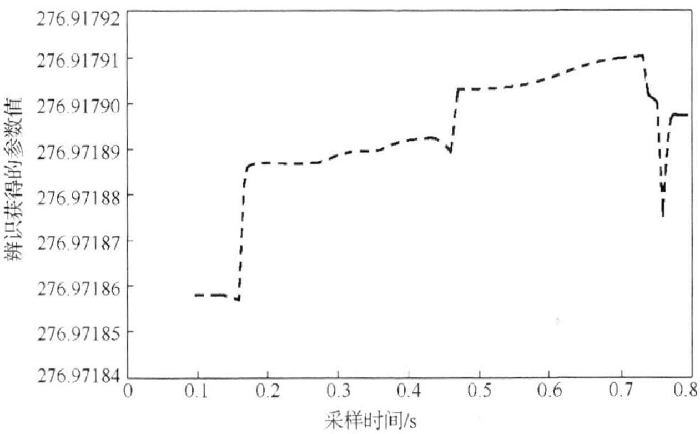

图 17.2　参数 k 辨识结果(EKF)

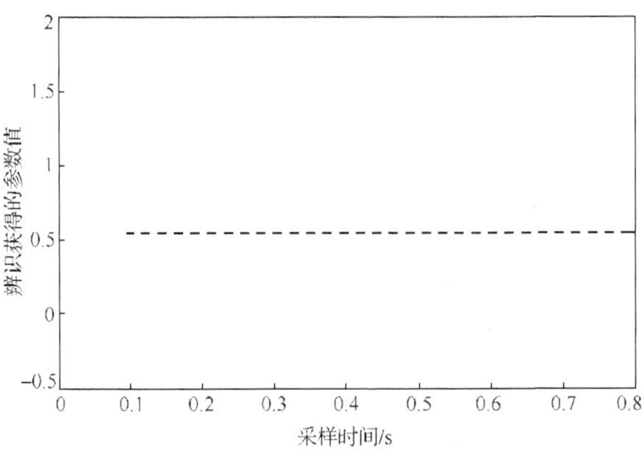

图 17.3　参数 β 辨识结果(EKF)

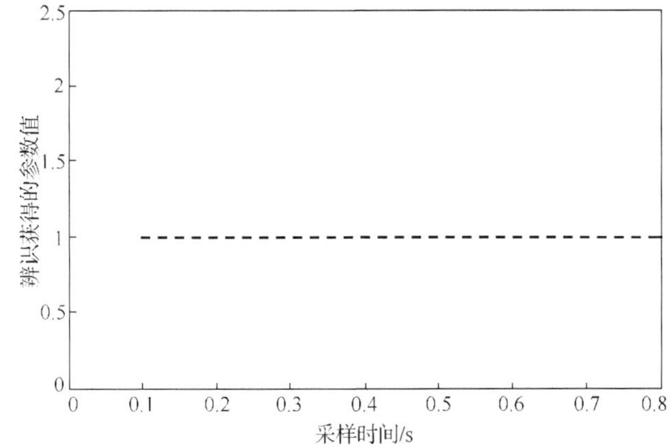

图 17.4　参数 n 辨识结果(EKF)

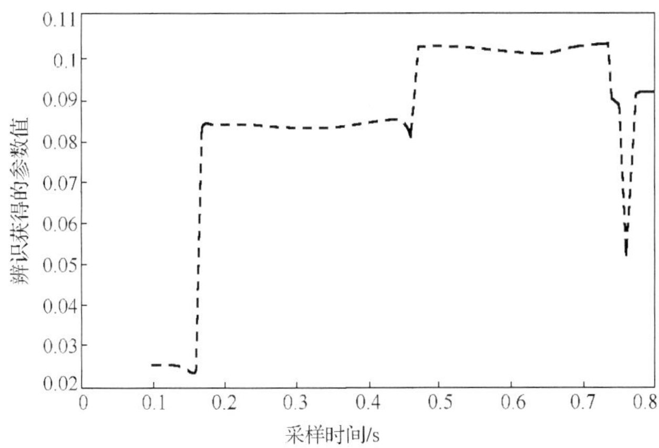

图 17.5　参数 α 辨识结果(EKF)

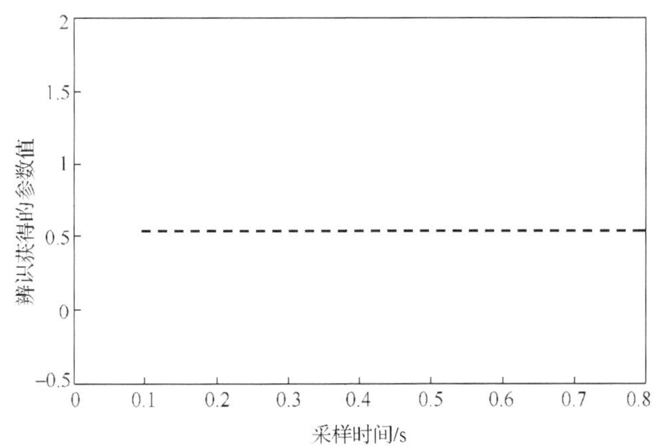

图 17.6　参数 γ 辨识结果(EKF)

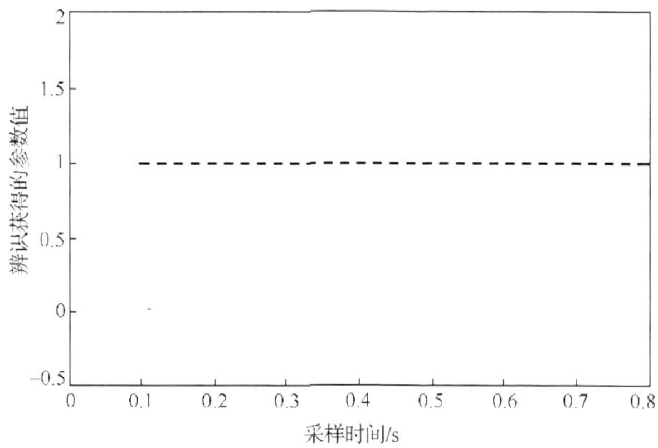

图 17.7　参数 A 辨识结果（EKF）

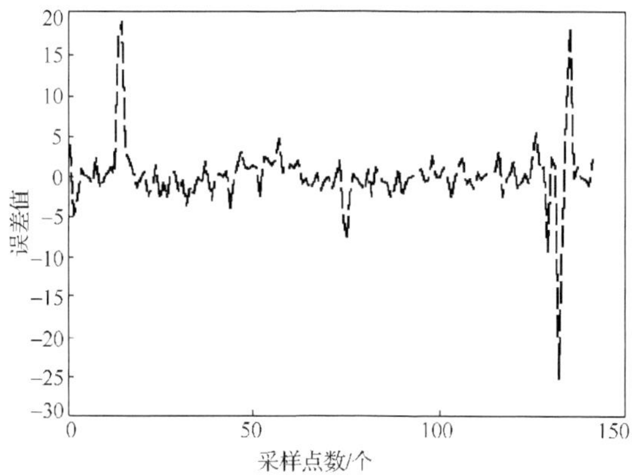

图 17.8　恢复力真实值与测量值误差(EKF)

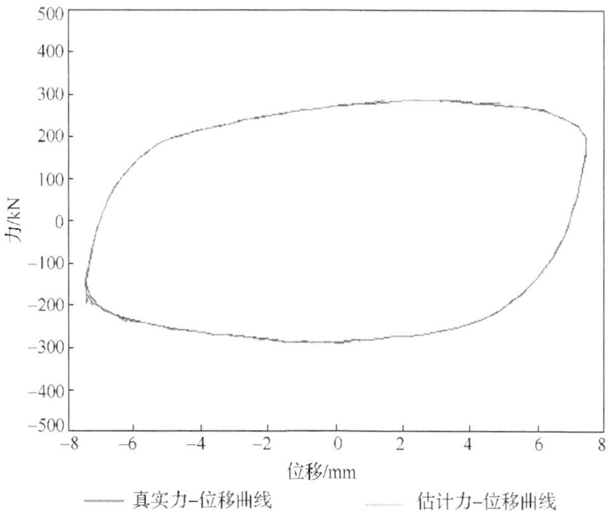

图 17.9　力-位移曲线对比图(EKF)(见彩图)

为更加直观地表现辨识的效果，将未知参数真实值与辨识值进行对比，对比结果如表 17.1 所示。

表 17.1　辨识数据结果

参数名称	给定值	辨识值
z	0	在一定范围内波动
k	276.97	276.97
β	0.55	0.55
n	1	1
α	0.025	在一定范围内波动
γ	0.55	0.55
A	1	1

根据图 17.1～图 17.7 的辨识结果并与给定值比较，可以看到对于未知参数 k、β、n、γ、A 算法的辨识效果较好，基本上与给定值相同，没有太大波动。而参数 z 作为中间变量，本身就存在一定的波动。参数 α 因其收敛速度较慢，可能还没有达到最终收敛值，所以在一定范围内波动。从仿真图总体来看本章所应用的 EKF 算法还是能够在一定精度上对 Bouc-Wen 模型的未知参数进行有效辨识，证明了本章所述算法的可行性。

17.4　小　　结

系统辨识的应用领域十分广泛，而系统模型的参数辨识问题一直是专家、学者研究的重点方向之一。系统辨识方法从针对简单的线性系统逐渐发展为针对较为复杂的非线性系统，又从对非线性系统进行线性模型近似发展到直接使用非线性模型逼近，其探索研究的脚步从未停滞。一些经典辨识方法，如阶跃响应法、最小二分法、Kalman 滤波算法等都在一定程度上进行了扩展、组合，从而适应不同的情况和系统。但不同的辨识方法仍存在限制条件或影响因素，使得最终的辨识效果受到影响。

EKF 算法作为一种结构简单、具备一定的计算精度，且计算量较小的参数辨识方法，在某些非线性系统中的应用范围相较于其他辨识方法更广泛。同时，其算法步骤相对成熟，可参考资料丰富，为应用该方法提供了有力的支持。当然，通过对 EKF 算法的原理进行分析和实验可以看出，这种算法也有其不足之处，其主要表现为以下几个方面。

(1) 当系统模型具有高度非线性的特点或者局部线性化处理不能很好地拟合估计问题时，估计结果将会产生很大的估计误差，并且可能会导致从状态估计曲线发散的情况。

(2) 由于 EKF 需要对系统的非线性部分进行线性化操作，实际上 EKF 不能提供在均方根误差意义上的最优状态估计，而是一种次优估计。除此之外，它不能保证无偏状态估计，并且计算出的误差的协方差矩阵不一定等于真实误差的协方差矩阵。

(3) 事实上，为使收敛性提高，EKF 的参数是需要根据情况进行调整的。EKF 的收敛性也取决于初始状态的选择。

由此可见，EKF 算法还需要在一定程度上进行研究和改进。除了更改辨识方法以外，如今已经有很多现代系统辨识方法与 EKF 算法相结合的研究实例，如基于神经网络和 EKF 的参数辨识等，这样的方法既能够利用 EKF 的优势，又能够弥补其在线性化操作上的不足。当然，也有一部分直接对 EKF 进行改进的研究，也不同程度地推进着 EKF 算法的发展。

相信经过对 EKF 算法更加深入全面的了解，其应用范围将会不断扩大。同时随着计算机水平和其他学科的不断发展，人们对于系统本身的认识将会提升一个阶层，这对辨识方法的提高也有着非同一般的意义。与此同时，现代人才的能力不断提高，系统辨识方法包括 EKF 也会随着其变化迎来发展的新纪元。

参 考 文 献

[1] Zadeh L A. From circuit theory to system theory[J]. Proceedings of the IRE, 1962, 50(5): 856-865.

[2] Ljung L. Asymptotic behavior of the extended Kalman filter as a parameter estimator for linear systems[J]. IEEE Transactions on Automatic Control, 1979, 24(1): 36-50.

[3] 冯道旺, 李腾, 黄知涛. 平方根二阶 EKF 及其在目标运动分析中的应用[J]. 系统工程与电子技术, 2009, 31(9): 2101-2105.

[4] 仲卫进. 基于扩展卡尔曼滤波的动态负荷建模与参数辨识[D]. 上海: 上海交通大学, 2007.

[5] 李洪宇, 王群京, 李国丽, 等. 基于扩展卡尔曼滤波器的电机参数辨识算法[J]. 电气工程学报, 2015, 10(5): 34-42.

彩 图

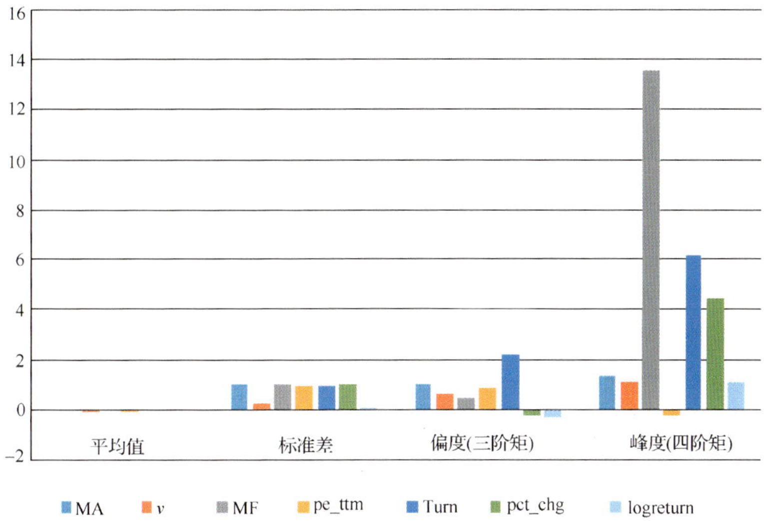

图 13.4 多维特征统计特性图

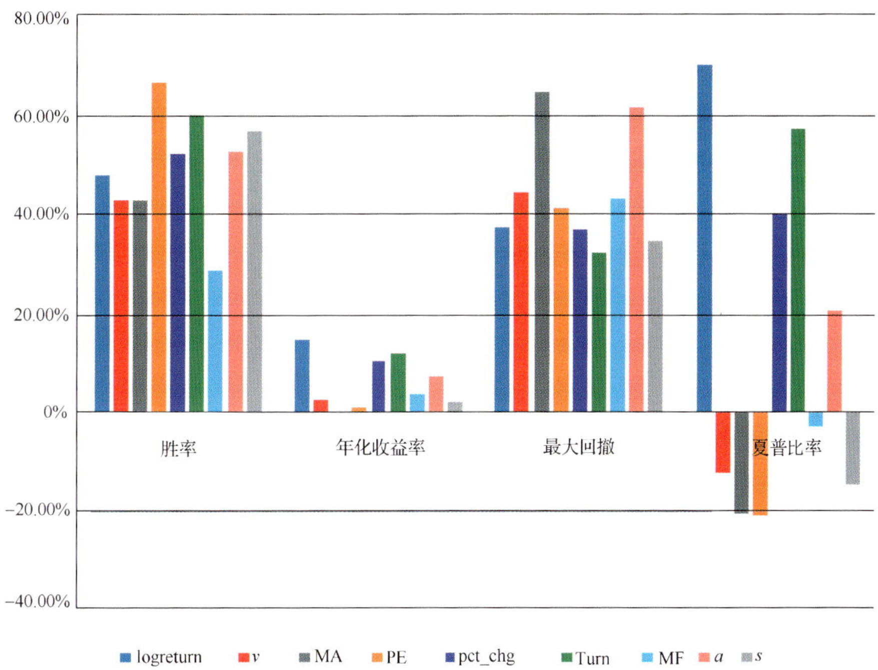

图 14.3 单特征策略评价指标

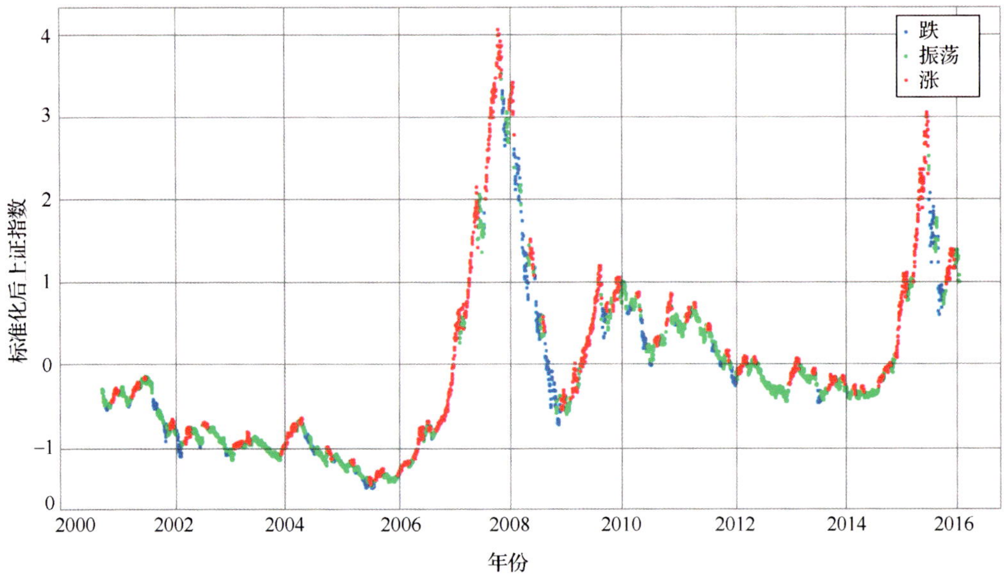

图 14.4　上证指数训练集“涨”、“跌”和“振荡”对应的散点图

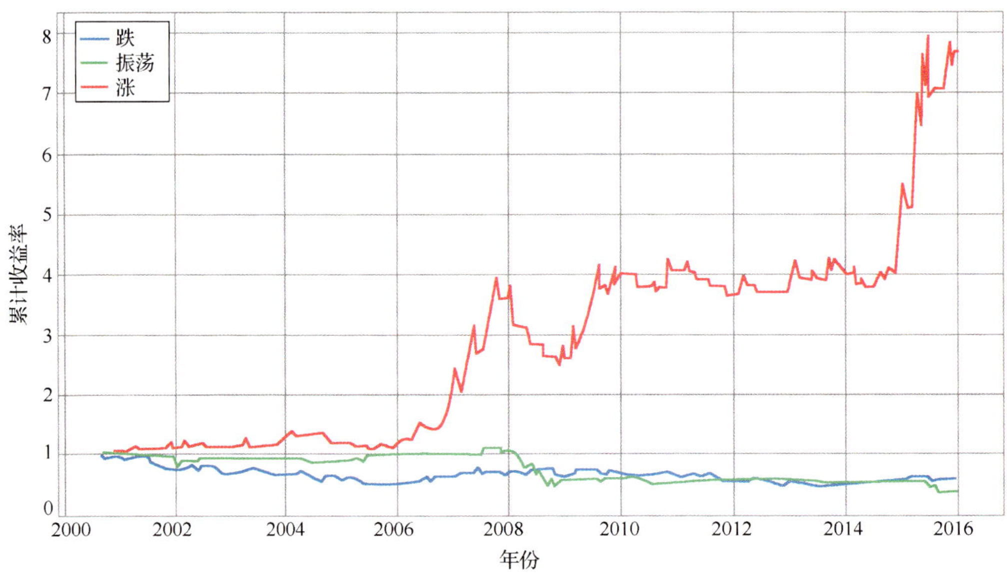

图 14.5　上证指数“涨”、“跌”和“振荡”状态对应的净值曲线

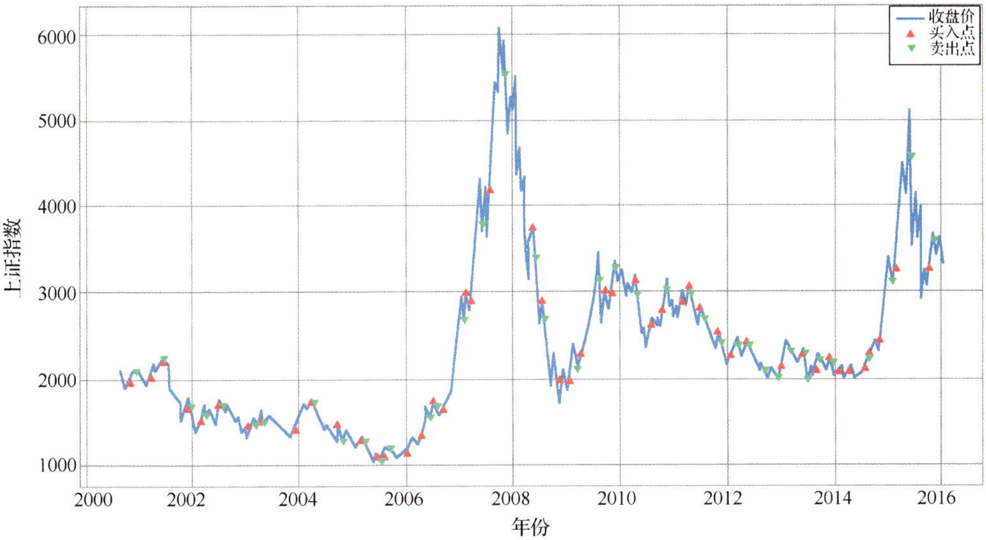

图 14.6　上证指数训练集交易买卖点

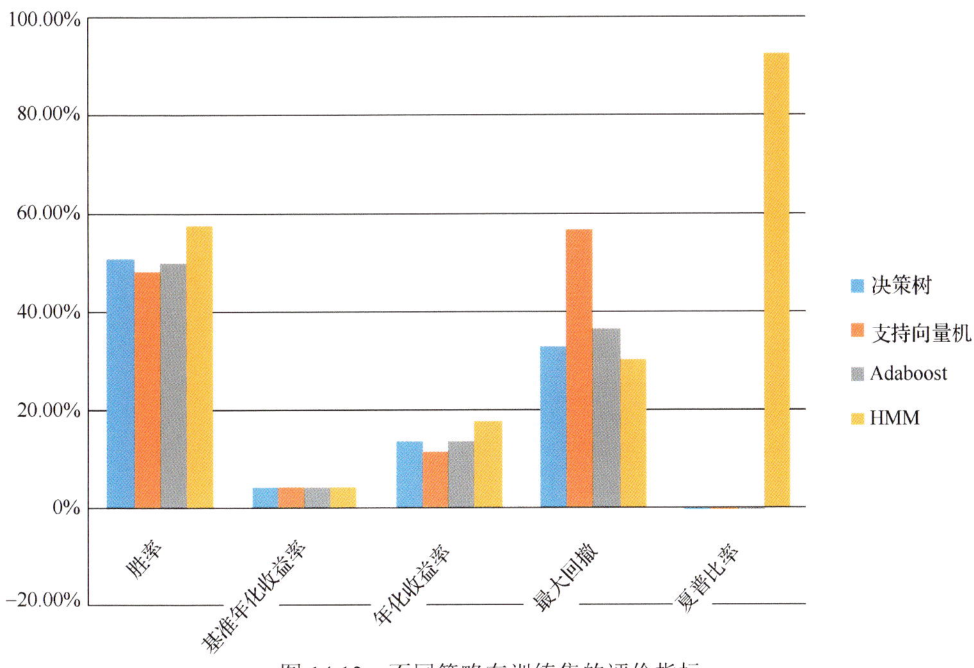

图 14.12　不同策略在训练集的评价指标

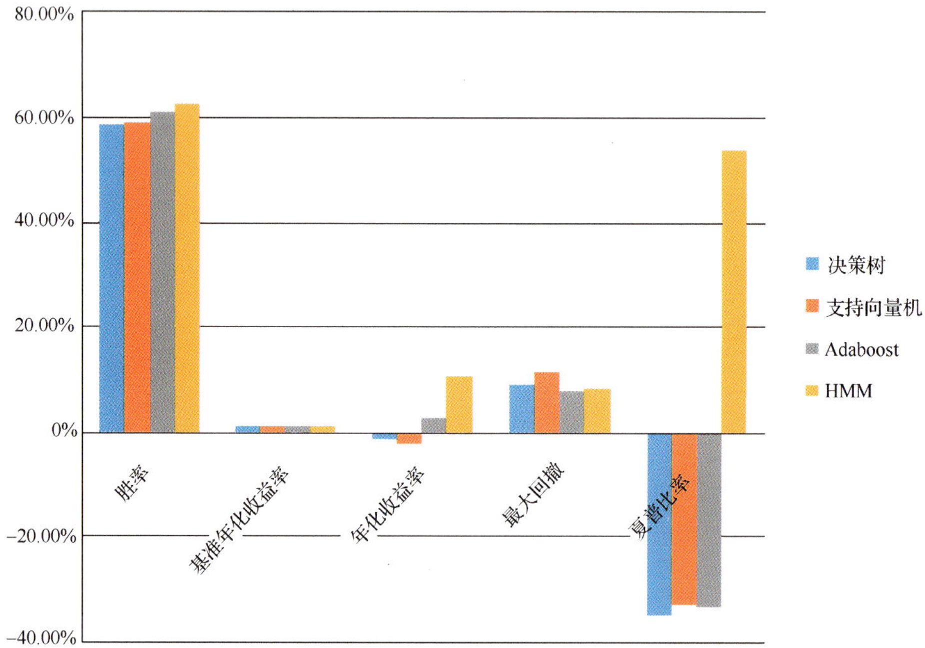

图 14.13　不同策略在测试集的评价指标

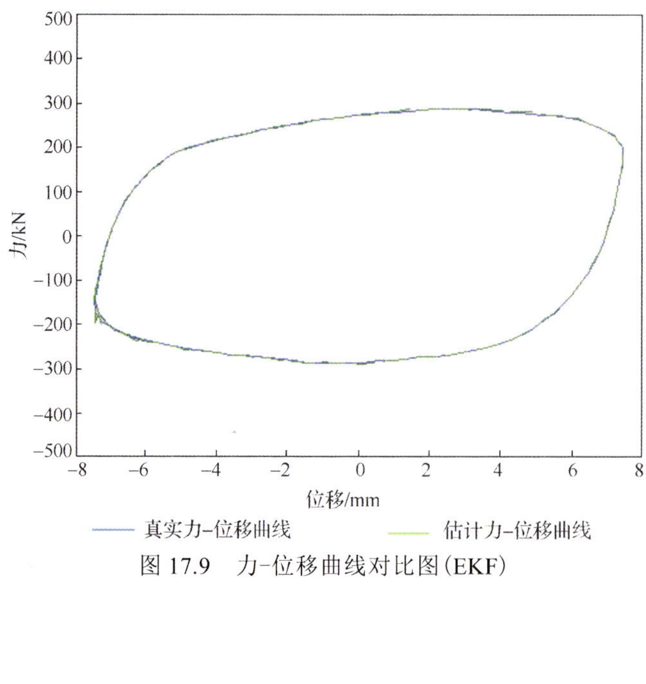

图 17.9　力-位移曲线对比图(EKF)